세상이 변해도
배움의 즐거움은
변함없도록

시대는 빠르게 변해도
배움의 즐거움은
변함없어야 하기에

어제의 비상은
남다른 교재부터
결이 다른 콘텐츠
전에 없던 교육 플랫폼까지

변함없는 혁신으로
교육 문화 환경의 새로운 전형을
실현해왔습니다.

비상은 오늘, 다시 한번
새로운 교육 문화 환경을 실현하기 위한
또 하나의 혁신을 시작합니다.

오늘의 내가 어제의 나를 초월하고
오늘의 교육이 어제의 교육을 초월하여
배움의 즐거움을 지속하는 혁신,

바로, 메타인지 기반 완전 학습을.

상상을 실현하는 교육 문화 기업 비상

메타인지 기반 완전 학습
초월을 뜻하는 meta와 생각을 뜻하는 인지가 결합한 메타인지는
자신이 알고 모르는 것을 스스로 구분하고 학습계획을 세우도록 하는
궁극의 학습 능력입니다. 비상의 메타인지 기반 완전 학습 시스템은
잠들어 있는 메타인지를 깨워 공부를 100% 내 것으로 만들도록 합니다.

내신 성적을 쑥쑥~ 올리는!!

내공의 힘

중등역사
1·1

STRUCTURE 구성과 특징

내공 **1** 단계 | 차근차근 내용 짚기

핵심 개념만 뽑아 단기간에 공략! 꼭 알아 두어야 할 교과 내용을 표와 시각 자료로 이해하기 쉽게 정리하였습니다.

내공 **2** 단계 | 개념 확인하기

핵심 개념을 잘 이해하였는지 확인하는 단계! 학습한 내용을 바로바로 확인할 수 있도록 단답형 문제로 구성하였습니다.

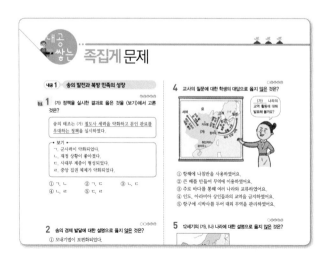

내공 **3** 단계 | 내공 쌓는 족집게 문제

내신에 강해지는 길은 기출 문제를 많이 풀어 보는 것! 학교 기출 문제를 철저히 분석하여 출제 가능성이 높은 유형의 문제들로 구성하였습니다.

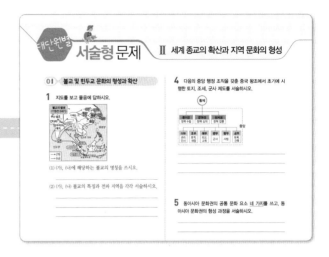

내공 점검 | 내공 **5** 단계

마지막 최종 점검 단계! 지금까지 쌓은 내공을 모아모아 실력을 최종 점검할 수 있도록 대단원 별로 실전 문제를 구성하였습니다. 단원 통합형 문제와 서술형 문제로 내신 만점을 확실하게 준비할 수 있습니다.

서술형 문제 | 내공 **4** 단계

교과서 핵심 주제와 자료를 선별하여 학교 시험에 자주 출제되는 유형의 서술형 문제로 구성하였습니다.

동아출판	미래엔	지학사	천재교육
12 ~ 27	12 ~ 29	10 ~ 21	12 ~ 25
30 ~ 35	30 ~ 39	22 ~ 24, 33 ~ 36	26 ~ 35
36 ~ 41	40 ~ 47	25 ~ 32	36 ~ 45
48 ~ 55	54 ~ 61	44 ~ 49	50 ~ 55
58 ~ 63	62 ~ 71	50 ~ 61	56 ~ 63
66 ~ 71	72 ~ 79	62 ~ 70	64 ~ 71
74 ~ 79	80 ~ 87	72 ~ 76	72 ~ 81
80 ~ 83	88 ~ 93	77 ~ 82	82 ~ 89
90 ~ 95	100 ~ 107	90 ~ 96	94 ~ 103
98 ~ 103	108 ~ 115	98 ~ 109	104 ~ 113
106 ~ 111	75, 116 ~ 123	110 ~ 114	114 ~ 121
114 ~ 119	124 ~ 131	116 ~ 125	122 ~ 131

Textbook

CONTENTS 차례

I 문명의 발생과 고대 세계의 형성

II 세계 종교의 확산과 지역 문화의 형성

Ⅲ 지역 세계의 교류와 변화

내공 점검

CONTENTS

01 역사의 의미와 역사 학습의 목적 ~ 세계의 선사 문화와 고대 문명

내공 1 역사의 의미와 역사 학습의 목적

1 역사의 의미

사실로서의 역사	과거에 일어난 사실 그 자체, 객관적 역사
기록으로서의 역사	역사가가 과거 사실 중에서 의미 있다고 판단한 것을 선택하여 기록한 것, 주관적 역사

2 역사의 연구 방법
└ 문자 기록이 없던 시기(선사 시대)에 대한 연구는 유물과 유적을 활용하고, 문자를 사용한 시기(역사 시대)에 대한 연구는 유물·유적과 함께 기록을 이용해.

(1) 사료: 옛사람들이 남긴 흔적 예 유물(도구 등), 유적(집터 등), 기록물(문헌), 구전 설화
└ 유물과 달리 옮길 수 없어.

(2) 사료 비판: 역사가가 사료에 나오는 내용을 철저하게 검증하는 과정 → 역사가는 검증된 사료를 토대로 당시의 상황을 분석·해석하여 역사를 서술함 └ 역사적 상상력을 동원하기도 해.

3 역사 학습의 목적
└ 사료에 역사가의 주관이 반영되어 잘못된 내용이 들어갈 수도 있기 때문에 필요해.

(1) 현재에 대한 바른 이해: 우리의 현재를 올바로 이해하고 세계 속 우리의 위상 및 정체성을 파악함

(2) 삶의 지혜와 교훈 획득: 역사 속 인물의 업적을 계승하고 부끄러운 과거를 반성함으로써 더 나은 미래로 나아감

(3) 역사적 사고력과 비판력 향상: 역사 자료를 탐구하면서 사건의 인과 관계와 역사적 의미를 파악함

(4) 서로 다른 역사와 문화에 대한 이해와 존중: 타인의 다른 점을 이해·존중함으로써 인류의 갈등 극복과 평화에 기여함
└ 세계사 학습을 통해 세계사와 한국사의 관련성을 파악할 수 있어.

내공 2 인류의 출현과 선사 문화

1 인류의 출현과 진화
└ 직립 보행을 통해 두 손이 자유로워져 도구를 사용할 수 있게 되었어.

오스트랄로피테쿠스 아파렌시스 (약 390만 년 전) └ 오스트랄로피테쿠스라고도 해.	최초의 인류, 두 발로 서서 걸음, 간단한 도구 사용, 남아프리카에서 출현
호모 하빌리스(약 250만 년 전)	최초로 도구 제작
호모 에렉투스(약 180만 년 전)	불과 언어 사용, 중국 베이징·인도네시아 자와 등에서 발견
호모 네안데르탈렌시스 (약 40만 년 전)	사람이 죽으면 시신을 땅에 묻음 (사후 세계에 관심)
호모 사피엔스(약 20만 년 전)	동굴 벽화를 남김, 약 4만 5천 년 전 현생 인류(크로마뇽인) 출현

└ 우리의 직접적인 조상으로 여겨져.

2 구석기 시대

시기	인류의 출현부터 약 1만 년 전까지 └ 돌을 깨뜨리거나 떼어 내 만든 도구야.
도구	뼈 도구, 뗀석기(주먹도끼, 찍개, 찌르개, 긁개 등) 사용
생활 모습	• 경제: 사냥, 물고기 잡이, 식물의 뿌리나 열매 채집 • 생활: 사냥을 위해 무리 지어 이동 생활, 동굴·바위 그늘·막집에 거주, 의사소통을 위한 언어 사용, 불 사용
신앙과 예술	시체 매장, 동굴 벽화와 풍만한 여인 조각상 제작(사냥의 성공, 다산과 풍요 등 기원) └ 빌렌도르프의 비너스 등

▲ 주먹도끼

▲ 라스코 동굴 벽화 | 말, 사슴, 들소 등이 그려진 구석기 시대의 대표적인 벽화이다.

3 신석기 시대
└ 인류가 스스로 식량을 생산하는 단계로 접어들면서 나타난 생산력 확대, 인구 증가 등의 큰 변화를 가리키는 말이야.

시작	약 1만 년 전 빙하기가 끝난 후 시작(기후가 따뜻해져 사슴 등 작고 빠른 동물 증가 → 자연환경의 변화에 따라 새로운 도구를 제작함) └ 돌을 갈아서 만든 도구로, 뗀석기보다 날이 날카로워.
도구	간석기, 토기(음식 조리, 곡식 저장에 이용) 사용
생활 모습	• 경제: 농경(조, 기장 등 재배), 목축 시작 → 신석기 혁명 • 주거: 바닷가·강가의 움집에 거주(정착 생활), 마을 형성 • 생활: 가락바퀴와 뼈바늘로 옷 제작, 동물의 뼈와 뿔·조개 껍데기 가면 등으로 몸 치장
사회	씨족·부족 사회, 평등 사회
신앙	태양 등 자연물에 영혼이 있다고 믿음(애니미즘), 특정 동물 숭배(토테미즘), 영혼 숭배, 거석 숭배 등

▲ 신석기 시대의 토기

▲ 신석기 시대의 주거지(복원 모형)

내공 3 메소포타미아 문명과 이집트 문명

1 문명의 발생

(1) 도시의 형성과 도시 국가 발전
└ 청동기 시대에는 빈부의 차가 커지면서 계급 사회가 되었어.

도시의 형성	관개 농업 발달 → 농업 생산력 증가, 계급 발생 → 청동 무기를 사용한 정복 활동 → 여러 부족 통합, 도시 형성
도시 국가 발전	지배 계급이 군사 조직 및 국가 조직 정비(왕궁, 신전, 성곽 건립 등), 제사와 정치를 담당하는 지배자 등장, 문자 사용 └ 통치와 교역에 관한 일을 기록하기 위해서였어.

(2) 문명의 발생지: 티그리스강과 유프라테스강 유역의 메소포타미아 지방(최초로 발생), 이집트의 나일강 유역, 인도의 인더스강 유역, 중국의 황허강 유역 └ 세계의 주요 문명들은 주로 따뜻한 기후의 땅이 비옥한 큰 강 유역에서 발생하였어.

2 메소포타미아 문명

(1) 성립: 기원전 3500년경 수메르인이 메소포타미아 지방에 정착 → 우르, 라가시 등 도시 국가 건설

(2) 특징

지리	개방적인 지형 → 이민족의 잦은 침입
정치	왕이 신의 대리자로서 백성 통치(신권 정치), 지구라트 건축
종교	현재의 안정된 삶 중시(현세를 중시하는 종교관 발달) → 『길가메시 서사시』에 드러남
문화	쐐기 문자·태음력·60진법 사용, 점성술 발달

(3) 바빌로니아 왕국 ┌ 수메르인의 도시 국가가 쇠퇴한 후 아무르인이 메소포타미아 지방에 세운 왕국이야.

① 전성기: 함무라비왕이 기원전 1800년경 메소포타미아 지방 통일, 함무라비 법전 완성

② 쇠퇴와 멸망: 함무라비왕 사후 여러 민족의 침입으로 쇠퇴 → 철제 무기를 사용한 히타이트인에게 멸망

▲ 지구라트 | 도시의 중심에 세운 신전으로, 신에게 제사를 지내는 곳이었다.

함무라비 법전의 주요 내용
- 귀족의 눈을 멀게 한 자는 그의 눈도 멀게 한다.
- 귀족이 평민의 눈을 멀게 하거나 뼈를 부러뜨리면 은화 1미나를 바쳐야 한다.
- 노예가 귀족의 뺨을 때렸으면 그의 귀를 자른다.

┌ 보복주의적인 성격을 가졌으며, 신분에 따라 법률을 차별적으로 적용하였다. 법전의 내용을 통해 당시에 계급이 발생하였고 사유 재산이 존재하였음을 유추할 수 있지.

3 이집트 문명

(1) 성립: 나일강의 주기적인 범람으로 형성된 비옥한 땅에서 여러 도시 국가 발달 → 기원전 3000년경 통일 왕국 성립

(2) 특징

지리	폐쇄적인 지형 → 오랫동안 통일 왕국 유지
정치	파라오(왕)가 절대적인 왕권 행사(신권 정치) ┐ 신정 정치라고도 해.
종교	내세적 종교관 → 피라미드, 스핑크스, 미라, 「사자의 서」 제작
문화	나일강의 범람에 대처하며 천문학·수학·태양력·10진법 발달, 범람 후 농경지 정비 과정에서 토목 기술·기하학·측량술 발달, 상형(그림) 문자를 사용하여 파피루스에 기록

┌ 이로 인해 이집트인은 죽은 후의 세계에 관심을 가졌어.

└ 영혼 불멸과 사후 세계를 믿었어.

▲ 사자의 서 | 죽은 사람이 사후 세계에서 어떻게 행동해야 할지를 알려 주는 안내서이다.

4 페니키아와 헤브라이

구분	페니키아	헤브라이
성립	기원전 1200년경 지중해 동부에서 성립	팔레스타인 지방에서 헤브라이 왕국 성립
특징	활발한 해상 활동, 식민 도시 건설(카르타고 등), 표음 문자 사용	유일신을 믿는 유대교 창시 → 크리스트교, 이슬람교의 성립에 영향을 줌

┌ 페니키아 문자는 그리스에 전해져 알파벳의 기원이 되었어.

내공 4 인도 문명과 중국 문명

1 인도 문명

(1) 성립과 특징

성립	기원전 2500년경 인더스강 유역에 도시 문명 발생
특징	• 계획도시 건설(하라파, 모헨조다로 등): 도로망·주택·하수 시설 정비, 공공시설 설치(목욕장, 곡물 창고 등), 인장 출토 • 문화: 청동기와 그림 문자 사용 • 경제: 기름진 평야에서 농경 발달, 메소포타미아 지방과 교역

(2) 아리아인의 이동 ┌ 중앙아시아에서 유목 생활을 하던 민족이야.

① 이동 경로: 기원전 1500년경 인더스강 유역 진출 → 기원전 1000년경 갠지스강 유역 진출(철제 농기구와 무기 사용)

② 생활 모습: 카스트제(바르나) 확립, 브라만교 성립

┌ 자연 현상을 다스리는 신을 숭배하며, 「베다」를 경전으로 해.

▲ 모헨조다로에서 출토된 인장

```
브라만 (제사 의식 담당) ─ 제사장 ─ 종교적 권위를 통해 특권을 누렸어.
크샤트리아 (정치·군사 담당) ─ 왕족, 귀족
바이샤 (농업, 상업 등 생산 활동 담당) ─ 평민
수드라 (정복당한 민족) ─ 하층민
지배층 / 피지배층
```

▲ 카스트제의 신분 구성
└ 아리아인이 원주민을 지배하기 위해 만든 신분 제도야.

2 중국 문명
기원전 2500년경 황허강 유역을 중심으로 초기 국가 등장(청동기와 문자 사용)

(1) 상 ┌ 중국 기록상 최초의 나라인 하 왕조를 정복하고 성립하였다.

성립	기원전 1600년경 황허강 중류 지역에서 성립
특징	• 정치: 왕이 정치와 제사 주관, 나라의 중요한 일은 왕이 점을 쳐서 결정(신권 정치) → 갑골 문자(갑골문) 사용 • 문화: 청동 무기와 제사용 도구 제작, 태음력 사용·저수지 축조(제사와 농사에 도움), 달력 제작, 순장의 풍습

(2) 주 ┌ 제후는 왕에게 토지와 관직을 받아 독자적인 통치권을 가지는 대신에 주 왕실에 세금과 특산물을 바치고 위급할 때 군사를 지원하였다.

성립	기원전 11세기경 상을 무너뜨리고 황허강 일대 차지 → 창장강 일대까지 영토 확장
특징	• 봉건제 실시: 넓은 영토를 효과적으로 다스리기 위함, 수도 부근은 왕이 직접 통치하고 나머지는 왕족이나 공신을 제후로 삼아 나누어 다스리게 함 • 천명사상: 왕에게 절대적인 권위 부여
쇠퇴	주 왕실과 제후 간의 혈연관계가 느슨해짐, 주 왕실의 권위 약화, 제후들의 성장 → 기원전 8세기경 유목 민족의 침입 → 호경에서 낙읍(뤄양)으로 천도 → 주 왕실의 세력 약화

▲ 상과 주의 영역

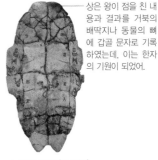

┌ 상은 왕이 점을 친 내용과 결과를 거북의 배딱지나 동물의 뼈에 갑골 문자로 기록하였는데, 이는 한자의 기원이 되었어.

▲ 갑골 문자(갑골문)

개념 확인하기

1 다음 역사의 의미를 옳게 연결하시오.

(1) 사실로서의 역사 • • ㉠ 역사가의 관점과 해석 반영

(2) 기록으로서의 역사 • • ㉡ 과거에 일어난 사실 그 자체

2 역사가가 사료에 나오는 내용을 철저하게 검증하는 과정을 (   )이라고 한다.

3 다음 설명에 해당하는 인류를 〈보기〉에서 골라 기호를 쓰시오.

• 보기 •
ㄱ. 호모 사피엔스
ㄴ. 오스트랄로피테쿠스 아파렌시스

(1) 최초의 인류로 남아프리카에서 출현하였다. (   )
(2) 오늘날 인류의 직접적인 조상이라고 할 수 있는 현생 인류이다. (   )

4 다음 설명이 맞으면 ○표, 틀리면 ✕표를 하시오.

(1) 구석기 시대에는 뗀석기가 사용되었다. (   )
(2) 구석기 시대에는 부족 사회가 형성되었다. (   )
(3) 신석기 시대에는 농경과 목축이 시작되었다. (   )
(4) 신석기 시대에는 자연물이나 특정 동물을 숭배하기도 하였다. (   )

5 다음 괄호 안의 내용 중 알맞은 말에 ○표를 하시오.

(1) 아리아인이 인도로 진출하면서 (유대교, 브라만교)가 성립하였다.
(2) (페니키아인, 헤브라이인)은 카르타고 등의 식민 도시를 건설하였다.
(3) 메소포타미아 지역에 정착한 수메르인은 도시의 중심에 (지구라트, 피라미드)라는 신전을 지었다.

6 다음 빈칸에 들어갈 내용을 쓰시오.

(1) 이집트의 (   )은 주기적으로 범람하여 주변의 땅을 기름지게 하였다.
(2) 바빌로니아 왕국에서는 통치 체제를 정비하기 위한 법전으로 (   )을 만들었다.
(3) 상에서는 왕이 점을 친 내용과 결과를 기록으로 남겼는데, 이 문자를 (   ) 문자라고 한다.

내공 쌓는 족집게 문제

내공 1 **역사의 의미와 역사 학습의 목적**

1 '사실로서의 역사'에 해당하는 것으로 옳은 것은?

① 고대 그리스에서는 4년마다 올림피아 제전을 열었다.
② 3·1 운동은 우리 민족의 독립의지를 전 세계에 알렸다.
③ 신라의 삼국 통일은 민족 문화가 발전하는 토대가 되었다.
④ 고려인들은 몽골에 저항하여 우리 민족의 자주성을 보여 주었다.
⑤ 진시황제는 토목 공사에 백성들을 무리하게 동원하여 나라를 위기에 빠뜨렸다.

주관식

2 ㉠에 들어갈 용어를 쓰시오.

우리는 옛사람들이 남긴 흔적인 (㉠)을/를 토대로 과거 사실을 짐작할 수 있다. 과거 사람들이 남긴 문서, 기록물, 그림, 도구 등의 유물, 집터와 같은 유적 등이 이에 해당한다.

3 다음 사례를 통해 알 수 있는 역사 학습의 목적으로 가장 적절한 것은?

독일 사람들은 제2차 세계 대전 당시 독일 정부에 희생당한 유대인들을 잊지 않기 위해 그들의 사망 연도와 이름 등을 새긴 돌(슈톨퍼스타인)을 곳곳에 설치하였다.

▲ 슈톨퍼스타인

① 역사 속 인물의 업적을 계승할 수 있다.
② 우리 민족의 우수성을 세계에 과시할 수 있다.
③ 과거를 반성함으로써 더 나은 미래를 만들 수 있다.
④ 세계 여러 나라의 고유한 문화를 존중하는 자세를 기를 수 있다.
⑤ 사건의 인과 관계를 파악하는 과정에서 역사적 사고력을 향상시킬 수 있다.

출제율 ●●●●● 시험에 꼭 나오는 출제 가능성이 높은 예상 문제로, 내신 100점을 받기 위한 필수 문항들

내공 2 인류의 출현과 선사 문화

중요 4 다음에서 설명하는 인류로 옳은 것은?

> 약 180만 년 전에 출현하였고 뗀석기를 사용하여 집단으로 사냥을 하였으며, 불과 언어를 사용하였다.

① 크로마뇽인
② 호모 사피엔스
③ 호모 에렉투스
④ 호모 네안데르탈렌시스
⑤ 오스트랄로피테쿠스 아파렌시스

5 밑줄 친 '이 시대'에 대한 탐구 활동으로 적절한 것을 〈보기〉에서 고른 것은?

> 이 시대의 사람들은 먹을 것을 찾아 자주 이동하였기 때문에 일정한 거주지 없이 동굴이나 막집 등에서 생활하였다.

• 보기 •
ㄱ. 토기를 사용한 이유를 살펴본다.
ㄴ. 주먹도끼의 제작 방법을 알아본다.
ㄷ. 계급이 처음 발생한 과정을 정리한다.
ㄹ. 사냥의 성공을 기원하며 그린 벽화를 찾아본다.

① ㄱ, ㄴ   ② ㄱ, ㄷ   ③ ㄴ, ㄷ
④ ㄴ, ㄹ   ⑤ ㄷ, ㄹ

6 교사의 질문에 대한 학생의 대답으로 가장 적절한 것은?

이 뉴불은 빌렌노르프의 비너스입니다. 이를 통해 알 수 있는 당시 사람들의 특징은 무엇일까요?

① 농경과 목축을 시작하였어요.
② 문자를 만들어 사용하였어요.
③ 자연물에 영혼이 있다고 믿었어요.
④ 뼈바늘을 이용하여 옷을 만들었어요.
⑤ 다산과 풍요를 기원하는 예술품을 제작하였어요.

중요 7 (가)에 들어갈 내용으로 적절하지 않은 것은?

> **역사 조사 보고서**
> • 주제: ○○○ 시대의 특징
> • 수집한 자료
>
>
> ▲ 갈판과 갈돌   ▲ 움집
>
> • 조사 내용 정리: ○○○ 시대에는 _____ (가)

① 특정 동물을 숭배하였다.
② 바닷가나 강가에서 정착 생활을 하였다.
③ 돌을 갈아서 만든 간석기를 사용하였다.
④ 제사와 정치를 담당하는 지배자가 등장하였다.
⑤ 농경과 목축의 시작으로 신석기 혁명이 일어났다.

내공 3 메소포타미아 문명과 이집트 문명

중요 8 다음은 고대 문명의 발생에 대한 내용이다. ㉠~㉤ 중 옳지 않은 것은?

> 고대 문명은 ㉠ 큰 강 유역에서 발생하였다. 빈부의 차가 커지면서 ㉡ 계급이 발생하였고, ㉢ 철제 무기의 사용으로 정복 전쟁이 활발해지자 여러 부족이 통합되어 도시가 생겨났다. 이러한 도시는 ㉣ 도시 국가로 발전하였고 이곳의 지배자들은 ㉤ 문자를 만들어 사용하였다. 이로써 인류는 문명의 단계에 들어섰다.

① ㉠   ② ㉡   ③ ㉢   ④ ㉣   ⑤ ㉤

9 다음 문화유산을 남긴 문명에 대한 설명으로 옳은 것은?

① 브라만교를 믿었다.
② 쐐기 문자를 만들었다.
③ 나일강 유역에서 발달하였다.
④ 태양력과 10진법을 사용하였다.
⑤ 죽은 사람을 미라로 제작하였다.

중요 10 밑줄 친 '이 법전'에 대한 설명으로 옳은 것을 〈보기〉에서 고른 것은

자료는 이 법전의 주요 내용을 정리한 것이에요.

- 귀족의 눈을 멀게 한 자는 그의 눈도 멀게 한다.
- 귀족이 평민의 눈을 멀게 하거나 뼈를 부러뜨리면 은화 1미나를 바쳐야 한다.
- 노예가 귀족의 뺨을 때렸으면 그의 귀를 자른다.

• 보기 •
ㄱ. 보복주의적인 성격을 가지고 있다.
ㄴ. 신분에 따라 처벌을 달리 적용하였다.
ㄷ. 이집트 문명의 사회 모습을 담고 있다.
ㄹ. 사유 재산을 인정하지 않았음을 알 수 있다.

① ㄱ, ㄴ　　② ㄱ, ㄷ　　③ ㄴ, ㄷ
④ ㄴ, ㄹ　　⑤ ㄷ, ㄹ

11 ㉠에서 성립된 문명에 대한 설명으로 옳은 것은?

사진은 (㉠)의 파라오(왕) 중 한 명이었던 투탕카멘의 가면이다. (㉠)의 사람들은 죽은 자의 영혼이 육체를 쉽게 찾을 수 있도록 생전의 얼굴 모습대로 가면을 만들어 미라에 씌워 놓았다.

① 지구라트라는 신전을 세웠다.
② 태음력과 60진법을 사용하였다.
③ 계획도시인 모헨조다로를 만들었다.
④ 메소포타미아 지방에서 발달하였다.
⑤ 상형(그림) 문자를 만들어 파피루스에 기록하였다.

주관식

12 다음에서 설명하는 유물의 이름을 쓰시오.

죽은 사람이 사후 세계에서 어떻게 행동해야 할지를 알려 주는 안내서로, 이집트인들의 사후 세계에 대한 인식을 보여 준다.

13 밑줄 친 '이들'에 대한 설명으로 옳은 것은?

이들은 기원전 1200년경 지중해 동부에 나라를 세우고 활발한 해상 활동을 펼쳐 지중해 연안에 카르타고를 비롯한 식민 도시를 건설하였다.

① 헤브라이 왕국을 세웠다.
② 인류 최초의 문명을 일으켰다.
③ 피라미드와 스핑크스를 건설하였다.
④ 유일신을 믿는 유대교를 창시하였다.
⑤ 알파벳의 기원이 된 문자를 사용하였다.

내공 4　인도 문명과 중국 문명

14 다음 유물을 남긴 문명에 대한 설명으로 옳은 것은?

① 봉건제를 실시하였다.
② 갑골 문자를 사용하였다.
③ 모헨조다로를 건설하였다.
④ 황허강 유역에서 발달하였다.
⑤ 파라오가 절대적인 권력을 누렸다.

중요 15 다음과 같은 경로로 이동한 민족에 대한 설명으로 옳은 것을 〈보기〉에서 고른 것은?

• 보기 •
ㄱ. 바빌로니아 왕국을 세웠다.
ㄴ. 청동기 문화를 보급하였다.
ㄷ. 베다를 경전으로 삼는 브라만교를 믿었다.
ㄹ. 카스트제(바르나)를 통해 원주민을 다스렸다.

① ㄱ, ㄴ　　② ㄱ, ㄷ　　③ ㄴ, ㄷ
④ ㄴ, ㄹ　　⑤ ㄷ, ㄹ

[16~17] 지도를 보고 물음에 답하시오.

☐ (가)의 세력 범위
▨ (나)의 세력 범위

16 (가) 왕조에 대한 설명으로 옳지 <u>않은</u> 것은?

① 제정이 분리된 사회였다.
② 청동으로 무기와 제사용 도구를 만들었다.
③ 태음력을 만들어 제사와 농사에 이용하였다.
④ 오늘날 한자의 기원이 된 문자를 사용하였다.
⑤ 나라에 중요한 일이 있을 때 점을 쳐서 결정하였다.

중요 17 다음은 (나) 왕조에서 실시한 정치 제도를 나타낸다. 이에 대한 설명으로 옳은 것을 〈보기〉에서 고른 것은?

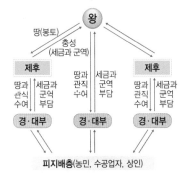

• 보기 •
ㄱ. 중앙 집권적인 체제를 강화하였다.
ㄴ. 넓어진 영토를 효과적으로 다스리기 위해 실시하였다.
ㄷ. 왕과 제후는 서로 계약을 통해 주종 관계가 형성되었다.
ㄹ. 수도 부근은 왕이 직접 다스리고 나머지 지역은 제후가 통치하였다.

① ㄱ, ㄴ   ② ㄱ, ㄷ   ③ ㄴ, ㄷ
④ ㄴ, ㄹ   ⑤ ㄷ, ㄹ

서술형 문제

18 다음 자료를 토대로 역사의 두 가지 의미를 비교하여 서술하시오.

> • 역사는 단지 과거가 본래 어떠하였는지를 말해 주는 것이다. — L. v. 랑케
> • 역사는 과거와 현재 사이의 끊임없는 대화이다. — E. H. 카

_____

_____

_____

중요 19 다음을 읽고 물음에 답하시오.

> 구석기 시대에는 사람들이 먹을 것을 찾아 이동 생활을 하였다. 그러나 (가) 신석기 시대에는 사람들이 주로 바닷가나 강가에 움집을 짓고 정착 생활을 하는 등 인류 생활에 큰 변화가 나타났다.

(1) (가)와 같은 변화를 가리키는 말을 쓰시오.

_____

(2) (가)의 변화가 일어나게 된 원인을 서술하시오.

_____

_____

_____

20 그림을 보고 물음에 답하시오.

(1) 위와 같은 신분 제도의 명칭을 쓰시오.

_____

(2) (가)에 들어갈 계급의 명칭과 역할을 서술하시오.

_____

_____

_____

02 고대 제국들의 특성과 주변 세계의 성장(1)

내공 1 페르시아의 서아시아 통일

1 아시리아

(1) 서아시아 통일: 우수한 철제 무기와 기마 전술, 전차 보유 → 기원전 7세기 이스라엘, 바빌로니아, 이집트 등을 정복하여 최초로 서아시아 지역 통일

(2) 멸망: 강압적인 통치로 인한 피정복민의 반란 → 통일한 지 60여 년 만에 멸망 ┐ 다른 곳으로 강제 이주시키거나 세금을 많이 거두는 등 피정복민을 가혹하게 통치하였어.

2 아케메네스 왕조 페르시아

(1) 키루스 2세: 기원전 6세기 서아시아 지역 다시 통일, 여러 지역을 정복하여 제국으로 나아가는 발판 마련

(2) 다리우스 1세(전성기)

① 영토 확장: 이집트에서 인더스강에 이르는 대제국 건설

② 중앙 집권 체제 강화: 전국을 20여 개의 주로 나누어 총독 파견(→ 감찰관을 보내 총독 감시), '왕의 길'이라는 도로 건설·역참 정비, 화폐와 도량형 통일 ┐ '왕의 눈', '왕의 귀'라고 불리었어.

(3) 관용 정책: 피정복민에게 세금을 거두는 대신 고유의 종교와 풍습 존중 → 약 200년 동안 통일 왕조 유지

> 나는 키루스, 세계의 왕, 위대한 왕, 정정당당한 왕, 사방의 왕이며 …… 바빌론 거주민에 대하여는 …… 넘겨받았던 도시들을 돌려주었다. …… 이전의 원주민(유대인)을 모아서 그들의 원래 땅으로 돌려보냈다. …… 아후라 마즈다의 뜻에 따라 말하니 살아 있는 한 너희의 전통과 종교를 존중하겠다.
> – 키루스 2세의 원통형 인장 내용

(4) 멸망: 그리스·페르시아 전쟁(페르시아 전쟁)에서 패배, 총독들의 반란 → 기원전 4세기 말 알렉산드로스에게 멸망

▲ 아시리아와 아케메네스 왕조 페르시아의 영역 | 다리우스 1세는 수도인 수사에서 사르디스까지 이르는 '왕의 길'을 건설하여 왕의 명령을 빠르게 전달하고 세금과 공물을 효율적으로 거두고자 하였다.

3 파르티아

성립	기원전 3세기 중엽 이란계 유목 민족이 건국
발전	메소포타미아 지역부터 인더스강 부근까지 지배, 중국의 한과 로마 사이의 중계 무역으로 번영
멸망	로마와의 갈등으로 쇠퇴 → 사산 왕조 페르시아에 멸망(226)

4 사산 왕조 페르시아

성립	3세기 초 페르시아의 계승을 내세우며 등장 → 파르티아 정복, 아케메네스 왕조 페르시아의 영토 회복
발전	지방에 총독 파견, 페르시아어(공용어) 사용, 동서 교역의 중심지를 차지하여 중계 무역 독점, 로마 제국과 경쟁
멸망	내부 반란, 비잔티움 제국과의 잦은 전쟁으로 쇠퇴 → 7세기 이슬람 세력에 멸망

┐ 샤푸르 1세는 전쟁에서 승리하여 로마의 발레리아누스 황제를 사로잡기도 하였어.

▲ 파르티아와 사산 왕조 페르시아의 영역

5 페르시아의 문화와 종교

(1) 페르시아의 문화

① 발전 배경: 관용 정책으로 제국 내 다양한 민족의 문화 인정, 대외 교류를 통해 여러 민족의 문화 수용

② 특징

국제적 문화 발달	수도인 페르세폴리스의 궁전 유적(다양한 문화의 조화), 사산 왕조 페르시아에서 그리스와 인도의 서적을 페르시아어로 번역함
공예 발달	정교한 금속·유리 공예품 제작 → 유럽, 이슬람 세계, 동아시아에 전파

┐ 신라 고분에서 페르시아의 것과 비슷한 모양의 유리잔, 유리병 등이 출토되었어.

▲ 페르세폴리스 궁전으로 들어가는 만국의 문   ▲ 날개 달린 사자 장식 뿔잔

┐ 돌기둥에는 그리스와 이집트 양식이 혼합되어 있고, 입구에는 아시리아 양식의 부조가 조각되어 있어.

(2) 조로아스터교의 등장

창시	예언자 조로아스터가 창시
교리	세상을 선과 빛의 신(아후라 마즈다)과 악의 신이 대결하는 곳으로 봄, 불 숭배 ┐ 불이 선한 신인 아후라 마즈다를 상징하기 때문이야.
발전	• 아케메네스 왕조 페르시아: 다리우스 1세의 후원으로 확산 • 사산 왕조 페르시아: 국교화를 통해 민족의 정통성 강조, 경전 『아베스타』 집대성
영향	최후의 심판, 천국과 지옥, 구세주 출현 등의 교리 → 유대교, 크리스트교, 이슬람교 등에 영향을 줌

┐ 페르시아의 왕들은 조로아스터교의 최고신 아후라 마즈다가 자신에게 권력을 주었다고 주장하였어.

내공 2 고대 동아시아 세계의 형성

1 춘추 전국 시대와 제자백가의 등장

(1) 춘추 전국 시대의 성립 ─ 주는 기원전 8세기경 유목 민족의 공격을 피해 수도를 동쪽의 낙읍(뤄양)으로 옮겼어.

성립	주의 천도 → 주 왕실의 권위 약화, 제후들이 독립
특징	정치적 혼란, 각국의 경쟁 과정에서 사회와 경제 발전

◀ 춘추 전국 시대의 전개 | 춘추 시대에는 춘추 5패가 왕을 받든 다는 명분으로 주변 제후국들을 거느렸고, 전국 시대에는 큰 제후국(전국 7웅)이 주변국을 통합 하였다.

(2) 춘추 전국 시대의 사회·경제적 변화 ─ 소를 이용한 농경

① 철기 보급: 철제 농기구 보급(→ 우경과 함께 농업 생산력 향상에 기여), 철제 무기 사용(→ 전쟁의 규모 확대)

② 상업·수공업 발달: 도시와 시장 성장, 다양한 화폐 사용

(3) 제자백가: 각국이 경쟁에서 승리하기 위해 유능한 인재 등용, 부국강병 추진 → 제자백가가 등장하여 현실 문제를 해결하기 위한 다양한 정치사상 제시 ─ '제자'는 여러 사상가를, '백가'는 다양한 학파를 의미해.

학파	주요 사상가	주장
유가	공자, 맹자	'인'과 '예'를 중심으로 한 도덕 정치 주장
묵가	묵자	차별 없는 사랑(겸애)과 평화 강조
법가	한비자	엄격한 법과 제도에 따른 통치 주장
도가	노자, 장자	도 강조, 자연의 순리에 따르는 삶 추구

2 진의 중국 통일과 발전 ─ 전국 7웅 중 하나로 서쪽 변방에 있었어.

(1) 진의 중국 통일: 진이 법가 사상을 토대로 부국강병 이룩 → 최초로 중국 통일(기원전 221)

(2) 시황제의 정책 ─ 법가 사상 서적과 실용 서적을 제외한 모든 책을 불태우고, 이를 비판하는 유학자들을 산 채로 땅에 묻은 사건이야.

중앙 집권 정책	• 황제 칭호 사용: 스스로 시황제라 칭함 • 군현제 실시: 선국을 군과 현으로 나누고 각 군·현에 직접 관리 파견 ─ '첫 번째 황제'라는 뜻이야. • 기타: 화폐·도량형·문자 등 통일, 도로망 정비, 분서갱유 단행(법가 사상 이외의 사상 탄압)
대외 정책	흉노를 몰아내고 만리장성 축조(흉노의 침입 방어 목적), 베트남 북부까지 영토 확장

[화폐의 통일]　[도량형의 통일]　[문자의 통일]

▲ 반량전

▲ 무게를 다는 추

진(전서체)

(3) 멸망: 대규모 토목 공사에 백성 동원, 법가 사상에 바탕을 둔 가혹한 통치 → 시황제 사후 농민 반란 등으로 중국을 통일한 지 15년 만에 멸망(기원전 206) ─ 만리장성, 병마용 갱 건설 등 ─ 진승·오광의 난 등이 일어났어.

3 한의 성립과 유교의 발달

(1) 한의 성립과 발전

① 한의 중국 재통일: 한의 유방(고조)이 초의 항우를 물리치고 중국 재통일(기원전 202)

② 고조의 통치: 군국제 실시(중앙은 군현제, 지방은 봉건제로 통치), 농민의 세금 감면

③ 무제의 통치

중앙 집권 정책	군현제를 전국으로 확대 실시(→ 중앙 집권 체제 확립), 동중서의 건의에 따라 유교를 통치 이념으로 삼음(태학 설립, 유학 시험으로 관리 선발)
대외 정책	영토 확장(흉노 정벌, 고조선 정복), 장건을 서역에 파견(→ 비단길 개척)
재정 확보	잦은 정복 전쟁으로 인한 재정 부족 → 소금과 철의 전매 제도(전매제) 실시

─ 국가가 특정 물품의 생산과 판매를 독점하여 이익을 얻는 제도야.

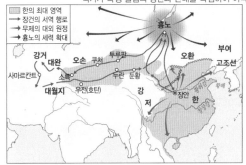

▲ 한의 최대 영역과 장건의 서역 행로 | 한 무제는 대월지와 손잡고 흉노를 함께 공격하기 위해 장건을 서역에 파견하였다. 대월지와의 군사 동맹은 이루어지지 않았지만 이를 계기로 동서 교역로인 비단길이 열렸다. ─ 이 길을 따라 중국의 비단이 유럽에 전해졌어.

(2) 후한의 성립과 멸망

① 성립: 무제 사후 외척과 환관들의 권력 다툼으로 한 쇠퇴 → 외척인 왕망이 한을 멸망시키고 신 건국(8) → 유수(광무제)가 신을 멸망시키고 후한 건국(25) ─ 이전의 한과 구별하여 '후한'이라 불러.

② 호족의 성장: 대토지 소유, 지방에서 농민 지배, 중앙 관리로 진출하여 정치 주도

③ 멸망: 외척과 환관의 권력 다툼으로 정치 문란, 호족의 횡포로 농민 생활 악화 → 황건적의 난 등 농민 반란 발생, 각지에서 호족 봉기 → 후한 멸망(220)

(3) 한의 문화: 중국 전통문화의 기틀 마련

유교 발달	오경박사를 두어 유학 교육, 훈고학(유교 경전을 정리하고 연구하는 학문) 발달
역사서 편찬	사마천의 『사기』, 반고의 『한서』 등 편찬
과학 기술 발달	해시계·지진계 발명, 채륜이 종이 만드는 법 개량(→ 학문과 사상의 발전에 기여)
불교 전래	비단길을 따라 인도의 불교가 중국에 전래됨

─ 기전체로 서술된 책으로, 중국 역사 서술의 모범이 되었어.

4 흉노 제국의 성장

성립	강력한 군사력을 바탕으로 기원전 3세기경 동아시아 최초의 유목 제국 건설
성장	묵특 선우가 초원 지대 통합, 한 고조에게 승리(→ 한과 화친을 맺고 한으로부터 비단과 곡물 등을 받음)
쇠퇴	한 무제의 흉노 정벌 이후 세력이 약화되어 분열

─ 중국의 황제에 해당하는 흉노 제국의 대군주를 가리켜.

1 다음 괄호 안의 내용 중 알맞은 말에 ○표를 하시오.

(1) 아케메네스 왕조 페르시아의 왕인 다리우스 1세는 (비단길, 왕의 길)이라는 도로를 건설하였다.

(2) (아시리아, 파르티아)는 이스라엘, 바빌로니아, 이집트 등을 정복하여 서아시아를 최초로 통일하였다.

2 다음 설명이 맞으면 ○표, 틀리면 ✕표를 하시오.

(1) 페르시아의 금속 세공품과 유리 공예품은 동아시아에까지 전파되었다. ( )

(2) 사산 왕조 페르시아는 크리스트교를 국교로 삼고 민족의 정통성을 강조하였다. ( )

(3) 아케메네스 왕조 페르시아는 피정복민에 대한 가혹한 통치로 반란이 일어나 멸망하였다. ( )

3 춘추 전국 시대에는 ( ) 농기구와 소를 이용한 농경이 이루어지면서 농업 생산력이 크게 늘어났다.

4 다음 설명에 해당하는 제자백가의 학파를 〈보기〉에서 골라 기호를 쓰시오.

> • 보기 •
> ㄱ. 도가　　ㄴ. 묵가　　ㄷ. 법가　　ㄹ. 유가

(1) 인과 예의 실천을 강조하였다. ( )

(2) 차별 없는 사랑을 강조하였다. ( )

(3) 법에 의한 엄격한 통치를 주장하였다. ( )

(4) 자연의 순리에 따르는 삶을 추구하였다. ( )

5 다음 인물과 관련된 내용을 옳게 연결하시오.

(1) 한 고조 •　　　　• ㉠ 군국제 실시

(2) 한 무제 •　　　　• ㉡ 장건을 서역에 파견

(3) 진시황제 •　　　• ㉢ 춘추 전국 시대 통일

6 다음 빈칸에 들어갈 내용을 쓰시오.

(1) 한 무제는 동중서의 건의에 따라 ( )를 통치 이념으로 삼았다.

(2) ( )이 편찬한 역사서인 사기는 이후 중국 역사 서술의 모범이 되었다.

(3) 한대에 ( )은 종이 만드는 법을 개량하여 학문과 문화의 확산에 이바지하였다.

 내공 쌓는 **족집게 문제**

○○○○○○

1 아시리아에 대한 설명으로 옳은 것은?

① 함무라비 법전을 만들었다.

② 조로아스터교를 국교로 삼았다.

③ 사산 왕조 페르시아에 의해 멸망하였다.

④ 전국을 20여 개의 주로 나누어 총독을 파견하였다.

⑤ 우수한 철제 무기와 기마 전술, 전차를 보유하였다.

○○○○○○

중요 **2** (가) 국가에 대한 설명으로 옳은 것을 〈보기〉에서 고른 것은?

> • 보기 •
> ㄱ. 이슬람 세력에 멸망하였다.
> ㄴ. 그리스와의 전쟁에서 패배하였다.
> ㄷ. 피정복민에게 관용 정책을 펼쳤다.
> ㄹ. 서아시아 세계를 최초로 통일하였다.

① ㄱ, ㄴ　　　② ㄱ, ㄷ　　　③ ㄴ, ㄷ

④ ㄴ, ㄹ　　　⑤ ㄷ, ㄹ

○○○○○○

3 다음 대화의 주제가 된 인물로 옳은 것은?

우리 모둠이 발표할 인물에 대해 이야기해 볼까?

아케메네스 왕조 페르시아의 전성기를 이끈 왕이야.

'왕의 눈', '왕의 귀'라고 불리는 감찰관을 파견하였어.

① 샤푸르 1세　　　② 키루스 2세

③ 다리우스 1세　　④ 알렉산드로스

⑤ 발레리아누스 황제

출제율 ●●●●● 시험에 꼭 나오는 출제 가능성이 높은 예상
문제로, 내신 100점을 받기 위한 필수 문항들

주관식

4 다음에서 설명하는 나라를 쓰시오.

○○○●●●

> 기원전 3세기 중엽에 이란계 유목 민족이 세웠다. 메소
> 포타미아 지역부터 인더스강에 이르는 부근까지 지배
> 하였고 동서 무역을 통해 번영하였으나, 로마와 갈등
> 을 겪으며 쇠퇴하였다.

5 밑줄 친 '이 국가'에 대한 설명으로 옳은 것을 〈보기〉에서
고른 것은?

○○○●●●

> 이 국가는 3세기 초에 페르시아의 계승을 내세우며 등
> 장하였다. 페르시아어를 공용어로 사용하였고, 지방에
> 총독을 파견하는 등 중앙 집권 체제를 수립하였다.

• 보기 •
ㄱ. 로마 제국의 침입을 물리쳤다.
ㄴ. 중계 무역으로 번영을 누렸다.
ㄷ. 알렉산드로스에게 멸망하였다.
ㄹ. 유일신을 믿는 유대교를 창시하였다.

① ㄱ, ㄴ ② ㄱ, ㄷ ③ ㄴ, ㄷ
④ ㄴ, ㄹ ⑤ ㄷ, ㄹ

중요 6 (가)에 들어갈 내용으로 가장 적절한 것은?

●●●●●

역사 조사 보고서

• 주제: 페르시아 문화의 특징
• 조사한 자료

페르세폴리스의 궁전은 페르시아의 건축 양식을 보여 주는 대표적인 유적이다. 정문 앞에 세워진 인간의 머리를 한 황소상은 아시리아 양식이고, 기둥머리는 그리스와 이집트 양식의 영향을 받은 것이다.

▲ 페르세폴리스 궁전으로 들어가는 만국의 문

• 자료 분석 결과: 페르시아의 문화는 _____ (가)

① 내세의 삶을 강조하였다.
② 폐쇄적인 성격을 가졌다.
③ 유교를 중심으로 발달하였다.
④ 주로 동아시아 지역으로부터 영향을 받았다.
⑤ 여러 민족의 문화가 융합된 국제적인 성격을 띠었다.

중요 7 ㉠ 종교에 대한 설명으로 옳지 **않은** 것은?

○○○●●●

(㉠) 사원 입구에 새겨진 아후라 마즈다의 모습이다. 페르시아인들은 (㉠)을/를 믿으며 아후라 마즈다를 최고신으로 섬겼다.

① 불을 숭배하였다.
② 다리우스 1세의 후원으로 확산되었다.
③ 세상을 선과 악의 대결 장소로 보았다.
④ 크리스트교와 이슬람교에 영향을 주었다.
⑤ 아케메네스 왕조 페르시아가 국교로 삼았다.

내공 2 고대 동아시아 세계의 형성

8 (가) 시기의 중국에 대한 설명으로 적절한 것을 〈보기〉에서
고른 것은?

○○○●●●

기원전 770 ─── (가) ─── 기원전 221

주의 낙읍(뤄양)   진의 중국
천도   통일

• 보기 •
ㄱ. 상공업이 발달하여 도시가 성장하였다.
ㄴ. 철제 농기구가 사용되고 우경이 이루어졌다.
ㄷ. 정치가 혼란스러워 사회와 경제가 쇠퇴하였다.
ㄹ. 청동제 무기를 사용하게 되면서 전쟁이 더욱 치열해졌다.

① ㄱ, ㄴ ② ㄱ, ㄷ ③ ㄴ, ㄷ
④ ㄴ, ㄹ ⑤ ㄷ, ㄹ

9 제자백가가 등장한 배경으로 가장 적절한 것은?

○○●●●

① 분서갱유가 단행되었다.
② 주 왕실의 권위가 강화되었다.
③ 평화가 지속되면서 학문 연구가 활발해졌다.
④ 사회 혼란이 가중되어 학문과 사상이 침체되었다.
⑤ 각국이 유능한 인재를 등용하여 부국강병을 추진하였다.

중요 **10** 다음 가상 대화에서 (가)에 들어갈 내용으로 가장 적절한 것은?

'인'과 '예'를 실천한다면 세상이 평화로워지지 않겠습니까?
공자

글쎄요. 그보다 더 중요한 것은 ____(가)____ 이라고 생각합니다.
묵자

① 제후들이 도덕 정치를 실시하는 것
② 모든 사람을 차별 없이 사랑하는 것
③ 인위적인 제도를 없애고자 노력하는 것
④ 자연의 순리에 따르는 삶을 추구하는 것
⑤ 법을 어기는 사람을 엄격하게 처벌하는 것

[11~12] 다음을 읽고 물음에 답하시오.

(㉠)은/는 전국 시대의 전국 7웅 중에 하나였다. 이 나라의 왕이었던 (㉡)은/는 기원전 221년에 500여 년 동안 혼란스러웠던 중국을 최초로 통일하였고, 왕의 칭호를 황제로 바꾸어 스스로를 시황제라 칭하였다.

▲ (㉡)

11 ㉠ 나라가 중국을 통일할 수 있었던 배경으로 가장 적절한 것은?

① 흉노를 정복하는 데 성공하였다.
② 나라의 중요한 일을 점을 쳐서 결정하였다.
③ 법가 사상을 바탕으로 부국강병을 이루었다.
④ 분서갱유를 일으켜 사상을 하나로 통일하였다.
⑤ 장건을 파견하여 서역으로 가는 길을 개척하였다.

12 ㉡ 인물에 대한 설명으로 옳지 않은 것은?

① 군현제를 실시하였다.
② 화폐, 도량형, 문자를 통일하였다.
③ 강력한 중앙 집권 정책을 실시하였다.
④ 초의 항우를 물리치고 중국 통일을 이루었다.
⑤ 흉노의 침입을 막기 위해 만리장성을 쌓았다.

주관식
13 ㉠에 들어갈 제도를 쓰시오.

진이 멸망한 후 중국을 다시 통일한 한 고조(유방)는 봉건제와 군현제를 절충한 (㉠)을/를 실시하였다.

중요 **14** 다음 가상 회고록에서 밑줄 친 '나'에 대한 설명으로 옳지 않은 것은?

나는 동중서의 건의에 따라 유교를 통치 이념으로 삼았다. 또한 유학을 공부한 사람을 관리로 선발하도록 하였다.

① 태학을 설치하였다.
② 비단길을 개척하였다.
③ 병마용 갱을 건설하였다.
④ 소금과 철의 전매 제도를 시행하였다.
⑤ 군현제를 전국으로 확대하여 실시하였다.

15 다음은 한의 발전과 쇠퇴에 대한 내용이다. 이를 일어난 순서대로 옳게 나열한 것은?

(가) 황건적의 난이 일어났다.
(나) 장건이 서역에 파견되었다.
(다) 외척인 왕망이 신을 세웠다.
(라) 유수(광무제)가 후한을 건국하였다.

① (가) – (나) – (다) – (라)
② (나) – (다) – (라) – (가)
③ (나) – (라) – (가) – (다)
④ (다) – (가) – (라) – (나)
⑤ (다) – (라) – (나) – (가)

16 다음에서 설명하는 세력으로 옳은 것은?

한대에 등장하여 향촌 사회를 지배하였다. 이들은 점차 넓은 토지를 소유하고 농민을 지배하는 한편, 추천을 통해 관료로 진출하여 중앙 정치를 주도하였다.

① 외척   ② 제후   ③ 호족
④ 환관   ⑤ 제자백가

17 (가)에 들어갈 내용으로 적절한 것을 〈보기〉에서 고른 것은?

> **역사 동아리 학술 발표회 초대장**
>
> 저희 △△중학교 역사 동아리에서는 오늘날 중국 문화의 기틀이 마련되었던 한대의 문화에 대한 학술 발표회를 개최합니다.
> · 일시: 20○○년 ○○월 ○○일 오후 2~4시
> · 장소: △△중학교 동아리실
> · 발표 주제: _____(가)_____

> • 보기 •
> ㄱ. 도교, 비단길을 통해 전래되다
> ㄴ. 한비자, 법가 사상을 완성하다
> ㄷ. 채륜, 새로운 종이 제작법을 찾아내다
> ㄹ. 사마천의 사기, 역사 서술의 모범이 되다
> ㅁ. 불교, 국가 운영의 기본 지침으로 자리 잡다
> ㅂ. 훈고학, 유교 경전을 정리하는 과정에서 발달하다

① ㄱ, ㄴ, ㅂ
② ㄱ, ㄷ, ㄹ
③ ㄴ, ㄷ, ㅁ
④ ㄷ, ㄹ, ㅂ
⑤ ㄹ, ㅁ, ㅂ

18 (가)에 들어갈 내용으로 적절하지 않은 것은?

파일(F) 편집(E) 보기(V) 즐겨찾기(A) 도구(T) 도움말(H)

흉노 ▼ 검색

연관 검색어 | (가)

관련 이미지

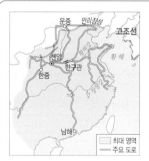

◀ **흉노의 금관** | 오르도스 지방에서 발견된 흉노의 금관이다. 금관의 윗 부분을 새 모양으로 장식하였다.

① 묵특 선우의 활동
② 장건의 비단길 개척
③ 초원 지대의 유목 민족
④ 진시황제의 만리장성 축조
⑤ 한 고조에게 비단과 곡물 제공

19 다음을 읽고 물음에 답하시오.

> (가) 기원전 7세기에 우수한 철제 무기와 전술을 바탕으로 서아시아 세계를 통일하였다.
> (나) 기원전 6세기에 서아시아 세계를 다시 통일하였다. 다리우스 1세가 대제국을 건설하여 전성기를 맞았다.

(1) (가), (나)에 해당하는 국가를 각각 쓰시오.

_____

(2) (가), (나) 국가의 피정복민에 대한 통치 방식을 비교하여 서술하시오.

_____

_____

_____

20 (가)의 원인을 두 가지 서술하시오.

지도는 이 나라의 영역을 보여 준다. 이 나라는 중국을 최초로 통일하여 오늘날의 베트남 북부까지 영토를 확장하였으나, (가) 중국을 통일한 지 15년 만에 멸망하였다.

_____

_____

_____

21 밑줄 친 부분의 상황을 해결하기 위해 한 무제가 실시한 경제 정책을 서술하시오.

> 한 무제는 흉노를 정벌하고 고조선을 정복하는 등 활발한 정복 활동을 추진하였다. 그러나 잦은 정복 활동으로 인해 국가 재정이 부족해졌다.

_____

_____

_____

03 고대 제국들의 특성과 주변 세계의 성장(2)

내공 1 고대 지중해 세계의 형성

1 폴리스의 형성

(1) **에게 문명**: 기원전 2000년경 에게해 지역에서 크레타 문명과 미케네 문명 등 발달 → 기원전 1200년경 몰락

(2) **폴리스의 형성** _{그리스는 험준한 산과 섬이 많고 해안선이 복잡하여 통일 국가 형성이 어려웠기 때문이야.}

형성	해안에서 가까운 평야 지대에 방어하기 좋은 언덕을 중심으로 아테네, 스파르타와 같은 작은 도시 국가(폴리스) 형성
구조	아크로폴리스(중심부, 신전이 위치함), 아고라(시민들의 공공 생활 장소)로 구성
특징	그리스의 여러 폴리스가 같은 언어 사용, 4년마다 올림피아 제전을 개최하여 유대감 강화

2 아테네와 스파르타

(1) **아테네 민주 정치의 발달** _{도자기 파편에 독재를 할 가능성이 있는 사람의 이름을 적어 제일 많은 표를 얻은 사람을 10년간 국외로 추방하는 제도야.}

배경	왕정 → 귀족정(소수의 귀족이 정치 담당) → 평민의 지위 향상(무역과 상업 활동으로 부유해진 평민이 전쟁에 참여하였기 때문) → 평민의 정치 참여 요구 확대
발전 과정	• 솔론: 재산 정도에 따라 참정권과 군사적 의무 부여 • 클레이스테네스: 도편 추방제 도입, 평민의 정치 참여 확대 (재산 기준 폐지) • 페리클레스: 민회가 입법권 행사, 대부분의 관직과 배심원을 추첨으로 선출, 공무 수당 지급 → 민회 중심의 직접 민주 정치 정착, 아테네 민주 정치의 전성기 이룩
한계	여성, 노예, 외국인은 정치 참여 불가

_{시민이 민회에서 국가의 중요 정책을 토론과 투표로 결정하였어.}

페리클레스의 연설

권력이 소수의 수중에 있지 않고 전 시민에게 있기 때문에 우리의 정치 제도를 민주 정치라고 부릅니다. …… 만인은 법 앞에 평등합니다. …… 공직에 임명할 때 그것이 그가 어느 특정한 계층에 속해 있기 때문이 아니라, 그가 가지고 있는 실질적인 능력 때문입니다.　　　　　– 투키디데스, 『역사』

---

(2) **스파르타의 발전**: 소수의 시민이 다수의 피지배층을 다스리기 위해 강력한 군사 통치 실시, 왕과 귀족들이 정치 담당(국가 중대사는 민회에서 결정) _{남성 시민들은 어려서부터 집단생활을 하고 엄격한 군사 훈련을 받았어.}

3 그리스 세계의 번영과 쇠퇴

_{마라톤 전투, 살라미스 해전 등에서 승리하였어.}

(1) **그리스·페르시아 전쟁(페르시아 전쟁)**: 기원전 5세기 페르시아가 그리스를 세 차례 침입 → 그리스 승리 → 델로스 동맹 결성(아테네 중심), 아테네가 전성기를 누리게 됨

(2) **펠로폰네소스 전쟁**: 아테네 중심의 델로스 동맹과 스파르타 중심의 펠로폰네소스 동맹이 대립하여 전쟁 발생 → 펠로폰네소스 동맹이 승리 _{아테네가 세력을 확장하면서 주변의 폴리스들을 압박하자 펠로폰네소스 동맹이 불만을 품게 되었어.}

(3) **그리스의 쇠퇴**: 오랜 전쟁으로 그리스 폴리스들의 국력이 소모됨 → 기원전 4세기 마케도니아에 정복됨

4 그리스의 문화　합리적이고 인간 중심적인 문화가 발달함

_{인간적인 신의 모습을 잘 표현하였어.}

문학	호메로스의 『일리아드』, 『오디세이아』
조각·건축	「아테나 여신상」, 파르테논 신전 → 조화와 균형 강조
철학	• 전개: 자연 철학(자연 현상 탐구) → 기원전 5세기경 소피스트 등장, 인간과 사회로 철학의 관심 확대 • 소피스트: 진리의 상대성과 주관성 주장 • 소크라테스: 소피스트 비판, 객관적·절대적·보편적 진리 주장
역사	헤로도토스가 『역사』 저술(→ '역사의 아버지'라는 칭호를 받음), 투키디데스의 『역사』
기타	히포크라테스(의학), 피타고라스(수학)가 업적을 남김

_{그리스·페르시아 전쟁사를 다루었어.}　_{펠로폰네소스 전쟁사를 다루었어.}

◀ **파르테논 신전** | 페리클레스 시대에 만들어진 것으로, 조화와 균형미를 추구하였다.

5 알렉산드로스 제국과 헬레니즘 세계의 형성

(1) **알렉산드로스 제국**

① **형성**: 마케도니아의 왕 알렉산드로스가 동방 원정에 나서 이집트·아케메네스 왕조 페르시아 정복, 인더스강 유역 진출 → 인도에서 지중해에 이르는 동서 교역로 확보 → 헬레니즘 세계 형성

② **동서 융합 정책**

그리스 문화 전파	각지에 알렉산드리아라는 도시 건설 → 그리스인 이주, 그리스어를 공용어로 삼음
동방 문화 수용	동방의 군주정 계승, 정복지의 사람을 관리로 등용, 그리스인과 페르시아인의 결혼 장려

③ **쇠퇴**: 알렉산드로스 사후 제국 분열 → 로마 제국에 흡수됨 _{마케도니아, 시리아, 이집트로 분열되었어.}

▲ **알렉산드로스 제국의 영역** | 알렉산드로스는 유럽과 아시아, 아프리카에 걸친 대제국을 건설하였다.

(2) **헬레니즘 문화**

① **특징**: 그리스 문화와 동방의 문화가 융합됨

개인주의	폴리스 중심의 공동체 의식이 약화되면서 개인의 행복과 자유 추구
세계 시민주의	제국 아래 모두 같은 시민이라는 인식이 확산됨

② 발달 내용

철학	• 스토아학파: 금욕 강조, 이성적인 삶 추구 • 에피쿠로스학파: 마음의 안정과 정신적 즐거움 추구
자연 과학	아르키메데스, 에우클레이데스(유클리드) 등 활약
미술	「밀로의 비너스상」, 「라오콘 군상(라오콘상)」 → 인체의 아름다움을 생동감 있게 표현함

◀ 라오콘 군상(라오콘상) | 헬레니즘 문화를 대표하는 조각으로, 고통을 받고 있는 인간의 모습을 사실적으로 표현하였다.

내공 2 로마 제국의 성장

1 로마 공화정의 성립과 발전

(1) 로마의 건국: 기원전 8세기에 도시 국가로 시작(왕정)

(2) 공화정의 수립과 평민의 지위 향상: 기원전 6세기 말에 귀족들이 왕을 몰아내고 공화정 수립(귀족이 집정관과 원로원 독점) → 전쟁 참여로 세력을 키운 평민들의 정치 참여 요구 → 평민회 구성, 호민관 선출

└ 왕 대신 임기 2년의 집정관이 국정을 담당하고, 원로원이 집정관을 감독하며 최고 의결 기관의 역할을 하였어.

└ 평민을 대표하는 관직으로 평민에게 불리한 정책은 거부하기도 하였어.

> 군주정, 귀족정, 민주정이라는 세 가지 정치 형태는 로마 공화국에서 한데 모이게 되었다. …… 집정관들이 큰 힘을 가지고 있는 것을 보면 로마의 정치 형태는 군주정처럼 보인다. 원로원의 권위는 일종의 귀족정을 나타내는 것이었다. 하지만 평민의 힘을 놓고 본다면 민주정이었다고 할 수 있다.
> – 폴리비오스, 『역사』

(3) 공화정의 쇠퇴

└ 포에니 전쟁 이후 늘어난 노예를 이용하여 소수의 귀족이 운영한 대규모 농장이야.

① 사회의 변화: 카르타고와의 포에니 전쟁에서 승리(→ 지중해 일대 장악) → 정복지에서 값싼 곡물 유입, 소수 귀족의 대농장(라티푼디움) 경영 → 자영 농민 몰락

② 그라쿠스 형제의 개혁: 호민관인 그라쿠스 형제가 자영 농민의 몰락을 막기 위한 개혁 시도 → 원로원을 중심으로 한 귀족들의 반대로 실패

└ 빈민에게 곡물을 싸게 공급하고 소수 유력자의 대토지 소유를 제한하고자 하였어.

▲ 그라쿠스 형제

티베리우스 그라쿠스의 연설

조국을 위해 싸우고 죽어 가는 로마 시민에게 남은 것은 햇볕과 공기밖에 없다. …… 한 뼘의 땅도 갖지 못하고 있다.
– 플루타르코스, 『영웅전』

③ 공화정 쇠퇴: 빈부 격차의 심화, 군인 정치가들의 권력 다툼 → 카이사르가 정권 장악 후 독재 정치 실시

└ 결국 공화정을 지지하는 공화파에게 암살당하였어.

2 로마 제정의 등장과 몰락

└ 카이사르 사망 이후의 혼란을 수습하고 군대와 재정을 장악하여 사실상 황제가 되었어. 그러나 그는 스스로를 황제라고 부르지 않고, 제1 시민(프린켑스)이라고 불렀어.

(1) 제정 시작: 옥타비아누스가 권력 장악 → 원로원으로부터 '아우구스투스(존엄한 자)'의 칭호를 받음(기원전 27)

(2) '로마의 평화' 시대(Pax Romana): 영토 확장, 정치·경제적 안정, 200여 년 동안 번영을 누림

└ 군인 황제 시대가 전개되었어.

(3) 로마의 쇠퇴: 2세기 말부터 군대의 정치 개입으로 혼란, 게르만족과 사산 왕조 페르시아의 침입으로 쇠퇴

(4) 중흥을 위한 노력

① 디오클레티아누스: 제국을 4분할하여 통치, 황제권 강화

② 콘스탄티누스 대제: 크리스트교 공인, 콘스탄티노폴리스(비잔티움)로 천도

└ 넓은 영토의 효율적인 통치를 위해 제국을 네 부분으로 나누고 네 명의 통치자가 공동으로 다스리도록 하였어.

(5) 제국의 분리와 멸망: 동서 로마로 분리(395) → 게르만족의 침입으로 서로마 제국 멸망(476), 동로마 제국(비잔티움 제국)은 이후에도 약 1000년 동안 지속됨

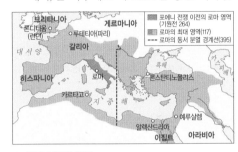

| | 포에니 전쟁 이전의 로마 영역(기원전 264)
로마의 최대 영역(117)
로마의 동서 분열 경계선(395) |

▲ 로마 제국의 영역

3 로마의 문화 　실용적인 문화 발달

토목, 건축	도로망과 상하수도 시설 건설, 거대 건축물 건설(원형 경기장, 공중목욕탕, 개선문 등)
법률	관습법 → 시민법(12표법, 로마 시민만 적용) → 만민법(로마 제국의 모든 민족에게 적용) → 『유스티니아누스 법전』(비잔티움 제국의 유스티니아누스 황제가 로마법을 집대성하여 편찬, 유럽 법률의 토대가 됨)

▲ 수도교 | 로마는 주변의 높은 산에서 물을 끌어오는 수도교를 건설하여 도시에 물을 공급하였다.

▲ 콜로세움 | 로마의 원형 경기장 중 가장 큰 규모로 둘레가 약 527m, 높이가 약 48m에 이른다.

4 크리스트교의 성립과 확산

(1) 성립: 팔레스타인에서 예수 등장(사랑과 평등 설교, 사랑과 믿음을 통해 누구든 구원받을 수 있다고 가르침) → 예수의 제자들을 중심으로 각지에 전파, 크리스트교 성립

(2) 탄압: 로마의 전통적인 신들과 황제 숭배를 거부하여 박해를 받음

└ 제국을 안정시키고 황제권을 강화하려는 목적이었어.

(3) 확산: 노예, 여성, 하층민을 중심으로 확산

① 공인: 콘스탄티누스 대제의 밀라노 칙령을 통해 공인(313)

② 국교화: 4세기 말 로마의 국교로 인정 → 세계적인 종교로 성장, 그리스·로마 문화와 함께 유럽 문화의 기반이 됨

개념 확인하기

정답과 해설 5쪽

1 다음 설명이 맞으면 ○표, 틀리면 ✕표를 하시오.

(1) 스파르타는 강력한 군사 통치를 실시하였다.
( )
(2) 고대 그리스인들은 올림피아 제전을 열어 유대감을 다졌다.
( )
(3) 폴리스 중심부의 높은 곳에는 신전이 위치한 아고라가 있었다.
( )
(4) 아테네는 페리클레스의 지도 아래 민주 정치의 전성기를 맞았다.
( )

2 다음 괄호 안의 내용 중 알맞은 말에 ○표를 하시오.

(1) (포에니 전쟁, 펠로폰네소스 전쟁)으로 폴리스가 쇠퇴하였다.
(2) 고대 그리스에서는 (신 중심, 인간 중심)의 합리적인 문화가 발달하였다.
(3) 그리스·페르시아 전쟁 이후 아테네를 중심으로 한 (델로스 동맹, 펠로폰네소스 동맹)이 결성되었다.

3 알렉산드로스의 동방 원정으로 인도에서 지중해에 이르는 동서 교역로가 열렸고, ( ) 세계가 형성되었다.

4 다음 빈칸에 들어갈 내용을 쓰시오.

(1) 고대 로마의 ( )은 최고 의결 기관으로, 귀족들로 구성되었다.
(2) ( ) 형제는 포에니 전쟁 이후 자영 농민의 몰락을 막기 위한 개혁을 시도하였다.
(3) 콘스탄티누스 대제는 수도를 ( )(으)로 옮기고 로마 제국을 부흥시키고자 하였다.
(4) ( )는 4세기 말 로마 제국의 국교로 인정되었으며 이후 세계적인 종교로 성장하였다.

5 다음 설명에 해당하는 인물을 〈보기〉에서 골라 기호를 쓰시오.

┌─ 보기 ─────────────
│ ㄱ. 옥타비아누스
│ ㄴ. 디오클레티아누스
│ ㄷ. 콘스탄티누스 대제
│ ㄹ. 유스티니아누스 황제
└─────────────────

(1) 밀라노 칙령을 발표하였다. ( )
(2) 로마 제국을 4분할하여 통치하였다. ( )
(3) 로마법을 집대성한 법전을 편찬하였다. ( )
(4) 원로원으로부터 아우구스투스라는 칭호를 받았다.
( )

내공 쌓는 족집게 문제

내공 1 고대 지중해 세계의 형성

1 다음에서 설명하는 문명으로 옳은 것은?

> 기원전 2000년경부터 발달한 문명으로 크레타 문명과 미케네 문명 등이 대표적이다.

① 에게 문명
② 중국 문명
③ 이집트 문명
④ 인더스 문명
⑤ 메소포타미아 문명

2 폴리스에 대한 설명으로 옳지 <u>않은</u> 것은?

① 서로 다른 언어를 사용하였다.
② 올림피아 제전을 열어 유대감을 다졌다.
③ 중심부인 아크로폴리스에 신전을 두었다.
④ 시민의 공공 생활 장소인 아고라가 있었다.
⑤ 해안에 가깝고 방어하기 좋은 곳에 주로 형성되었다.

3 고대 그리스 아테네에 대한 설명으로 옳은 것을 〈보기〉에서 고른 것은?

┌─ 보기 ─────────────
│ ㄱ. 펠로폰네소스 동맹을 주도하였다.
│ ㄴ. 남성 시민은 어려서부터 집단생활을 하였다.
│ ㄷ. 여성, 노예, 외국인은 정치에 참여할 수 없었다.
│ ㄹ. 페리클레스 시기에 직접 민주 정치가 정착하였다.
└─────────────────

① ㄱ, ㄴ
② ㄱ, ㄷ
③ ㄴ, ㄷ
④ ㄴ, ㄹ
⑤ ㄷ, ㄹ

주관식

4 다음에서 설명하는 인물을 쓰시오.

> 고대 그리스의 대표적인 폴리스였던 아테네의 정치가이다. 정치 참여 자격에서 재산 기준을 폐지함으로써 민주 정치를 발전시켰고, 도편 추방제를 마련하였다.

출제율 ◉◉◉◉◉ 시험에 꼭 나오는 출제 가능성이 높은 예상 문제로, 내신 100점을 받기 위한 필수 문항들

중요 5 다음은 아테네 민주 정치의 발달 과정이다. 이를 일어난 순서대로 옳게 나열한 것은?

> (가) 소수의 귀족들이 정치를 담당하였다.
> (나) 대부분의 관직과 배심원을 추첨으로 선출하였다.
> (다) 독재자의 출현을 막기 위해 도편 추방제를 도입하였다.
> (라) 재산의 정도에 따라 일부 평민의 정치 참여를 허용하였다.

① (가) – (다) – (라) – (나) ② (가) – (라) – (다) – (나)
③ (나) – (가) – (라) – (다) ④ (나) – (라) – (가) – (다)
⑤ (다) – (가) – (나) – (라)

6 ㉠에 들어갈 국가로 옳은 것은?

이것은 (㉠) 전사를 조각한 작품입니다. (㉠)에서는 20세부터 60세까지의 남자들에게 병역의 의무를 부과하였으며 강력한 군사 통치를 실시하였습니다.

① 아테네   ② 트로이   ③ 스파르타
④ 아시리아   ⑤ 페르시아

7 지도에 나타난 전쟁이 끼친 영향으로 가장 적절한 것은?

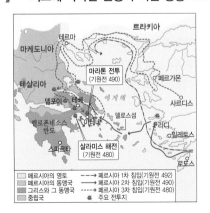

① 델로스 동맹이 결성되었다.
② 아테네에서 귀족정이 시행되었다.
③ 귀족들이 라티푼디움을 경영하였다.
④ 스파르타가 그리스의 패권을 차지하였다.
⑤ 마케도니아가 그리스 세계를 정복하였다.

8 펠로폰네소스 전쟁에 대한 설명으로 옳은 것을 〈보기〉에서 고른 것은?

> • 보기 •
> ㄱ. 아테네가 전성기를 누리는 계기가 되었다.
> ㄴ. 헬레니즘 세계가 형성되는 결과를 가져왔다.
> ㄷ. 그리스의 폴리스들이 쇠퇴하는 원인이 되었다.
> ㄹ. 델로스 동맹과 펠로폰네소스 동맹 간에 벌어졌다.

① ㄱ, ㄴ   ② ㄱ, ㄷ   ③ ㄴ, ㄷ
④ ㄴ, ㄹ   ⑤ ㄷ, ㄹ

9 ㉠, ㉡에 들어갈 말을 옳게 연결한 것은?

> 고대 그리스인들은 (㉠)이면서 (㉡) 중심적인 문화를 발전시켰다.

　　㉠　　　㉡
① 국제적　　신
② 실용적　　신
③ 실용적　　인간
④ 합리적　　신
⑤ 합리적　　인간

중요 10 다음 유적과 관련된 문화에 대한 설명으로 옳은 것을 〈보기〉에서 고른 것은?

> • 보기 •
> ㄱ. 유스티니아누스 법전이 편찬되었다.
> ㄴ. 호메로스가 일리아드를 저술하였다.
> ㄷ. 철학자 집단인 소피스트가 활동하였다.
> ㄹ. 아르키메데스가 자연 과학을 발전시켰다.

① ㄱ, ㄴ   ② ㄱ, ㄷ   ③ ㄴ, ㄷ
④ ㄴ, ㄹ   ⑤ ㄷ, ㄹ

[11~12] 지도를 보고 물음에 답하시오.

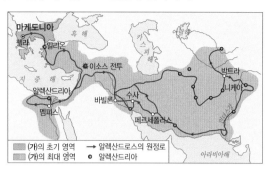

11 (가) 제국에 대한 설명으로 옳지 <u>않은</u> 것은?

① 귀족이 집정관을 독점하였다.
② 그리스어를 공용어로 사용하였다.
③ 헬레니즘 세계의 형성에 기여하였다.
④ 동서양의 문화를 융합하는 정책을 시행하였다.
⑤ 알렉산드로스 사후 분열되어 로마 제국에 흡수되었다.

중요 12 (가) 제국 시기의 문화에 대한 설명으로 옳은 것을 〈보기〉에서 고른 것은?

┌─ 보기 ─
ㄱ. 시민법이 만민법으로 발전하였다.
ㄴ. 스토아학파와 에피쿠로스학파가 등장하였다.
ㄷ. 밀로의 비너스상과 라오콘 군상이 만들어졌다.
ㄹ. 소크라테스가 객관적이고 보편적인 진리를 주장하였다.
└──

① ㄱ, ㄴ   ② ㄱ, ㄷ   ③ ㄴ, ㄷ
④ ㄴ, ㄹ   ⑤ ㄷ, ㄹ

내공 2   로마 제국의 성장

13 다음 주제와 관련된 탐구 활동으로 가장 적절한 것은?

┌──
주제: 공화정 시기 로마에서는 어떻게 평민의 권리가 확대되었을까?
└──

① 원로원의 역할을 분석한다.
② 평민회가 만들어진 배경을 파악한다.
③ 카이사르의 정권 장악 과정을 조사한다.
④ 크리스트교가 공인되는 과정을 알아본다.
⑤ 게르만족의 서로마 침입에 대해 알아본다.

14 밑줄 친 '이 전쟁'의 영향으로 옳은 것은?

이 전쟁은 로마가 지중해의 패권을 놓고 카르타고와 벌인 전쟁이에요.

① 서로마 제국이 멸망하였다.
② 동방의 군주정을 계승하였다.
③ 펠로폰네소스 동맹이 결성되었다.
④ 그라쿠스 형제가 개혁을 시도하였다.
⑤ 귀족들이 왕을 몰아내고 공화정을 수립하였다.

중요 15 ㉠에 들어갈 인물에 대한 설명으로 옳은 것은?

조각상의 주인공인 (㉠)은/는 혼란을 수습하고 로마의 권력을 장악하였다. (㉠)은/는 원로원으로부터 '아우구스투스'라는 칭호를 받았고, 군대와 재정을 장악함으로써 사실상 황제가 되었다. 이때부터 로마에서 제정이 시작되었다.

① 반대파에 의해 암살당하였다.
② 수도를 콘스탄티노폴리스로 옮겼다.
③ 로마법을 집대성한 법전을 편찬하였다.
④ 제국을 넷으로 나누어 다스리게 하였다.
⑤ 스스로를 제1 시민(프린켑스)이라고 불렀다.

주관식

16 ㉠에 들어갈 인물을 쓰시오.

┌──
(㉠)은/는 4세기 초에 크리스트교를 공인하고, 수도를 콘스탄티노폴리스(비잔티움)로 옮기는 등 로마 제국을 다시 일으켜 세우기 위해 노력하였다.
└──

17 (가) 시기 로마의 상황에 해당하는 것을 〈보기〉에서 고른 것은?

200여 년 동안 '로마의 평화' 시대가 펼쳐졌다.	⇒	(가)	⇒	밀라노 칙령을 통해 크리스트교가 공인되었다.

• 보기 •

ㄱ. 그라쿠스 형제의 개혁이 실패하였다.

ㄴ. 군대의 정치 개입으로 사회가 혼란해졌다.

ㄷ. 로마 제국이 동로마와 서로마로 분리되었다.

ㄹ. 로마 제국을 넷으로 나누어 공동으로 통치하게 되었다.

① ㄱ, ㄴ ② ㄱ, ㄷ ③ ㄴ, ㄷ

④ ㄴ, ㄹ ⑤ ㄷ, ㄹ

18 다음 내용을 통해 알 수 있는 로마 문화의 특징으로 가장 적절한 것은?

• 로마 시민들에게 적용되던 시민법은 제국의 모든 민족에게 적용되는 만민법이 되었다.

• 로마인들은 뛰어난 건축 기술을 바탕으로 수도교와 콜로세움 같은 거대한 건축물을 세웠다.

① 그리스와 동방의 문화가 융합되었다.

② 세계 시민주의와 개인주의가 등장하였다.

③ 사실적이고 생동감 넘치는 조각이 만들어졌다.

④ 철학의 관심이 자연에서 인간과 사회로 확대되었다.

⑤ 제국의 통치에 필요한 실용적인 문화가 발달하였다.

19 ㉠에 들어갈 종교에 대한 설명으로 옳지 않은 것은?

카타콤이라고 불리는 이곳은 (㉠)을/를 믿는 신자들이 만든 지하 묘지이다. 신자들은 로마 제국의 박해를 피해 이곳에서 예배를 드리기도 하였다.

① 4세기 말 로마 제국의 국교가 되었다.

② 예수의 가르침을 바탕으로 성립되었다.

③ 하층민과 여성을 중심으로 확산되었다.

④ 사랑과 믿음을 통한 구원을 강조하였다.

⑤ 로마의 전통적인 신들과 황제를 숭배하였다.

20 다음을 읽고 물음에 답하시오.

(㉠)의 연설 내용

권력이 소수의 수중에 있지 않고 전 시민에게 있기 때문에 우리의 정치 제도를 민주 정치라고 부릅니다. …… 공직에 임명할 때 그것은 그가 어느 특정한 계층에 속해 있기 때문이 아니라, 그가 가지고 있는 실질적인 능력 때문입니다. — 투키디데스, 『역사』

(1) ㉠에 들어갈 인물을 쓰시오.

(2) 아테네 민주 정치의 발전 과정에서 (1) 인물이 실시한 정책을 세 가지 서술하시오.

21 알렉산드로스가 추진한 동서 융합 정책을 세 가지 서술하시오.

22 다음을 읽고 물음에 답하시오.

기원전 3세기 이탈리아반도를 통일한 로마는 카르타고와의 (㉠)에서 승리함으로써 지중해 일대를 장악하였다. 그러나 전쟁 이후 자영 농민이 몰락하면서 로마는 혼란에 빠졌다.

(1) ㉠에 들어갈 전쟁을 쓰시오.

(2) 밑줄 친 부분의 상황이 발생한 원인을 사회·경제적 변화와 관련지어 두 가지 서술하시오.

01 불교 및 힌두교 문화의 형성과 확산

내공 1 불교문화의 형성

1 불교의 성립

(1) 배경: 기원전 7세기경 갠지스강 유역에 철기 문화 보급 → 〔정치·군사를 담당한 크샤트리아가 성장하였어.〕〔생산을 담당한 바이샤의 영향력이 커졌어.〕 도시 국가 간의 잦은 전쟁, 활발한 문물 교류로 상업 발달 → 크샤트리아·바이샤 세력을 중심으로 브라만교의 형식화된 제사 의식과 브라만 중심의 카스트 사회 비판

(2) 불교의 성립

① 창시: 기원전 6세기경 고타마 싯다르타(석가모니)가 창시

② 교리: 자비와 평등 강조, 수행을 통해 윤회의 고통에서 벗어나 해탈할 것을 주장 〔몸과 마음의 모든 고뇌로부터 벗어나는 것이야.〕

③ 발전: 크샤트리아·바이샤 세력의 지지 → 인도의 여러 지역으로 불교 확산

2 마우리아 왕조의 성립과 발전

(1) 배경: 기원전 4세기 후반까지 인도가 작은 도시 국가들로 분열, 알렉산드로스의 침입으로 혼란

(2) 성립: 찬드라굽타 마우리아가 인도 북부 통일, 왕조 수립

(3) 발전: 아소카왕 시기(전성기) 〔아소카왕이 세운 것으로 현존하는 가장 오래된 불탑이야.〕

영토 확장	남부를 제외한 인도의 대부분 지역을 통일
통치 체제 정비	도로망 정비 및 전국에 관리 파견 → 지역 간의 교역 확대, 중앙 집권 체제 강화
불교 장려	• 불교 후원: 불교 경전 정리, 사원과 불탑(산치 대탑) 건립, 불교 포교(주변 지역에 사절과 승려 파견) • 상좌부 불교 발전: 개인의 해탈 강조 → 실론과 동남아시아 등지로 전파

▲ 마우리아 왕조의 영역

▲ 산치 대탑

> 칼링가를 정복하면서 나는 돌이킬 수 없는 양심의 가책을 느꼈다. 그들의 영토가 시체로 뒤덮인 처참한 광경을 바라보면서 나의 가슴은 찢어졌다. …… 앞으로 나는 오직 진리에 맞는 법만을 실천하고 가르칠 것이다. – 아소카왕의 돌기둥에 새겨진 글

▲ 아소카왕은 칼링가 왕국을 정복하는 과정에서 많은 사람이 죽고 다치는 전쟁의 처참함을 보았다. 이후 그는 정복 전쟁을 그만두고 불교의 가르침에 따라 나라를 다스렸다.

3 쿠샨 왕조의 성립과 발전

(1) 성립: 아소카왕 사후에 인도 재분열 → 1세기경 이란 계통의 유목 민족이 쿠샨 왕조를 세우고 인도 북부 통일

(2) 발전: 카니슈카왕 시기(전성기)

영토 확장	간다라 지방(북인도)을 중심으로 중앙아시아에 이르는 영토 확보
무역 발달	비단길과 바닷길 장악 → 중국의 후한과 로마를 연결하는 중계 무역으로 번영
불교 장려	• 불교 후원: 사원·탑 건립, 불경 연구 지원, 불교 교리 전파 • 대승 불교 발달: 개인의 해탈보다는 많은 사람(중생)의 구제 강조, 부처를 초월적인 존재로 신격화(부처가 신앙의 대상이 됨) → 중앙아시아를 거쳐 동아시아(중국, 한국, 일본 등)로 전파

▲ 쿠샨 왕조의 영역

▲ 불교의 전파

4 간다라 양식(미술)의 발달

① 성립 과정: 초기에는 부처의 모습을 부처의 발자국·수레바퀴·보리수 등으로 표현 → 알렉산드로스의 원정 이후 그리스의 영향을 받아 인도인들이 불상 제작

② 특징: 인도 문화와 헬레니즘 문화가 융합됨, 신을 인간의 모습으로 조각함

③ 전파: 대승 불교와 함께 동아시아에 전파(불상 제작에 영향)

▲ 보리수(왼쪽)와 그리스 신상(가운데)과 간다라 불상(오른쪽) | 간다라 불상은 그리스 신상의 영향으로 곱슬머리, 섬세한 옷 주름 등을 특징으로 한다.

내공 2 힌두 문화의 확산

1 굽타 왕조의 성립과 발전

(1) 성립: 쿠샨 왕조 멸망 이후 인도 분열 → 찬드라굽타 1세가 혼란 수습, 4세기경 인도 북부 통일

(2) 발전: 찬드라굽타 2세 때(전성기) 활발한 정복 사업 전개, 해상 무역으로 경제적 번영, 종교와 문화 발달

(3) 멸망: 5세기 이후 이민족(에프탈)의 침략, 왕위 계승 분쟁 등으로 멸망

◀ **굽타 왕조의 영역**
브라만교처럼 복잡한 제사 의식이나 값비
싼 제물을 요구하지 않았고, 해탈에 이르는
다양한 방식을 인정하였기 때문이야.

2 힌두교의 등장과 발전

(1) **성립**: 굽타 왕조 시기에 브라만교·불교·인도의 민간 신앙
이 융합하면서 힌두교로 발전

(2) **특징**: 다신교(비슈누, 시바, 브라흐마 등), 특정 창시자나
체계적인 교리가 없음 ── 비슈누가 왕의 모습으로 세상에 나타났다고
주장하여 왕의 권위를 높였기 때문이야.

(3) **발전**: 왕실의 보호를 받으며 성장, 빠르게 대중화됨

(4) **영향**: 카스트제의 정착, 『마누 법전』 정비 → 인도인의 생
활과 의식에 큰 영향을 줌 ── 카스트를 비롯하여 각종 의례와
관습, 법 등을 기록하였어.

3 인도 고전 문화의 발전 ── 문학, 미술 등의 분야에서 인도 고유의
특색이 강조되었어.

문학	산스크리트어가 공용어로 사용됨, 산스크리트 문학 발달 (『마하바라타』, 『라마야나』 등 서사시, 『샤쿤탈라』 등 희곡)
미술	굽타 양식 출현: 간다라 양식과 인도 고유의 양식이 융합됨 **예** 아잔타 석굴 사원과 엘로라(엘롤라) 석굴 사원의 불상·벽화 등
천문학, 수학	지구의 둘레 계산, 지구의 둥근 모양과 자전 사실을 밝힘, 숫자 '0(영)'과 10진법 사용(아라비아 숫자의 기원) → 이 슬람에 전해져 자연과학 발달에 기여

── 굽타 양식은 인체의 윤곽을 그대로 드러냈으며, 얼굴 모습과
옷차림 등에서 인도 고유의 특색을 엿볼 수 있어.

내공 3 다양한 문화가 발달한 동남아시아

1 지리적 특징
인도차이나반도·말레이반도·인도네시아의
수많은 섬 등으로 이루어짐, 인도와 중국을 잇는 바닷길의
길목에 위치 → 해상 무역 발달

2 문화적 특징
인도 문화(불교, 힌두교 등)와 중국 문화(한자,
유교 등)가 전파되어 영향을 받음

▲ **왓 마하탓(태국)** | 수코타이 왕조
가 건립한 불교 사원이다.

▲ **보로부두르 사원(인도네시아)** | 샤
일렌드라 왕조가 세운 불교 사원이다.

▲ **앙코르 와트(캄보디아)** | 앙코르
왕조가 세운 힌두교 사원이다.

▲ **문묘(베트남)** | 유교 사상가인 공
자의 위패를 모시는 사당이다.

---

1 다음 괄호 안의 내용 중 알맞은 말에 ○표를 하시오.

(1) (불교, 브라만교)는 카스트에 따른 신분 차별에 반대
하고 평등과 자비를 강조하였다.

(2) 마우리아 왕조 시기에는 개인의 해탈을 강조하는
(힌두교, 상좌부 불교)가 발전하였다.

(3) (아소카왕, 찬드라굽타 2세)은/는 불경을 정리하고
곳곳에 사원과 불탑을 세워 불교를 장려하였다.

2 다음 빈칸에 들어갈 내용을 쓰시오.

(1) 중생의 구제를 강조하는 ( )는 중앙아시아
를 거쳐 동아시아 지역으로 전파되었다.

(2) 쿠샨 왕조의 간다라 지방에서는 인도 문화와 헬레
니즘 문화가 융합된 ( )이 발달하였다.

3 다음 설명이 맞으면 ○표, 틀리면 ✕표를 하시오.

(1) 힌두교는 카스트의 신분 차별을 인정하지 않았다.
( )

(2) 마우리아 왕조는 4세기경 쿠샨 왕조 멸망 이후 분열
되어 있던 인도를 통일하였다. ( )

(3) 굽타 왕조 시기에는 브라만교, 불교, 인도의 민간 신
앙이 융합되면서 힌두교로 발전하였다. ( )

4 굽타 왕조 시기에 정비된 것으로 카스트를 비롯하여 각종
의례와 관습, 법 등을 기록하여 힌두교도의 일상생활에
큰 영향을 준 법전은?

5 다음 설명에 해당하는 문화유산을 〈보기〉에서 골라 기호
를 쓰시오.

> • 보기 •
> ㄱ. 산치 대탑 ㄴ. 마하바라타 ㄷ. 간다라 불상

(1) 산스크리트어로 정리된 문학 작품 ( )

(2) 아소카왕이 세운 것으로 현존하는 가장 오래된 불탑
( )

(3) 인도 문화와 헬레니즘 문화가 융합하여 만들어진
조각상 ( )

6 다음 종교와 그 문화유산을 옳게 연결하시오.

(1) 불교 •　　　　　　　• ㉠ 문묘

(2) 유교 •　　　　　　　• ㉡ 앙코르 와트

(3) 힌두교 •　　　　　　• ㉢ 보로부두르 사원

내공 1 **불교문화의 형성**

[1~2] 다음을 읽고 물음에 답하시오.

> (㉠)의 창시자인 고타마 싯다르타(석가모니)는 누구나 욕심을 버리고 올바로 수행하면 번뇌와 윤회의 고통으로부터 벗어나 해탈할 수 있다고 하였다.

1 ㉠에 들어갈 종교가 발전하게 된 배경으로 옳은 것은?

① 카스트제가 성립하였다.
② 모헨조다로 등의 도시가 건립되었다.
③ 자연현상을 찬양하는 베다가 만들어졌다.
④ 크샤트리아와 바이샤 세력이 성장하였다.
⑤ 아리아인이 인더스강으로 침입해 들어왔다.

2 ㉠에 대한 설명으로 옳은 것을 〈보기〉에서 고른 것은?

• 보기 •
ㄱ. 불을 신성하게 여겼다.
ㄴ. 자비와 평등을 강조하였다.
ㄷ. 카스트에 따른 신분 차별에 반대하였다.
ㄹ. 굽타 왕조의 왕실로부터 지지를 받았다.

① ㄱ, ㄴ　　② ㄱ, ㄷ　　③ ㄴ, ㄷ
④ ㄴ, ㄹ　　⑤ ㄷ, ㄹ

중요 3 다음 문화유산을 건립한 왕 시기에 대한 설명으로 옳지 않은 것은?

① 도로망을 정비하였다.
② 쿠샨 왕조를 개창하였다.
③ 사원과 불탑이 건립되었다.
④ 상좌부 불교가 유행하였다.
⑤ 불교의 가르침에 따라 나라를 다스렸다.

4 (가), (나) 왕조 시기에 있었던 사실로 옳은 것은?

① (가) - 대승 불교가 발달하였다.
② (가) - 간다라 양식이 유행하였다.
③ (나) - 석가모니가 고행을 하였다.
④ (나) - 카니슈카왕 때 전성기를 누렸다.
⑤ (가), (나) - 힌두교가 대중화되었다.

중요 5 다음 불상의 양식이 유행한 시기의 사실로 옳은 것은?

① 10진법을 사용하였다.
② 마누 법전이 편찬되었다.
③ 산치 대탑이 건립되었다.
④ 굽타 양식의 건축물이 세워졌다.
⑤ 대승 불교가 동아시아에 전파되었다.

내공 2 **힌두 문화의 확산**

6 밑줄 친 '이 왕조'에 대한 설명으로 옳은 것은?

> 이 왕조 시기에는 브라만교와 불교, 인도의 민간 신앙이 융합하면서 힌두교로 발전하였다.

① 아소카왕 사후에 분열되었다.
② 찬드라굽타 2세 때 전성기를 누렸다.
③ 알렉산드로스의 침입으로 혼란을 겪었다.
④ 간다라 양식의 불상을 활발하게 제작하였다.
⑤ 불교의 가르침을 새긴 돌기둥을 전국에 세웠다.

7 힌두교에 대한 설명으로 옳지 <u>않은</u> 것은?

① 조로아스터에 의해 창시되었다.
② 카스트의 신분 차별을 인정하였다.
③ 굽타 왕조의 보호를 받으며 성장하였다.
④ 비슈누, 시바, 브라흐마 등의 신을 믿었다.
⑤ 브라만교, 불교, 인도의 민간 신앙이 융합하여 성립하였다.

8 (가)에 들어갈 제목으로 가장 적절한 것은?

수행 평가 보고서

제목: _____ (가) _____

1. 작품명: 『마하바라타』
2. 내용: 왕위를 빼앗긴 판두왕의 다섯 아들이 왕위를 되찾기까지의 과정을 그린 작품이다.

① 제자백가의 특징
② 로마 문화의 성격
③ 그리스 문학의 발전
④ 산스크리트 문학의 발달
⑤ 헬레니즘 문화의 전파 과정

9 (가)에 들어갈 내용으로 적절하지 <u>않은</u> 것은?

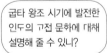

굽타 왕조 시기에 발전한 인도의 고전 문화에 대해 설명해 줄 수 있니?

(가)

① 굽타 양식이 출현하였어.
② 지구의 둘레를 계산하였어.
③ 보로부두르 사원이 건설되었어.
④ 숫자 0(영)과 10진법을 사용하였어.
⑤ 샤쿤탈라와 같은 희곡이 유행하였어.

내공 **3** **다양한 문화가 발달한 동남아시아**

10 인도 문화의 영향을 받은 동남아시아의 문화유산으로 옳은 것을 〈보기〉에서 고른 것은?

• 보기 •

ㄱ.

ㄴ.

ㄷ.
ㄹ.

① ㄱ, ㄴ　　② ㄱ, ㄷ　　③ ㄴ, ㄷ
④ ㄴ, ㄹ　　⑤ ㄷ, ㄹ

서술형 문제

중요 11 다음을 읽고 물음에 답하시오.

칼링가를 정복하면서 <u>나</u>는 결코 돌이킬 수 없는 양심의 가책을 느꼈다. 그들의 영토가 시체로 뒤덮인 처참한 광경을 바라보면서 나의 가슴은 찢어졌다. …… 앞으로 <u>나</u>는 오직 진리에 맞는 법만을 실천하고 가르칠 것이다.

(1) 밑줄 친 '나'에 해당하는 왕을 쓰시오.

_____

(2) (1) 왕 시기에 발전한 불교의 특징과 해당 불교의 해외 전파 지역을 서술하시오.

_____

_____

_____

12 간다라 양식의 등장 배경과 그 특징을 서술하시오.

_____

_____

_____

동아시아 문화의 형성과 확산

내공 1 위진 남북조 시대

1 위진 남북조 시대의 전개

(1) **위진 시대**: 후한의 멸망 후 중국이 위·촉·오로 분열 → 위를 이은 진(晉)이 삼국 통일(왕위 계승을 둘러싸고 혼란 지속) → 북방 민족이 화북 지방 차지(5호 16국 시대) → 한족이 강남(창장강 이남) 이주 후 동진 건국

(2) **남북조 시대**

> 5호는 선비, 흉노, 갈, 강, 저의 다섯 북방 민족을 가리키고, 16국은 이들과 한족이 화북 지방에 세운 나라야.

북조	• 성립: 북위(선비족)가 화북 지방 통일 • 북위 효문제의 정책: 한화 정책 시행(선비족의 복장과 언어 금지, 선비족의 성씨를 한족의 성씨로 변경 강요, 한족과의 결혼 장려), 불교 보호
남조	• 성립: 강남에서 동진의 뒤를 이어 한족의 국가들이 세워짐, 건강(난징)에 도읍 • 강남 개발: 한족의 농업 기술을 이용하여 강남 지방 개발 → 농업 생산력 향상, 경제 발전

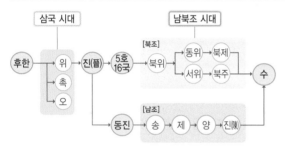

▲ **위진 남북조 시대의 전개** | 한이 멸망한 후 위·촉·오의 삼국이 대립한 때부터 수가 중국을 통일할 때까지 약 300년 동안 남과 북의 왕조들이 대치한 시기를 위진 남북조 시대라고 한다.

2 위진 남북조 시대의 사회와 문화

> 각 지방의 중정관이 자기 지역의 인물에 등급을 매겨 중앙 정부에 추천하여 관리를 뽑는 제도야.

(1) **문벌 귀족 사회의 형성**: 9품중정제 실시 → 지방 호족이 중앙 관리로 진출, 문벌 귀족으로 성장(관직 독차지, 비슷한 가문끼리 결혼)

(2) **문화**

> 춘추 전국 시대에 등장한 노자와 장자의 사상으로, 인위적인 것을 부정하였어.

불교	왕실과 귀족의 보호를 받으며 크게 발전, 윈강과 룽먼 등에 거대한 석굴 사원 건립, 불경이 한자로 번역됨, 고구려와 백제에 불교 전파
도교	도가 사상(노장사상), 민간 신앙, 신선 사상이 결합하여 도교 성립
청담 사상	남조에서 유행, 세속을 떠나 자유로운 정신세계 추구
귀족 문화	남조에서 화려한 귀족 문화 발전(도연명의 시, 고개지의 「여사잠도」, 왕희지의 글씨 등)

▲ 윈강 석굴

▲ 고개지의 「여사잠도」

내공 2 수·당의 중국 통일

1 수의 중국 통일

(1) **건국**: 선비족 출신인 문제(양견)가 중국 통일(589)

(2) **발전**

> 시험을 통해 관리를 선발하는 제도야. 신분보다는 능력에 따라 관리를 선발하기 위해 실시하였어.

문제	3성 6부제 도입, 과거제 실시, 토지·조세·군사 제도 정비
양제	대운하 건설(화북 지방과 강남 지방 연결), 고구려 원정(→ 실패)

(3) **멸망**: 대규모 토목 공사에 자주 노동력 동원(백성들의 반발을 삼), 고구려 원정 실패로 쇠퇴 → 각 지역에서 농민 반란이 일어나 건국된 지 37년 만에 멸망(618)

◀ **수의 대운하** | 수는 강남의 물자를 화북 지방으로 옮기기 위해 대운하를 건설하였다. 대운하는 북쪽의 탁군(베이징)에서 남쪽의 여항(항저우)까지를 연결한 것으로 총 길이가 약 2,500km에 이른다.

2 당의 중국 통일

(1) **성립과 발전**

> 변방 지역을 지키기 위해 마련한 직책으로, 안사의 난 이후 주둔 지역의 군사, 재정, 행정을 장악하였어.

건국	이연(고조)이 수의 멸망 이후 혼란 수습 → 장안을 수도로 당 건국(618)
발전	• 태종: 율령 체제 완성, 중앙아시아와 돌궐 정벌(→ 동서 교역로 확보) • 고종: 신라와 연합하여 백제·고구려를 멸망시킴, 서돌궐을 복속시킴 → 유라시아 대륙 동쪽의 대부분을 거느린 대제국 형성 • 현종: 인재 등용, 재정 확충, 국방력 강화
쇠퇴	8세기 중엽 탈라스 전투에서 이슬람의 아바스 왕조에 패배, 안사의 난 발생(→ 절도사가 독립적 세력으로 성장, 환관과 관료들의 권력 다툼 지속, 농민 반란인 황소의 난으로 혼란 가중
멸망	절도사 주전충에 의해 멸망(907)

> 당 현종 시기 절도사였던 안녹산과 그의 부하 사사명이 일으킨 반란이야.

▲ 당의 영역

(2) 통치 체제: 율령에 기초하여 통치 체제 마련, 중앙 행정 조직과 과거제 정비

행정 조직	• 중앙: 3성 6부 운영 • 지방: 주현제 실시(주현을 두어 관리 파견)	
토지	균전제(농민에게 일정한 토지 지급)	7세기 말 이후 균전제 붕괴 → 장원제 성행, 양세법·모병제 실시
조세	조용조(균전을 받은 농민에게 세금 부과)	
군사	부병제(농민을 병사로 복무시킴)	

└ 여름과 가을 두 차례에 걸쳐 거둔 것으로, 재산의 많고 적음을 기준으로 하였다.

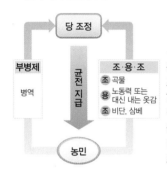

▲ 당의 국가 행정 조직

◀ 당의 통치 제도(농민 지배) | 당은 농민에게 토지를 지급하고(균전제), 조용조와 군역(부병제)을 부과하였다. 7세기 말 이후 균전제가 붕괴되고 장원이 증가함에 따라 몰락하는 농민이 늘어났다. 이에 8세기 중후반에 이르러 부병제는 군인을 모집하는 모병제로, 조용조는 양세법으로 전환되었다.

3 당의 문화 ┌당은 중앙아시아로 세력을 확장하여 동서 교역로를 차지하였고, 비단길·바닷길을 통해 서역과 교류하였어.

(1) 귀족적 문화의 발달: 문학(이백과 두보의 시), 그림(왕유의 산수화), 글씨(구양순), 당삼채 유행(서역의 영향을 받음)

(2) 국제적 문화의 발달: 개방 정책 실시, 다양한 종교 전래(이슬람교, 조로아스터교, 경교, 마니교 등)·사원 건립, 페르시아의 문화와 풍속이 인기를 끎 ┐당 문화의 국제적 특징을 보여 줌.

(3) 사상의 발달

유학	『오경정의』 편찬(훈고학을 집대성함)
불교	현장 등의 승려들이 서역과 인도 순례, 불교 경전 번역
도교	왕실의 보호 아래 성장, 각지에 도교 사원 건립

▲ **당삼채** | 당대의 대표적인 도자기로 백색, 갈색, 녹색의 유약을 사용하였다.

▲ **장안의 종교 사원** | 장안은 바둑판 모양의 계획도시로, 이곳에는 다양한 종교 사원이 세워졌다.

---

1 만주와 한반도의 고대 국가 형성

(1) 고조선: 만주와 한반도에 등장한 최초의 국가, 철기 수용 후 발전, 한의 공격으로 멸망

(2) 삼국 시대: 고구려·백제·신라가 한강 유역의 지배권을 둘러싸고 경쟁, 중국의 앞선 문물 수용 → 일본에 전파

(3) 남북국 시대: 남쪽에는 신라(신라가 삼국 통일), 북쪽에는 발해(고구려 유민이 세움)가 성장

2 일본 고대 국가의 형성과 발전 ┌야요이 문화라고도 해.

야요이 시대	청동기·철기 사용, 많은 소국들이 생겨남
야마토 정권	• 4세기경: 통일 국가 형성 • 6세기 말: 선진 문물(유교·불교) 수용, 쇼토쿠 태자가 불교 장려 → 아스카 문화 발전(아스카 시대) • 다이카 개신(645): 당의 율령 체제를 모방한 개혁 추진, 중앙 집권 체제 정비 • 7세기 말: '일본' 국호, '천황' 칭호 사용 ┐당의 장안을 모방하였어.
나라 시대 (710~794)	8세기 초에 헤이조쿄(나라) 천도, 대규모 사찰 건립(도다이사), 견당사·견신라사 파견(당과 신라의 문물 수용), 『고사기』, 『일본서기』 등 역사책 편찬
헤이안 시대 (794~1185)	• 8세기 말: 헤이안쿄(교토) 천도, 왕권 약화, 귀족과 지방 세력의 장원 확대(→ 무사 고용) • 9세기 말: 국풍 문화 발달(가나 문자 사용 등), 견당사 파견 중단

◀ **일본 고대 국가의 중심지**

3 동아시아 문화권의 형성

(1) 형성 과정: 당이 주변국과 교류하며 중국의 제도·문화가 크게 발달 → 한반도, 일본, 베트남 등이 당에 사신과 유학생 파견(당의 선진 문화 수용) → 동아시아 문화권 형성

(2) 공동 문화 요소

한자	한반도·일본·베트남 등에서 사용, 이두(한반도)·가나 문자(일본)·쯔놈 문자(베트남)에 영향
율령	각국의 중앙 집권 체제 확립과 통치 체제 정비에 영향
유교	정치 이념이자 사회 규범이 됨, 문묘 건립, 유교 경전 공부
불교	왕실의 보호 아래 성장, 사찰과 석굴 사원의 건축 활발

▲ **동아시아 문화권의 형성**

1 다음 빈칸에 들어갈 내용을 쓰시오.

(1) 위진 남북조 시대에는 추천으로 관리를 선발하는 (   )가 실시되었다.

(2) 북위의 (   )는 선비족의 복장과 언어를 금지하고 한족과의 결혼을 장려하였다.

(3) 위진 남북조 시대에는 도가 사상과 신선 사상, 민간 신앙이 결합하여 (   )로 발전하였다.

2 다음 설명에 해당하는 인물을 〈보기〉에서 골라 기호를 쓰시오.

• 보기 •

ㄱ. 당 고종   ㄴ. 당 태종   ㄷ. 수 양제

(1) 백제와 고구려를 멸망시켰다. (   )

(2) 중앙아시아와 돌궐을 정벌하였다. (   )

(3) 화북 지방과 강남 지방을 연결하는 대운하를 건설하였다. (   )

3 당은 통치 제도를 정비하여 중앙에 (   )를 운영하고, 지방에 주현을 두어 관리를 파견하였다.

4 다음 괄호 안의 내용 중 알맞은 말에 ○표를 하시오.

(1) 8세기 중후반에 이르러서 당의 조세법은 (양세법, 조용조)(으)로 전환되었다.

(2) 당에서는 7세기 말 이후 (균전제, 장원제)가 붕괴되면서 몰락하는 농민이 늘어났다.

(3) 당은 남북조 이래 발전한 문화를 집대성하고 서역 문화를 수용하여 (귀족적, 서민적)이고 국제적인 문화를 발전시켰다.

5 다음 일본의 시대와 그에 관련된 내용을 옳게 연결하시오.

(1) 나라 시대 •   • ㉠ 일본서기 편찬

(2) 야마토 정권•   • ㉡ 국풍 문화의 발달

(3) 야요이 시대•   • ㉢ 다이카 개신의 발생

(4) 헤이안 시대•   • ㉣ 많은 소국들이 발생

6 동아시아 문화권의 공통 문화 요소를 〈보기〉에서 골라 기호를 쓰시오.

• 보기 •

ㄱ. 유교 ㄴ. 한자 ㄷ. 힌두교 ㄹ. 크리스트교

내공 1 위진 남북조 시대

[1~2] 다음을 읽고 물음에 답하시오.

한이 멸망한 이후인 위·촉·오 삼국의 대립 시기부터 수가 중국을 통일하기까지 약 300년 동안 남과 북의 왕조들이 대치한 시기를 (㉠)라고 한다.

1 ㉠에 들어갈 시대로 옳은 것은?

① 후한 시대   ② 야요이 시대

③ 헬레니즘 시대   ④ 춘추 전국 시대

⑤ 위진 남북조 시대

2 ㉠ 시대의 사회와 문화에 대한 설명으로 옳지 않은 것은?

① 만리장성이 축조되었다.

② 청담 사상이 유행하였다.

③ 9품중정제를 실시하였다.

④ 불경이 한자로 번역되었다.

⑤ 도가 사상과 민간 신앙 등이 결합하여 도교로 발전하였다.

3 (가) 왕조에 대한 탐구 주제로 가장 적절한 것은?

① 제자백가의 활약

② 강남 개발의 추진

③ 대운하의 건설 이유

④ 시황제의 통일 정책

⑤ 사기와 한서의 서술 방식

4 다음 조치를 내린 왕조에 대한 설명으로 옳은 것은?

> • 조정에서 대화할 때 선비어를 사용하지 말라. 만약 어기는 자가 있으면 관직에서 내칠 것이다.
> • 황제께서 관료들에게 "어제 그대들의 부녀자가 입은 의복을 보니 여전히 옷깃과 소매가 모두 좁았다. 왜 선비복을 입지 말라는 조칙을 지키지 않는가?"라고 꾸짖었다.　　　- 「위서」

① 장안을 수도로 삼았다.
② 고구려 유민이 세웠다.
③ 화북 지역을 통일하였다.
④ 법가 이외의 사상을 탄압하였다.
⑤ 소금과 철, 술의 전매 제도를 실시하였다.

5 그림에서 알 수 있는 남조의 문화적 특징으로 가장 적절한 것은?

① 당삼채가 유행하였다.
② 개방 정책을 실시하였다.
③ 국제적인 문화가 발전하였다.
④ 페르시아 문화가 인기를 끌었다.
⑤ 화려한 귀족 문화가 발전하였다.

내공 2　수·당의 중국 통일

6 ㉠에 들어갈 왕조에 대한 설명으로 옳은 것은?

> 선비족 출신의 문제(양견)는 북쪽의 돌궐이 분열된 틈을 이용하여 오랫동안 분열되었던 중국을 통일하고 (　㉠　)을/를 건국하였다.

① 비단길을 개척하였다.
② 과거제를 도입하였다.
③ 한화 정책을 시행하였다.
④ 윈강 석굴을 조성하였다.
⑤ 화폐를 반량전으로 통일하였다.

7 교사의 질문에 대한 학생의 대답으로 가장 적절한 것은?

자료의 운하는 수대에 건설되었습니다. 이를 건설한 효과에 대해 말해 볼까요?

① 절도사가 성장하였어요.
② 균전제가 장원제로 바뀌게 되었어요.
③ 남북 간에 물자 유통이 원활해졌어요.
④ 지방에서 강력한 제후국이 성장하였어요.
⑤ 흉노의 침입을 효과적으로 방어할 수 있었어요.

8 (가), (나) 시기 사이에 당에서 있었던 사실로 옳은 것은?

> (가) 당 태종은 수의 제도를 이어받아 율령 체제를 완성하였고, 중앙아시아와 돌궐을 정벌하여 동서 교역로를 확보하였다.
> (나) 당은 농민 반란인 황소의 난을 겪은 뒤 쇠퇴하다가 변방 절도사인 주전충에게 멸망하였다.

① 안사의 난이 일어났다.
② 황건적이 반란을 일으켰다.
③ 5호가 여러 국가를 세웠다.
④ 고구려 원정이 실패하였다.
⑤ 수도를 호경에서 낙읍으로 옮겼다.

9 (가)에 들어갈 내용으로 옳은 것은?

당의 통치 체제 변화		
기존	사건	변화
• 조용조 • 부병제	안사의 난	(가)

① 군국제 도입
② 균전제 추진
③ 도량형 통일
④ 양세법 실시
⑤ 소금과 철의 전매 제도 시행

중요 10 다음 행정 조직을 갖춘 왕조에 대한 설명으로 옳지 <u>않은</u> 것은?

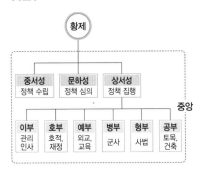

① 과거제를 정비하였다.
② 장건을 서역에 파견하였다.
③ 탈라스 전투에서 패배하였다.
④ 백제와 고구려를 멸망시켰다.
⑤ 주현을 두어 관리를 파견하였다.

11 밑줄 친 '이 왕조'의 문화에 대한 설명으로 옳은 것은?

이 왕조는 대외적으로 개방 정책을 펼쳐 동아시아의 주변국은 물론, 서역의 여러 나라와도 문물을 교류하였다. 수도 장안에는 여러 나라의 사신과 유학생 등이 모여들었다.

① 오경정의가 편찬되었다.
② 사마천이 사기를 편찬하였다.
③ 제자백가가 처음 등장하였다.
④ 채륜이 제지술을 개량하였다.
⑤ 조로아스터교를 국교로 삼았다.

12 다음 도자기가 유행한 왕조에서 볼 수 있던 모습으로 가장 적절한 것은?

① 한족의 옷을 입은 선비족
② 대운하 건설에 동원되는 백성
③ 서역과 인도를 순례하는 승려들
④ 9품중정제를 통해 성장한 문벌 귀족
⑤ 노란색 두건을 쓰고 반란을 일으키는 농민

내공 3 동아시아 문화권의 형성

13 다음은 만주와 한반도에서 형성된 고대 국가들에 대한 설명이다. 이를 일어난 순서대로 옳게 나열한 것은?

(가) 남북국 시대가 형성되었다.
(나) 고조선이 철기를 수용하였다.
(다) 한의 공격으로 고조선이 멸망하였다.
(라) 삼국이 한강 유역의 지배권을 두고 경쟁하였다.

① (가) − (다) − (라) − (나) ② (가) − (라) − (다) − (나)
③ (나) − (다) − (라) − (가) ④ (나) − (라) − (다) − (가)
⑤ (다) − (가) − (나) − (라)

14 ㉠, ㉡에 들어갈 시대를 옳게 연결한 것은?

수행 평가 보고서

제목: 일본 고대 국가의 형성과 발전
• (㉠): 선진 문물을 수용하고, 쇼토쿠 태자가 불교를 장려함
• (㉡): 헤이안쿄(교토)로 천도, 귀족과 외척의 정치 개입으로 왕권이 약화됨

	㉠	㉡
①	나라 시대	아스카 시대
②	나라 시대	야요이 시대
③	아스카 시대	나라 시대
④	아스카 시대	헤이안 시대
⑤	헤이안 시대	아스카 시대

15 지도의 도시를 수도로 한 (가) 시대의 일본에 대한 설명으로 옳은 것은?

① 다이카 개신이 일어났다.
② 가나 문자를 사용하였다.
③ 견당사 파견을 중지하였다.
④ 고사기와 일본서기를 편찬하였다.
⑤ 야마토 정권이 소국을 통합하였다.

16 (가)에 들어갈 내용으로 가장 적절한 것은?

> ▶ 지식 Q&A
>
> 헤이안 시대의 문화에 대해 알려 주세요.
>
> ▶ 답변하기
>
> ┗ 갑: 가나 문자가 만들어졌어요.
>
> ┗ 을: 불교 사원인 뵤도인이 건설되었어요.
>
> ┗ 병: _____(가)_____

① 훈고학을 집대성하였어요.

② 국풍 문화가 발달하였어요.

③ 윈강 석굴 사원이 건립되었어요.

④ 쇼토쿠 태자가 선진 문물을 받아들였어요.

⑤ 이슬람교, 마니교 등의 사원이 건립되었어요.

17 지도의 교류가 일어나던 문화권의 특징으로 옳은 것을 〈보기〉에서 고른 것은?

> • 보기 •
>
> ㄱ. 상좌부 불교가 발전하였다.
>
> ㄴ. 세계 시민주의가 등장하였다.
>
> ㄷ. 유교를 정치 이념으로 삼았다.
>
> ㄹ. 한자를 공용 문자로 사용하였다.

① ㄱ, ㄴ   ② ㄱ, ㄷ   ③ ㄴ, ㄷ

④ ㄴ, ㄹ   ⑤ ㄷ, ㄹ

서술형 문제

18 ㉠에 들어갈 제도를 쓰고, 그 시행 결과를 서술하시오.

> (㉠)은/는 위진 남북조 시대에 시행된 관리 선발 제도로, 각 지방의 중정관이 자기 지역의 인물을 재능과 인품 등에 따라 등급을 매겨 중앙 정부에 추천하는 제도이다.

_____

_____

_____

19 다음을 읽고 물음에 답하시오.

> 당은 농민에게 토지를 지급하고(균전제), 조용조와 군역(부병제)을 부과하였다. 그러나 8세기 중후반에 이르러 부병제는 군인을 모집하는 (㉠)(으)로, 조용조는 (㉡)(으)로 전환되었다.

(1) ㉠, ㉡에 들어갈 말을 각각 쓰시오.

_____

(2) 위 제도의 변화가 나타나게 된 계기를 서술하시오.

_____

_____

_____

20 다음 자료를 통해 알 수 있는 당의 문화적 특성과 그 원인을 서술하시오.

| 수도 장안에 경교(네스토리우스교)의 비석이 세워졌다. | 당에서는 페르시아의 영향을 받은 은제 물병이 제작되었다. |

_____

_____

_____

03 이슬람 문화의 형성과 확산

내공 1 이슬람교와 이슬람 제국의 성립

1 이슬람교의 성립

(1) 배경: 비잔티움 제국과 사산 왕조 페르시아의 대립으로 동서 교역로 변화(아라비아반도를 이용하게 됨) → 메카와 메디나가 번영함 → 빈부 격차 확대, 잦은 전쟁으로 사회적 갈등 심화

(2) 성립: 7세기 초 메카의 상인 출신인 무함마드가 창시

(3) 특징: 우상 숭배 금지, 유일신 알라에게 절대복종, 신 앞에서 모든 인간의 평등 강조(→ 하층민의 지지, 귀족의 반발)

(4) 전파: 무함마드가 귀족의 탄압을 피해 메카에서 메디나로 이동(헤지라, 622) → 이슬람 공동체를 만들어 교세 확대 → 메카 정복 → 아라비아반도의 대부분 통일
└'성스러운 이주'라는 의미로, 이슬람력의 시작 연도로 삼았어.

▲ 교역로의 변화(6세기)

2 이슬람 제국의 발전
┌무함마드의 '계승자'를 의미해. 칼리프는 이슬람 공동체의 최고 권력자이자 종교 지도자야.

(1) 정통 칼리프 시대(632~661): 무함마드 사후에 선출된 네 명의 칼리프가 이슬람 공동체를 이끈 시기

① 영토 확장: 시리아와 이집트 점령, 사산 왕조 페르시아 정복, 비잔티움 제국의 일부 영토 획득

② 이슬람교 확산: 이슬람교로 개종한 정복지 주민의 세금 감면 → 이슬람교가 빠르게 확산

(2) 우마이야 왕조(661~750)

① 성립: 제4대 칼리프인 알리가 암살당함, 우마이야 가문이 칼리프 차지·세습(→ 시아파와 수니파의 대립), 다마스쿠스로 수도를 옮김
└시아파는 무함마드의 혈통만이, 수니파는 능력과 자질이 있다면 누구나 칼리프가 될 수 있다고 주장하였어.

② 영토 확장: 중앙아시아에서 북부 아프리카, 유럽의 이베리아반도까지 영토 확장 → 대제국 건설

③ 민족 차별 정책 실시: 아랍인 우대, 비아랍인 이슬람교도 차별

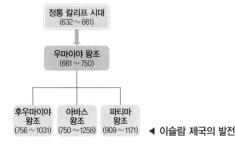

◀ 이슬람 제국의 발전

(3) 아바스 왕조(750~1258)

① 성립: 이란 지방에서 성장, 우마이야 왕조 정복

② 발전: 바그다드에 도읍, 당과 벌인 탈라스 전투에서 승리(동서 교역로 장악) → 국제 무역으로 번영, 바그다드가 국제도시로 성장

③ 민족 차별 정책 폐지: 비아랍인 이슬람교도에게 부과하던 세금 면제, 비아랍인을 관리나 군인으로 임명

④ 멸망: 13세기 몽골의 침략으로 멸망

(4) 이슬람 세계의 분열

후우마이야 왕조	우마이야 왕조의 남은 세력이 이베리아반도에 세움
파티마 왕조	아프리카 북부(이집트)에서 성장

▲ 이슬람 제국의 영역

내공 2 이슬람 문화권의 형성

1 이슬람 사회의 특징

(1) 특징: 『쿠란』과 『하디스』가 종교뿐만 아니라 일상생활에서 기본 규범이 됨
└무함마드의 말과 행동을 기록한 책이야.

◀ 쿠란 | 예언자 무함마드를 통해 전해진 알라의 계시 내용을 정리한 이슬람교의 경전이다.

(2) 생활: 이슬람교도의 다섯 가지 의무(5행)를 중시

┌─────────────────────────────────┐
이슬람교도의 다섯 가지 의무(5행)

1. 알라 이외에 신은 없고, 무함마드는 알라의 사도라고 신앙 고백을 한다.
2. 하루에 다섯 번 메카를 향해 예배를 드린다.
3. 라마단 기간 동안 해가 떠 있을 때는 음식을 먹지 않는다.
4. 일생에 한 번 이상 성지인 메카를 순례한다.
5. 자기 재산의 일부를 기부하여 가난한 사람을 돕는다.
└─────────────────────────────────┘

2 이슬람 세계의 경제

(1) **발전 배경**: 이슬람 사회에서는 상업 활동을 통해 이익을 얻는 것을 긍정적으로 여김, 국가적으로 도로망 정비 및 상인들의 상업 활동 지원, 유럽·아프리카·아시아를 잇는 통로에 자리하는 지리적 이점 보유

(2) **동서 교역 활발**: 이슬람 상인이 육로와 해로를 통해 유럽·아프리카·아시아와 무역함, 탈라스 전투 이후 이슬람 제국이 동서 무역을 주도

(3) **영향**: 이슬람 세계에서 상업과 교역이 크게 발전, 바그다드(아바스 왕조의 수도) 번성, 금융 산업 발달, 중국 문물(제지법, 나침반, 화약)을 유럽에 소개 →동서 문화 교류 촉진, 이슬람교 확산

▲ **이슬람 상인의 교역** | 이슬람 상인들은 비단길과 바닷길을 이용하여 인도, 동남아시아, 중국은 물론 한반도에까지 진출하여 도자기, 향신료, 비단 등을 거래하였다. 또한 유럽과 아프리카에 진출하여 모피, 금, 노예 등을 거래하면서 많은 이익을 차지하였다.

3 이슬람 문화권의 형성 ┌ 탈라스 전투 때 중국에서 전해진 제지술이 학문의 발달에 기여하였어.

(1) **형성 과정**: 다른 언어로 『쿠란』의 번역이 금지됨 → 이슬람교와 함께 아랍어 확산 → 이슬람 문화권 형성(이슬람교와 아랍어를 공통 요소로 함)

(2) **내용**

건축	돔(둥근 지붕)과 미나레트(뾰족한 탑)를 특징으로 하는 모스크 발달, 아라베스크 무늬(기하학적 모양) 유행
문학	산문과 설화 문학 발달(『아라비안나이트』가 유명)
철학	아리스토텔레스의 저술이 아랍어로 번역됨
자연 과학	• 화학: 연금술의 연구 과정에서 화학 발달 • 수학: 인도로부터 숫자 '0(영)' 수용 → 아라비아 숫자 완성 • 천문학: 경도와 위도 측정, 지구 구형설 증명 등 • 영향: 유럽의 근대 과학 발달에 영향을 줌
기타	이븐 바투타의 『여행기』(지리학), 이븐 할둔의 『역사 서설』(역사학), 이븐 시나의 『의학전범』(의학) 등이 저술됨, 『쿠란』의 해석 과정에서 신학·법학 등이 발달함

▲ **모스크의 돔과 초승달** | 돔은 이슬람의 정신인 평화를 상징하고, 초승달은 무함마드가 신의 계시를 받을 때 떠 있던 초승달을 의미한다.

▲ **아라베스크** | 이슬람교에서는 우상 숭배를 금지하기 때문에 모스크 내부를 덩굴무늬나 기하학적 무늬로 장식하였다.

---

1 다음 빈칸에 들어갈 내용을 쓰시오.

(1) (   )은 무함마드가 받은 알라의 계시를 정리한 이슬람교의 경전이다.

(2) 7세기 초 메카의 상인 무함마드는 알라를 유일신으로 하는 종교인 (   )를 창시하였다.

(3) (   )는 무함마드가 귀족들의 탄압을 피해 신자들과 함께 메카에서 메디나로 근거지를 옮긴 사건을 말한다.

2 다음 왕조(시대)와 그와 관련된 내용을 옳게 연결하시오.

(1) 아바스 왕조 • 　　　　• ㉠ 칼리프를 선출함

(2) 우마이야 왕조 •　　　• ㉡ 탈라스 전투에서 승리함

(3) 정통 칼리프 시대 •　• ㉢ 아랍인 우대 정책을 펼침

3 다음 설명이 맞으면 ○표, 틀리면 ✕표를 하시오.

(1) 우마이야 왕조는 메카를 수도로 삼았다. (   )

(2) 아바스 왕조는 비아랍인 이슬람교도를 차별하였다. (   )

(3) 정통 칼리프 시대에는 이슬람교로 개종하면 세금을 줄여 주었다. (   )

(4) 이슬람교도들은 우마이야 왕조의 정통성을 두고 시아파와 수니파로 나뉘어 대립하였다. (   )

(5) 탈라스 전투를 계기로 이슬람 제국이 주요 교역로를 장악하면서 동서 무역을 주도하였다. (   )

4 다음 설명에 해당하는 이슬람 문화의 사례를 〈보기〉에서 골라 기호를 쓰시오.

```
● 보기 ●
ㄱ. 모스크          ㄴ. 의학전범
ㄷ. 아라베스크      ㄹ. 아라비안나이트
```

(1) 이븐 시나가 이슬람 의학을 집대성한 책 (   )

(2) 돔과 아치, 뾰족한 탑을 특징으로 하는 건축 양식 (   )

(3) 우상 숭배를 금지하여 사용한 덩굴무늬나 기하학적 무늬 (   )

(4) 아라비아의 민담을 중심으로 페르시아, 인도, 이집트 등지의 설화를 모은 문학 (   )

내공 쌓는 족집게 문제

내공 1 이슬람교와 이슬람 제국의 성립

중요 1 지도와 같이 교역로가 바뀌게 된 배경으로 옳은 것은?

① 장건의 파견으로 교역로가 개척되었다.
② 아시리아가 서아시아 세계를 통일하였다.
③ 왕의 길이라 불리는 도로망이 만들어졌다.
④ 흉노를 막기 위해 만리장성이 축조되었다.
⑤ 사산 왕조 페르시아와 비잔티움 제국의 대립이 심해졌다.

2 이슬람교에 대한 설명으로 옳은 것을 〈보기〉에서 고른 것은?

┌─ 보기 ─────────────────────┐
│ ㄱ. 쿠란을 경전으로 삼았다.   │
│ ㄴ. 우상 숭배를 금지하였다.   │
│ ㄷ. 조로아스터가 창시하였다.   │
│ ㄹ. 윤회에서 벗어나 해탈할 것을 강조하였다. │
└───────────────────────────┘

① ㄱ, ㄴ   ② ㄱ, ㄷ   ③ ㄴ, ㄷ
④ ㄴ, ㄹ   ⑤ ㄷ, ㄹ

3 다음은 무함마드에 의한 이슬람교의 전파 과정이다. 이를 일어난 순서대로 옳게 나열한 것은?

┌───────────────────────────┐
│ (가) 메카를 정복하였다.   │
│ (나) 아라비아반도 대부분을 통일하였다.   │
│ (다) 메디나에서 이슬람 공동체를 조직하였다.   │
│ (라) 귀족의 탄압을 피해 메디나로 이동하였다.   │
└───────────────────────────┘

① (가) – (다) – (라) – (나) ② (가) – (라) – (나) – (다)
③ (나) – (가) – (라) – (다) ④ (라) – (다) – (가) – (나)
⑤ (라) – (다) – (나) – (가)

4 다음 자료와 같이 칼리프를 계승하던 시기에 대한 탐구 주제로 가장 적절한 것은?

┌───────────────────────────┐
│   칼리프의 계승   │
│ • 칼리프의 지위: 이슬람 공동체의 최고 권력자 │
│ • 계승 방식: 1대부터 4대까지 선출   │
└───────────────────────────┘

① 카스트제의 적용
② 마누 법전의 의미
③ 탈라스 전투의 영향
④ 헤지라의 원인과 결과
⑤ 이집트 정복과 영토 확장

5 (가) 왕조에서 있었던 사실로 옳은 것은?

① 헤지라가 단행되었다.
② 몽골의 침략을 받았다.
③ 시아파와 수니파가 대립하였다.
④ 산스크리트어가 공용어로 사용되었다.
⑤ 아랍인 중심의 민족 차별 정책을 폐지하였다.

6 밑줄 친 '이슬람 왕조'에 대한 설명으로 옳은 것은?

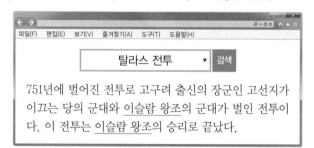

탈라스 전투

751년에 벌어진 전투로 고구려 출신의 장군인 고선지가 이끄는 당의 군대와 <u>이슬람 왕조</u>의 군대가 벌인 전투이다. 이 전투는 <u>이슬람 왕조</u>의 승리로 끝났다.

① 한화 정책을 추진하였다.
② 바그다드를 수도로 삼았다.
③ 비단길을 처음 개척하였다.
④ 비아랍인에 대한 차별 정책을 실시하였다.
⑤ 제4대 칼리프인 알리가 암살당하면서 성립되었다.

출제율 ●●●●● 시험에 꼭 나오는 출제 가능성이 높은 예상 문제로, 내신 100점을 받기 위한 필수 문항들

내공 2 이슬람 문화권의 형성

7 다음 문화권의 사회 모습에 대한 설명으로 옳은 것은?

일생에 한 번은 성지인 메카로 순례를 떠나야 해요.

일정한 시간마다 메카를 향해 예배를 드려야 해요.

① 베다를 중시하였다.
② 5행을 의무로 삼았다.
③ 카스트를 엄격하게 적용하였다.
④ 법가 사상을 통치 이념으로 삼았다.
⑤ 점친 내용을 갑골 문자로 기록하였다.

중요 8 다음 건축물을 세운 문화권에 대한 설명으로 옳은 것을 〈보기〉에서 고른 것은?

· 보기 ·
ㄱ. 당삼채가 유행하였다.
ㄴ. 아라비아 숫자가 만들어졌다.
ㄷ. 숫자 0(영)이 처음 사용되었다.
ㄹ. 쿠란을 일상생활의 기본 규범으로 삼았다.

① ㄱ, ㄴ
② ㄱ, ㄷ
③ ㄴ, ㄷ
④ ㄴ, ㄹ
⑤ ㄷ, ㄹ

9 이슬람 문화권에 대한 설명으로 옳지 <u>않은</u> 것은?

① 산스크리트 문학이 발달하였다.
② 아라비안나이트가 널리 읽혔다.
③ 이븐 시나가 의학전범을 저술하였다.
④ 연금술을 연구하면서 화학이 발전하였다.
⑤ 아리스토텔레스의 저술이 아랍어로 번역되었다.

10 교사의 질문에 대한 학생의 대답으로 가장 적절한 것은?

교사: 이슬람 상인들은 비단길과 바닷길을 이용하여 인도, 동남아시아, 중국은 물론 한반도까지 진출하였어요. 그 결과에 대해 말해 볼까요?

① 대운하가 완성되었어요.
② 간다라 양식이 유행하였어요.
③ 델로스 동맹이 결성되었어요.
④ 헬레니즘 세계가 확대되었어요.
⑤ 동서 문화 교류가 촉진되었어요.

서술형 문제

11 우마이야 왕조의 정통성을 두고 대립한 시아파와 수니파의 주장을 비교하여 서술하시오.

_____

12 다음을 보고 물음에 답하시오.

이슬람교에서는 모스크 내부를 덩굴무늬나 기하학적 무늬와 같은 (㉠)(으)로 장식하였다.

(1) ㉠에 들어갈 무늬의 명칭을 쓰시오.

(2) 이슬람교에서 (1) 무늬를 사용한 이유를 서술하시오.

_____

04 크리스트교 문화의 형성과 확산(1)

내공 1 봉건 사회의 형성

1 게르만족의 이동과 프랑크 왕국의 발전

> 유럽 북부에서 목축과 수렵을 하던 민족이야.

(1) **게르만족의 이동**: 4세기 말 훈족의 압박으로 게르만족이 로마 영토로 대규모 이동 → 서로마 제국 곳곳에 나라 건설, 게르만족 출신 용병 대장에 의해 서로마 제국 멸망(476)

(2) **프랑크 왕국의 발전과 분열**

① 발전 ┐ 프랑크 왕국은 원래 거주지로부터 이동 거리가 짧았고, 크리스트교를 수용하여 오랫동안 번성하였어.

클로비스	크리스트교를 받아들여 로마 교회의 지지를 얻음
카롤루스 마르텔	이슬람 세력의 침입 격퇴(크리스트교 세계 보호) → 로마 교회가 적극적으로 후원
피핀	교황을 군사적으로 보호, 이탈리아 중부 지역을 교황에게 양도
카롤루스 대제 (전성기)	서로마 제국 영토의 대부분을 정복(→ 정복지에 크리스트교 전파), 로마 교황에 의해 서로마 황제로 임명됨(800), 서유럽 문화의 기틀 마련(궁정·수도원에 학교 건립, 학문과 문예 부흥 → 게르만 문화·로마 문화·크리스트교가 융합됨)

② **분열**: 카롤루스 대제 사후에 내부 분열 발생 → 베르됭 조약과 메르센 조약에 의해 서프랑크, 중프랑크, 동프랑크로 분열

> └ 각각 오늘날 프랑스, 이탈리아, 독일의 기원이 되었어.

▲ **게르만족의 이동** | 게르만족의 여러 부족은 약 200여 년에 걸쳐 로마 제국의 영토 안으로 이동하였다. 이 중 프랑크 왕국이 크게 발전하였다.

2 봉건제의 성립

(1) **배경**: 프랑크 왕국의 분열, 이민족(바이킹·마자르족·이슬람 세력 등)의 침입으로 혼란 → 기사 계급 성장

(2) **성립**: 주종 관계와 장원제를 바탕으로 봉건 사회 성립 → 왕권 약화, 지방 분권적인 정치 체제 확립 ┐ 힘을 가진 사람들이 성을 쌓고 기사로 무장하였어.

주종 관계	• 기사: 자기보다 강한 기사를 주군으로 섬김, 주군에게 충성과 봉사를 맹세 • 주군: 기사에게 땅을 주고 봉신으로 삼음 • 계약 관계: 주군과 기사는 서로의 의무를 성실히 지킬 것을 약속함, 어느 한쪽이 의무를 지키지 않으면 계약은 깨질 수 있음(쌍무적 계약 관계)
장원제	• 장원: 봉신이 주군에게 받은 봉토, 자급자족을 하는 농촌 공동체, 경작지는 영주 직영지와 농민 보유지로 구분됨 • 영주: 주군의 간섭을 받지 않고 독자적으로 장원을 다스림 • 농민: 대부분이 농노, 영주에게 예속되어 이사 불가, 영주에게 시설물에 대한 사용료·각종 세금 납부, 결혼과 약간의 재산 소유 가능

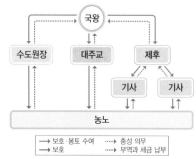

▲ **봉건 사회의 구조** | 주종 관계는 왕과 제후부터 하급 기사에 이르기까지 모든 지배층 사이에서 성립하였다.

내공 2 크리스트교 중심의 서유럽 문화

1 크리스트교의 확산

(1) **로마 가톨릭교회의 성장**

① **교회의 성장**: 서로마 제국이 붕괴될 무렵 로마 교회의 대주교가 스스로를 교황이라 칭함(교황이 점차 최고 권위자가 됨), 프랑크 왕국의 보호를 받으며 세력 확장

② **교회의 세속화와 교회 개혁 운동** ┐ 교회가 점차 중세 유럽 사람들의 신앙 생활과 일상생활을 지배하였다.

교회의 세속화	교회가 왕과 봉건 제후들로부터 봉토를 받아 봉신이 됨, 왕과 제후가 성직자 임명권을 차지하는 일이 많아짐, 성직자의 혼인·성직 매매 등 부패와 타락 발생
교회 개혁 운동	10세기 초 클뤼니 수도원을 중심으로 교회를 개혁하려는 운동이 전개됨

(2) **교황과 황제의 대립**: 성직자 임명권을 두고 교황 그레고리우스 7세와 황제 하인리히 4세가 대립 → 교황이 황제를 파문 → 황제가 카노사에서 교황에게 용서를 구함(카노사의 굴욕, 1077) → 교황권 점차 강화(13세기에 절정)

> 13세기 무렵에는 '교황은 해, 국왕은 달'에 비유될 정도로 교황권이 절정에 달하였어.

▲ **카노사의 굴욕** | 황제 하인리히 4세가 카노사의 성주인 백작 부인과 클뤼니 수도원장에게 교황과의 만남을 주선해 달라고 부탁하는 모습이다.

2 크리스트교 중심의 문화 발달

건축	• 로마네스크 양식: 돔과 반원의 아치가 특징임(피사 대성당, 피렌체 대성당 등) • 고딕 양식: 뾰족한 탑과 스테인드글라스가 특징임(독일의 쾰른 대성당, 프랑스의 샤르트르 대성당 등) ┌ 채색 유리 장식이야.
문학	기사들의 영웅담이나 사랑을 소재로 한 기사도 문학이 유행 예 『아서왕 이야기』, 『롤랑의 노래』, 『니벨룽겐의 노래』 등
학문	• 신학: 모든 학문의 으뜸이자 중심이 됨 • 스콜라 철학: 신앙과 이성의 조화 강조, 토마스 아퀴나스의 『신학대전』이 대표적임 • 대학 설립: 12세기 이후 유럽 각지에 설립, 자치적으로 운영

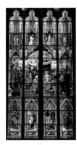

▲ **샤르트르 대성당(왼쪽)과 스테인드글라스(오른쪽)** | 높이 솟아오른 탑은 천국으로 올라가려는 소망을 담은 것이고, 채색 유리 장식에는 크리스트교의 교리를 묘사하였다.

내공 3 비잔티움 제국의 번영

1 비잔티움 제국의 성장 ┌─ 비잔티움 제국은 서로마 멸망 뒤에도 약 천 년 동안 더 지속되었어.

(1) 특징

정치	황제 중심의 중앙 집권 체제(황제가 정치적·군사적 통치권과 종교적 권한을 가짐)
경제	수도인 콘스탄티노폴리스가 유럽과 아시아를 잇는 교역로에 위치 → 동서 무역 활발, 세계 최대 도시로 성장
사회	농민들에게 토지를 지급하고 외적을 막게 함 → 자영농 성장

─ 가운데 왕관을 쓴 유스티니아누스 황제의 오른쪽에는 성직자, 왼쪽에는 관료와 군인이 서 있어.

▲ **유스티니아누스 황제와 수행원들** | 유스티니아누스 황제 머리 주위의 후광은 영적인 권위를, 왕관은 정치권력을 상징한다.

(2) 전성기: 6세기 유스티니아누스 황제 시기, 서로마 제국의 영토를 상당 부분 회복, 『유스티니아누스 법전』을 편찬, 성 소피아 대성당 건설

◀ **비잔티움 제국의 영역**

(3) 동서 교회의 분열: 비잔티움 제국의 황제 레오 3세가 성상 숭배 금지령 발표(726) → 로마 교회의 거부 → 로마 가톨릭교회(서유럽)와 그리스 정교(동유럽)로 분리(11세기)

당시 서유럽의 가톨릭교회가 게르만족에게 쉽게 크리스트교를 포교하기 위해 성상을 사용하고 있었기 때문이야.

◀ **성상을 지우는 수도사** | 그림의 왼쪽에는 레오 3세가 앉아 있고, 오른쪽의 사람들이 성상을 지우고 있다.

(4) 쇠퇴 및 멸망: 11세기 이후 대토지 소유자의 증가, 자영농 몰락(→ 군사력 약화) → 십자군 전쟁으로 쇠퇴 → 오스만 제국에 의해 멸망(1453)

2 비잔티움 제국의 문화

(1) 특징: 그리스 정교, 고대 그리스·로마 문화, 헬레니즘 문화의 결합 → 독자적인 문화 발전

학문	공용어로 그리스어 사용, 고대 그리스·로마의 고전에 대한 연구 활발 → 이탈리아 르네상스에 영향을 줌
건축	비잔티움 양식: 거대한 돔, 내부의 모자이크 벽화 등이 특징임 (성 소피아 대성당이 대표적)
법률	『유스티니아누스 법전』을 편찬(로마의 법률을 집대성함) → 오늘날 유럽 국가 법체계의 근간이 됨

(2) 영향: 슬라브족에게 전파되어 동유럽 문화의 바탕이 됨

▲ **성 소피아 대성당** | 외부의 거대한 돔과 내부의 화려한 모자이크화가 특징이다. 오스만 제국 지배하에서 이슬람 사원으로 사용되었는데, 첨탑은 이슬람 양식으로 오스만 제국 때 추가로 세워졌다.

▲ **성 소피아 대성당 내부의 모자이크 벽화**

3 동유럽 문화의 형성

(1) 슬라브족의 이동: 6세기경부터 발칸반도, 동유럽, 러시아 지역에 정착 → 비잔티움 제국의 문화에 동화(그리스 정교 수용, 일부는 로마 가톨릭 수용)

(2) 키예프 공국: 9세기 말 러시아 지역에서 성립(러시아의 기원이 됨) → 비잔티움 제국과 교역, 비잔티움 문화 수용(그리스 정교 수용, 성 소피아 성당 건축, 키릴 문자 사용)

(3) 러시아: 15세기 비잔티움 제국 멸망 후 러시아가 계승자 자처, 그리스 정교를 보호하기 위해 노력함

그리스어를 바탕으로 만든 문자야.

▲ **우크라이나 키이우의 성 소피아 성당** | 키예프 공국은 비잔티움 양식의 영향을 받은 성 소피아 성당을 세웠다.

1 다음 괄호 안의 내용 중 알맞은 말에 ◯표를 하시오.

(1) (피핀, 카롤루스 대제)은/는 로마 교황으로부터 서
로마 황제의 관을 받았다.

(2) 4세기 말 훈족의 압박을 받은 (게르만족, 노르만족)
이 로마 영토로 대규모 이동을 하였다.

2 다음 설명이 맞으면 ◯표, 틀리면 ✕표를 하시오.

(1) 장원의 농노는 결혼하여 가정을 꾸릴 수 없었다.
(　)

(2) 봉신은 장원의 영주가 되어 주군의 간섭을 받지 않고
독자적으로 장원을 다스렸다. (　)

(3) 주군과 봉신의 주종 관계는 서로의 의무를 성실히
지킬 것을 약속한 계약 관계였다. (　)

3 교황 그레고리우스 7세가 세속 군주들의 성직자 임명권을
금지하자 신성 로마 제국의 황제가 저항하다가 결국 굴복
한 사건은?

4 다음 빈칸에 들어갈 내용을 쓰시오.

(1) 비잔티움 제국은 6세기 (　　　　) 때 전성기를
맞았다.

(2) 중세 유럽에서는 신앙과 이성의 조화를 강조한 철학
인 (　　　　)이 나타났다.

(3) 중세 서유럽에서는 (　　　　)가 사람들의 신앙생
활과 일상생활을 지배하였다.

(4) 중세 유럽에서는 뾰족한 탑과 색 유리인 스테인드글
라스를 사용한 건축 양식인 (　　　　)이 유행하
였다.

(5) 중세 유럽의 크리스트교 세력은 성상 숭배 문제
로 오랫동안 논쟁을 벌이다가 로마 가톨릭교회와
(　　　　)로 분리되었다.

5 비잔티움 제국은 (　　　　)을 완성하여 로마법을 집대
성하였다.

6 다음 건축물과 그 건축 양식을 옳게 연결하시오.

(1) 피사 대성당 　　　・　　　・㉠ 고딕 양식
(2) 샤르트르 대성당・　　　・㉡ 비잔티움 양식
(3) 성 소피아 대성당・　　　・㉢ 로마네스크 양식

내공 쌓는 족집게 문제

내공 1　봉건 사회의 형성

1 지도와 같은 민족 이동의 결과로 옳은 것은?

① 훈족이 침입하였다.
② 서로마 제국이 멸망하였다.
③ 키예프 공국이 성립하였다.
④ 5호가 화북 지방에 진입하였다.
⑤ 슬라브족 국가가 동유럽에 정착하였다.

2 다음은 프랑크 왕국의 발전 과정이다. 이를 일어난 순서
대로 옳게 나열한 것은?

(가) 이슬람 세력의 침입을 격퇴하였다.
(나) 이탈리아 중부 지역을 교황에게 양도하였다.
(다) 크리스트교 수용으로 로마 교회의 지지를 얻었다.
(라) 궁정과 수도원에 학교를 세워 학문과 문예를 부흥
하였다.

① (가) – (다) – (라) – (나)　② (가) – (라) – (다) – (나)
③ (다) – (가) – (나) – (라)　④ (다) – (라) – (가) – (나)
⑤ (라) – (다) – (가) – (나)

3 ㉠에 들어갈 인물의 업적으로 옳은 것은?

교황: 나, 로마 교황은 정복한 지역에 크리스트교를 전파
한 공로를 인정하여 (㉠)을/를 서로마 황제
로 임명합니다.

① 봉건제를 시행하였다.
② 크리스트교를 처음 받아들였다.
③ 성상 숭배 금지령을 발표하였다.
④ 이슬람 세력의 침입을 격퇴하였다.
⑤ 옛 서로마 제국의 영토를 대부분 정복하였다.

4 중세 서유럽에 봉건제가 성립하게 된 배경으로 옳은 것을 〈보기〉에서 고른 것은?

● 보기 ●
ㄱ. 프랑크 왕국이 분열되었다.
ㄴ. 훈족이 게르만족을 압박하였다.
ㄷ. 이민족의 침입으로 혼란에 빠졌다.
ㄹ. 수도 콘스탄티노폴리스가 성장하였다.

① ㄱ, ㄴ   ② ㄱ, ㄷ   ③ ㄴ, ㄷ
④ ㄴ, ㄹ   ⑤ ㄷ, ㄹ

중요 5 다음은 중세 봉건 사회의 구조이다. (가), (나) 계급에 대한 설명으로 옳은 것은?

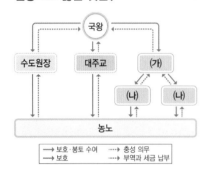

① (가)는 (나)에게 세금을 부과하였다.
② (나)는 거주 이전의 자유가 없었다.
③ (나)는 장원에서 노동에 종사하였다.
④ (가)와 (나)는 쌍무적 계약 관계를 형성하였다.
⑤ (가)와 (나)는 신분적으로 지배와 피지배 관계에 놓였다.

6 (가)에 들어갈 탐구 주제로 가장 적절한 것은?

수행 평가 보고서
• 탐구 주제: (가)
• 조사 내용

모둠	내용
1	장원 내 계절별 담당 노동의 종류
2	영주의 시설물 사용료와 세금 납부의 의무
3	고대 노예와의 차이점

① 농노의 특징   ② 봉신의 역할
③ 폴리스의 구성   ④ 호민관의 지위
⑤ 라티푼디움의 운영 방식

7 중세 봉건 사회의 농노에 대한 설명으로 옳지 않은 것은?

① 영주의 땅을 경작하였다.
② 재산을 소유할 수 없었다.
③ 마음대로 이사할 수 없었다.
④ 영주에게 세금을 납부하였다.
⑤ 결혼하여 가정을 꾸릴 수 있었다.

내공 **2**   크리스트교 중심의 서유럽 문화

8 (가)에 들어갈 내용으로 가장 적절한 것은?

역사 신문

9세기부터 교회는 왕과 봉건 제후들로부터 봉토를 받아 봉신이 되었으며, 성직자 임명권도 왕과 제후가 차지하는 일이 많아졌다. 이로 인해 교회는 점차 세속화되었고, 성직자가 혼인을 하거나 성직을 매매하는 등 부패한 모습이 나타났다. 이에 10세기 초   (가)

① 성상 숭배가 금지되었다.
② 귀족이 원로원을 독점하였다.
③ 지방 분권적인 정치 체제가 확립되었다.
④ 수도원을 중심으로 교회 개혁 운동이 일어났다.
⑤ 성직자 임명권을 두고 황제와 교황이 대립하였다.

중요 9 그림과 관련된 사건에 대한 탐구 활동으로 가장 적절한 것은?

① 헤지라의 발생 원인을 조사한다.
② 밀라노 칙령의 결과를 파악한다.
③ 로마 제국의 중흥 노력을 확인한다.
④ 프랑크 왕국이 성장한 배경을 찾아본다.
⑤ 카노사의 굴욕의 전개 과정을 알아본다.

10 다음 건축물에 나타난 건축 양식에 대한 설명으로 옳은 것은?

① 모스크가 발달하였다.
② 스테인드글라스가 특징이다.
③ 돔과 반원의 아치가 많이 사용되었다.
④ 내부를 아라베스크 무늬로 장식하였다.
⑤ 비잔티움 제국의 문화로부터 영향을 받았다.

11 중세 서유럽 문화에 대한 설명으로 옳은 것을 〈보기〉에서 고른 것은?

• 보기 •
ㄱ. 키릴 문자를 사용하였다.
ㄴ. 기사도 문학이 유행하였다.
ㄷ. 그리스 정교를 국교로 수용하였다.
ㄹ. 토마스 아퀴나스가 스콜라 철학을 집대성하였다.

① ㄱ, ㄴ   ② ㄱ, ㄷ   ③ ㄴ, ㄷ
④ ㄴ, ㄹ   ⑤ ㄷ, ㄹ

내공 3   **비잔티움 제국의 번영**

12 다음 벽화에 대한 학생들의 대화 내용으로 가장 적절한 것은?

① 서로마의 황제를 그렸어.
② 카스트제에 따른 신분을 보여 줘.
③ 십자군 전쟁 이후에 그려진 그림이야.
④ 교황의 권위가 막강하였음이 나타나 있어.
⑤ 황제에게 종교적 권한도 있었음을 표현하였어.

13 밑줄 친 '황제'의 집권 시기에 있었던 사실로 옳은 것은?

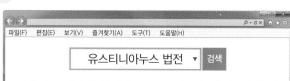

유스티니아누스 법전 ▼ [검색]

비잔티움 제국의 황제가 로마의 법률을 집대성하여 편찬한 법전의 이름이다. 정식 명칭은 『시민법 대전』이다. 이 법전은 오늘날 유럽 국가 법체계의 근간이 되었다.

① 수도교가 세워졌다.
② 12표법이 등장하였다.
③ 성 소피아 대성당이 건립되었다.
④ 성상 숭배 금지령이 발표되었다.
⑤ 제국을 네 부분으로 나누어 통치하였다.

주관식

14 ㉠에 들어갈 말을 쓰시오.

비잔티움 제국의 수도인 (㉠)은/는 이민족의 위협에 맞서 크리스트교 세계의 방패막이 역할을 하였다. (㉠)은/는 흑해와 지중해 사이의 바닷길과 유럽과 아시아를 연결하는 육지 길이 교차하는 곳에 있었고, 이러한 지리적 이점으로 동서 무역의 중심지로 성장하였다.

15 다음 사건의 결과로 옳은 것은?

비잔티움 제국의 황제 레오 3세가 예수와 성모 등을 묘사한 성상을 우상으로 여겨 파괴하라는 명령을 내렸다. 그러나 게르만족에게 크리스트교를 전파하기 위해 성상이 필요하였던 로마 교회가 이에 반발하면서 동서 교회의 대립이 격화되었다.

① 동서 교회가 분리되었다.
② 교황이 황제를 파문하였다.
③ 유럽 각지에 대학이 설립되었다.
④ 교회가 왕과 봉건 영주로부터 봉토를 받았다.
⑤ 비잔티움 제국에서 대토지 소유자가 증가하였다.

16 (가)에 들어갈 내용으로 적절한 것을 〈보기〉에서 고른 것은?

○○◉◉◉

▶ 지식 Q&A

비잔티움 제국의 문화에 대해 알려 주세요.

▶ 답변하기

ㄴ 갑: 공용어로 그리스어를 사용하였어요.

ㄴ 을: 그리스 정교를 바탕으로 발전하였어요.

ㄴ 병: _____(가)_____

• 보기 •

ㄱ. 로마네스크 양식이 유행하였어요.

ㄴ. 성당 내부에 모자이크화를 그렸어요.

ㄷ. 인도로부터 숫자 0(영)을 수용하였어요.

ㄹ. 고대 그리스·로마 문화와 헬레니즘 문화가 융합하였어요.

① ㄱ, ㄴ   ② ㄱ, ㄷ   ③ ㄴ, ㄷ

④ ㄴ, ㄹ   ⑤ ㄷ, ㄹ

17 밑줄 친 '이 국가'에 대한 설명으로 옳은 것은?

○○○◉◉◉

우크라이나의 성 소피아 성당은 이 국가에서 건축되었어요.

① 간다라 양식이 등장하였다.

② 그리스 정교를 수용하였다.

③ 아라비아 숫자가 형성되었다.

④ 세계 시민주의가 등장하였다.

⑤ 오늘날의 알파벳이 탄생하였다.

18 밑줄 친 '이 인물'을 쓰고, 문화적인 측면에서 그의 업적에 대해 서술하시오.

○○◉◉◉

8세기 후반 프랑크 왕국은 전성기를 맞이하였다. 이 인물은 프랑크 왕국의 영토를 크게 확장하고, 정복한 지역에 크리스트교를 전파하여 로마 교황에게서 서로마 황제의 관을 받았다.

_____

_____

_____

19 다음에서 알 수 있는 중세 서유럽 사회의 특징을 서술하시오.

○○○◉◉◉

• 성인이 되면 교회에서 결혼식을 올렸다.

• 아기가 태어나면 교회의 성직자에게 세례를 받았다.

• 일요일에는 교회의 예배에 참석하여 성직자의 설교를 들었다.

• 죽음이 가까워져 오면 성직자에게 기도를 받고 교회 묘지에 묻혔다.

_____

_____

20 다음을 보고 물음에 답하시오.

○○○◉◉◉

오스만 제국 지배하에서 이슬람 사원으로 사용되기도 하였던 이 건축물은 당시를 대표하는 문화유산이었다.

(1) 위 건축물의 명칭을 쓰시오.

(2) (1)의 건축 양식의 특징을 두 가지 서술하시오.

_____

_____

_____

05 크리스트교 문화의 형성과 확산(2)

내공 1 중세 유럽 사회의 변화

1 십자군 전쟁

(1) **배경**: 11세기 후반 셀주크 튀르크가 예루살렘 점령, 비잔티움 제국 위협 → 비잔티움 제국 황제가 교황에게 도움 요청

(2) **전개**: 교황이 예루살렘을 되찾자고 주장 → 십자군 전쟁 발발(1096) → 여러 차례 원정 추진 → 한때 예루살렘 점령, 점차 상업적 이익을 중시함 → 성지 회복에 실패

(3) **영향**: 교황의 권위 하락 및 제후·기사의 세력 약화(→ 왕권의 상대적 강화), 지중해 무역 활성화(상공업 발달, 도시 번성), 서유럽에 비잔티움·이슬람 문화 확산

◀ **십자군 전쟁의 전개** | 교황 우르바누스 2세가 성지 회복을 호소하였고, 여기에 제후와 기사, 상인, 농민 등이 호응하면서 십자군 전쟁이 시작되었다.

2 도시의 발달과 장원의 해체

(1) **도시의 발달** ┌ 북유럽에서는 도시들이 한자 동맹을 맺어 북유럽의 무역을 주도하였어.

배경	11세기부터 농업 생산력 향상(→ 시장 번성), 십자군 전쟁 때 상인들이 동방으로 진출(→ 지중해 연안 도시가 번성)
내용	도시의 자치권 획득, 동업 조합인 길드 조직(→ 상인·수공업자들이 자신들의 이익을 추구하며 도시 운영)

(2) **장원의 해체**

배경	• 화폐 사용 확대: 상업과 도시의 발달로 화폐 널리 사용 → 농노가 노동력이나 현물 대신 화폐로 세금 납부, 영주가 돈을 받고 농노를 해방하여 줌 • 흑사병 유행: 흑사병의 유행으로 유럽 인구의 약 3분의 1이 감소 → 노동력 부족으로 영주가 농노의 처우 개선(농민의 지위 향상) • 농민 봉기: 일부 영주들이 농민들을 억압하여 농민 봉기 발생
결과	장원의 해체, 중세 봉건 사회가 크게 흔들림

3 중앙 집권 국가의 등장 ┌ 이후 로마와 아비뇽에서 교황이 각기 나오면서 교회의 대분열이 일어났어.

배경	교황권 하락, 봉건 영주들의 세력 약화, 기사 계급 몰락 → 왕권 강화(상공 시민의 경제적 지원을 받아 관료와 군대 마련)
내용	• 아비뇽 유수: 성직자 과세 문제로 로마 교황과 프랑스 국왕이 대립 → 로마 교황청이 아비뇽으로 이전(→ 프랑스 국왕의 영향력 강화) • 백년 전쟁: 플랑드르 지방의 지배권과 프랑스의 왕위 계승 문제로 영국과 프랑스가 전쟁을 벌임 → 프랑스가 승리하여 중앙 집권 국가로 성장 • 장미 전쟁: 왕위 계승을 둘러싸고 영국 귀족 간에 발생 → 봉건 귀족의 몰락, 왕권 강화, 영국이 중앙 집권 국가로 성장

내공 2 르네상스와 종교 개혁

1 르네상스 ┌ 르네상스는 '재생', '부활'을 뜻하는 프랑스어에서 나왔어.

(1) **의미**: 14~16세기 고대 그리스·로마 문화를 부활시켜 인간 중심의 새로운 문화를 만들려고 한 문예 부흥 운동

(2) **이탈리아의 르네상스**

① **배경**: 고대 로마의 문화유산 보존, 지중해 무역으로 경제적 번영, 고전 문화 연구 활발(비잔티움 제국 멸망 이후 많은 학자가 이주해 옴) ┌ 그리스·로마 문화에 대한 연구를 바탕으로 인간의 개성과 능력을 중시하였어.

② **특징**: 인문주의 발달, 신 중심의 세계관에서 벗어남

문학	페트라르카의 서정시, 보카치오의 『데카메론』(인간의 욕망을 사실적으로 묘사)
미술	인체의 아름다움을 사실적으로 표현함 → 미켈란젤로의 「다비드상」, 레오나르도 다빈치의 「모나리자」
건축	르네상스 양식 발전, 성 베드로 대성당이 대표적임

▲ **모나리자(레오나르도 다빈치)** | 원근법을 이용하여 인물을 사실적으로 표현하였다.

▲ **다비드상(미켈란젤로)** | 인간 육체의 아름다움을 생동감 있게 표현하였다.

(3) **알프스 이북의 르네상스**

특징	16세기 이후 이탈리아의 르네상스가 확산, 현실 사회와 교회의 부패를 비판하는 경향이 나타남
작품	• 에라스뮈스의 『우신예찬』: 교황과 성직자의 부패 지적 • 토마스 모어의 『유토피아』: 영국 사회의 현실 비판 • 국민 문학 발달: 라틴어가 아닌 모국어 사용, 세르반테스의 『돈키호테』(몰락해 가는 중세 기사 풍자)·셰익스피어의 『햄릿』 등

> 요즘 교황은 가장 어려운 일들을 베드로와 바울에게 맡기고 호화로운 의식과 즐거운 일만 찾는다. 교황은 바로 나, 우신(어리석음의 신) 덕분에 우아한 생활을 하고 있다.
> – 에라스뮈스, 『우신예찬』

(4) **과학 기술의 발달**: 세계와 자연에 대한 관심이 커짐 → 코페르니쿠스와 갈릴레이의 지동설 주장(→ 중세의 우주관 탈피), 구텐베르크의 활판 인쇄술 발명(→ 학문 발달·지식과 사상의 보급에 기여), 중국의 화약과 나침반 사용(→ 봉건 기사의 몰락과 신항로 개척에 영향)

2 종교 개혁과 종교 전쟁

(1) 종교 개혁

알프스 이북 르네상스의 사회 개혁적인 ┐ 성격이 영향을 주었어.

① 배경: 중세 말 부패한 교회에 대한 불만과 비판의 목소리가 높아짐 → 교회를 개혁하자는 움직임이 일어남

② 루터의 종교 개혁(독일) ┌ 로마 가톨릭교회가 신자에게 돈을 받고 교황의 이름으로 벌을 면해 준 문서야.

발단	교황이 면벌부 판매 → 루터가 「95개조 반박문」 발표, 교황과 교회 비판(오직 믿음과 신의 은총에 의해 인간의 구원이 이루어지고, 신앙의 근거는 성서라고 주장함)
전개	인쇄술의 발달로 루터의 주장 확산, 제후의 지지를 얻음
결과	아우크스부르크 화의에서 루터파 교회가 공인됨(1555)

제6조 교황은 신의 용서를 선언하거나 증명하는 것 이외에 어떠한 죄도 용서할 수 없다.

제20조 교황이 모든 벌을 면제한다고 선언한다면 그것은 진정한 의미에서의 벌이 아니라, 단지 교황 자신이 내린 벌을 면제한다는 것뿐이다.

제36조 진심으로 회개하는 크리스트교도는 면벌부가 없어도 벌이나 죄에서 벗어날 수 있다. – 루터, 「95개조 반박문」

③ 칼뱅의 종교 개혁(스위스): 예정설 주장, 근면과 절약 강조, 부자가 되는 것을 신의 은혜라고 주장(→ 신흥 상공업자들이 지지)

인간의 구원은 이미 정해져 있으므로 구원을 ┘ 믿고 성서에 따라 생활해야 한다는 주장이야.

모든 사람은 동일한 상태로 창조된 것이 아니며, 어떤 사람에게는 영원한 삶이, 또 어떤 사람에게는 영원한 벌이 예정되어 있다. – 칼뱅, 「크리스트교 강요」

▲ 칼뱅은 인간의 구원이 신의 의지로써 미리 예정되어 있으며, 인간은 신의 구원을 믿고 자신의 직업에 근면 성실하게 임해야 한다고 주장하였다.

④ 영국 국교회 성립: 헨리 8세가 국왕이 영국 교회의 수장임을 선언 → 영국 교회가 로마 교황의 지배에서 벗어남

┌ 이후 엘리자베스 1세 때 영국 국교회가 확립되었어.

(2) 종교 전쟁

① 발단: 종교 개혁으로 크리스트교 세계가 분열 → 구교(로마 가톨릭교회)와 신교(루터파, 칼뱅파 등)가 대립

② 전개: 유럽 곳곳에서 종교 전쟁 발발(독일에서 일어난 30년 전쟁은 유럽 여러 나라가 참가한 국제 전쟁으로 확대)

③ 결과: 베스트팔렌 조약 체결(1648) → 칼뱅파 공인, 제후가 가톨릭·루터파·칼뱅파 중에 선택하는 것이 허용됨

▲ **16세기 유럽의 종교 분포** | 루터의 주장은 독일 전역으로 퍼져 지지를 얻었고, 칼뱅파의 경우 영국, 프랑스, 네덜란드 등으로 확산되었다.

---

1 다음 설명에 해당하는 전쟁을 〈보기〉에서 골라 기호를 쓰시오.

• 보기 •
ㄱ. 백년 전쟁   ㄴ. 장미 전쟁   ㄷ. 십자군 전쟁

(1) 왕위 계승 문제로 영국에서 발생하였다. (   )
(2) 플랑드르 지방의 지배권을 둘러싸고 영국과 프랑스가 대립하였다. (   )
(3) 이슬람 세력으로부터 예루살렘을 되찾아야 한다는 교황의 주장으로 시작되었다. (   )

2 다음 빈칸에 들어갈 내용을 쓰시오.

(1) (   )는 14세기 초에 로마 교황청이 프랑스로 옮겨져 프랑스 왕의 통제를 받은 사건이다.
(2) 14~16세기 유럽에서는 고대 그리스·로마 문화를 되살려 인간 중심의 새로운 문화를 만들려는 (   )가 일어났다.

3 다음 인물과 그 작품을 옳게 연결하시오.

(1) 보카치오 •   • ㉠ 다비드상
(2) 미켈란젤로 •   • ㉡ 데카메론
(3) 에라스뮈스 •   • ㉢ 모나리자
(4) 토마스 모어 •   • ㉣ 우신예찬
(5) 레오나르도   • ㉤ 유토피아
    다빈치

4 다음 괄호 안의 내용 중 알맞은 말에 ○표를 하시오.

(1) (갈릴레이, 구텐베르크)는 지동설을 주장하여 새로운 우주관을 제시하였다.
(2) (루터, 칼뱅)은/는 교황의 면벌부 판매를 비판하며 95개조 반박문을 발표하였다.
(3) 칼뱅파는 (베스트팔렌 조약, 아우크스부르크 화의)을/를 통해 공식적으로 인정받았다.

5 (   )은 종교 개혁으로 발생한 종교 전쟁 중 하나로, 독일에서 일어나 여러 나라가 참가한 국제 전쟁으로 확대되었다.

족집게 문제

내공 1   중세 유럽 사회의 변화

중요 **1** 다음 주장으로 시작된 전쟁에 대한 설명으로 옳은 것은?

> 성지를 회복합시다. 이 싸움에서 전사하는 자는 구원을 받을 것입니다. 여러분이 사는 이 땅은 좁고 척박합니다. 성지와 그 주변의 비옥한 땅을 정복합시다. 그곳은 신이 우리에게 약속한 땅입니다.

① 비단길을 이용하여 전개되었다.
② 점차 상업적 이익을 중시하였다.
③ 우마이야 왕조를 상대로 추진되었다.
④ 기사 계급이 성장하는 결과를 초래하였다.
⑤ 전쟁 후 교황의 권위가 높아지는 계기가 되었다.

주관식

2 ㉠, ㉡에 들어갈 말을 각각 쓰시오.

> 십자군 전쟁을 계기로 이탈리아의 항구 도시가 크게 성장하였다. 도시에서는 상인과 수공업자가 동업 조합인 (㉠)을/를 결성하여 공동의 이익과 안전을 도모하고 도시 운영에도 참여하였다. 이 과정에서 도시민들은 봉건 영주의 통제에서 벗어나 (㉡)을/를 얻게 되었다.

3 다음 사건이 유럽 사회에 끼친 영향으로 옳은 것은?

> 14세기 중엽, 유럽 전역에 흑사병이 퍼지면서 당시 유럽 인구의 약 3분의 1 이상이 줄어들었다.

① 훈족이 유입되었다.
② 포에니 전쟁이 발생하였다.
③ 프랑크 왕국이 분열되었다.
④ 서로마 제국이 멸망하였다.
⑤ 농노의 처우가 개선되었다.

4 (가)에 들어갈 제목으로 가장 적절한 것은?

역사 수행 평가 보고서	
• 제목: (가)	
• 배경: 교황의 권위 하락, 영주들의 세력 약화와 기사 계급의 몰락 등	
백년 전쟁	플랑드르 지방의 지배권을 둘러싸고 영국과 프랑스가 대립
장미 전쟁	왕위 계승을 둘러싸고 영국 귀족 간에 발생

① 봉건제의 성립
② 종교 전쟁의 발생
③ 십자군 전쟁의 전개
④ 중앙 집권 국가의 등장
⑤ 프랑크 왕국의 영토 확장

내공 2   르네상스와 종교 개혁

5 밑줄 친 '이것'과 관련된 작품으로 옳은 것을 〈보기〉에서 고른 것은?

> 이것은 '재생'이나 '부활'을 뜻하는 프랑스 말로, 고대 그리스와 로마 문화로 되돌아가 인간의 자유와 존엄성을 재발견하려는 문화 운동이다.

• 보기 •

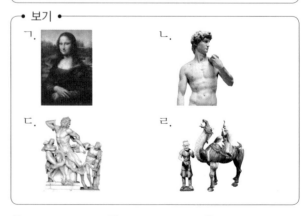

ㄱ. ㄴ. ㄷ. ㄹ.

① ㄱ, ㄴ   ② ㄱ, ㄷ   ③ ㄴ, ㄷ
④ ㄴ, ㄹ   ⑤ ㄷ, ㄹ

6 다음 작품이 나온 지역의 문화에 대한 학생의 발표 내용으로 가장 적절한 것은?

> 요즘 교황은 가장 어려운 일들을 베드로와 바울에게 맡기고 호화로운 의식과 즐거운 일만 찾는다. 교황은 바로 나, 우신(어리석음의 신) 덕분에 우아한 생활을 하고 있다.
> — 에라스뮈스, 「우신예찬」

① 슬라브 문화권의 형성에 영향을 주었어요.
② 현실 사회의 부패에 비판적인 경향을 띠었어요.
③ 대표적인 조각 작품으로 밀로의 비너스상이 있어요.
④ 기사의 영웅담을 다루는 기사도 문학이 유행하였어요.
⑤ 신앙과 이성의 조화를 강조하는 스콜라 철학이 발달하였어요.

중요 7 다음 자료에 대한 탐구 활동으로 가장 적절한 것은?

> 제20조 교황이 모든 벌을 면제한다고 선언한다면 그 것은 진정한 의미에서의 벌이 아니라, 단지 교황 자신이 내린 벌을 면제한다는 것뿐이다.
> 제36조 진심으로 회개하는 크리스트교도는 면벌부가 없어도 벌이나 죄에서 벗어날 수 있다.

① 아비뇽 유수의 배경을 살펴본다.
② 예정설이 제기된 이유를 알아본다.
③ 95개조 반박문의 의미를 파악한다.
④ 헨리 8세가 발표한 선언을 분석한다.
⑤ 성상 숭배 금지령의 결과를 조사한다.

8 다음 주장을 한 인물에 대한 설명으로 옳은 것은?

> 모든 사람은 동일한 상태로 창조된 것이 아니며, 어떤 사람에게는 영원한 삶이, 또 어떤 사람에게는 영원한 벌이 예정되어 있다.

① 유토피아를 저술하였다.
② 활판 인쇄술을 발명하였다.
③ 근면, 성실, 절약 등을 강조하였다.
④ 교황청의 면벌부 판매를 비판하였다.
⑤ 성직자 과세 문제로 프랑스 국왕과 대립하였다.

9 밑줄 친 '이 전쟁'의 결과로 옳은 것은?

독일에서 일어난 종교 전쟁인 이 전쟁에 대해 알고 있니?

독일 전체 인구의 3분의 1 이상이 감소하였어.

유럽의 여러 나라가 참전한 국제 전쟁으로 확대되었어.

① 장원이 해체되었다.
② 봉건제가 성립하였다.
③ 지중해 무역이 발달하였다.
④ 비잔티움 제국이 멸망하였다.
⑤ 베스트팔렌 조약이 체결되었다.

서술형 문제

10 지도의 전쟁이 유럽 사회에 끼친 영향을 정치적·경제적 측면에서 서술하시오.

로마 가톨릭교 세력권
그리스 정교 세력권
이슬람교 세력권

영국 / 런던 / 대서양 / 파리 / 신성 로마 제국 / 폴란드 / 러시아 / 클레르몽 / 베네치아 / 헝가리 / 포르투갈 / 아비뇽 / 제노바 / 흑해 / 콘스탄티노폴리스 / 에스파냐 / 로마 / 셀주크 튀르크 / 리스본 / 비잔티움 제국 / 안티오크 / 지중해 / 예루살렘

---- 제1차(1096~1099) → 제4차(1202~1204)
→ 제3차(1189~1192) → 제8차(1270)

_____

_____

_____

11 이탈리아에서 르네상스가 일어나게 된 배경을 세 가지 서술하시오.

_____

_____

_____

몽골 제국과 문화 교류

내공 1 송의 발전과 북방 민족의 성장

1 송의 건국과 변천
> 당 멸망 이후 중국은 절도사들이 세운 여러 나라로 분열하였어.

(1) 건국: 5대 10국 시대 → 조광윤(태조)이 송 건국(960)

(2) 태조의 정책: 중앙 집권 체제 강화

① 문치주의 실시: 절도사의 권한 약화, 문인 관료(문신) 우대
→ 사대부 계층 형성, 군사력 약화
> 유교적 소양을 갖춘 지주층으로, 과거를 통해 관료가 되었어.

② 황제권 강화: 군대를 황제 직속으로 둠, 과거제 개혁(황제가 직접 주관하는 시험인 전시 도입)
> 황제가 군사권을 장악하였어.

(3) 왕안석의 개혁(신법)

배경	북방 민족(거란, 탕구트, 여진 등)에게 평화 유지의 대가로 많은 양의 비단과 은 제공 → 송의 재정 악화
목표	민생 안정과 부국강병 추구
결과	보수파 관료들의 반대로 실패

(4) 남송 수립: 송이 금의 공격을 받아 남쪽으로 천도(1127)
> 이후 남송은 원의 침략으로 멸망하였어(1279).

2 송의 경제와 서민 문화 발달

(1) 경제 발달

농업	창장강 하류 지역(강남)에서 농지 개간(→ 경지 면적 증가), 벼의 품종 다양화, 모내기법의 보편화 → 농업 생산량 증가
상공업	수공업(도자기·비단·차 등) 발달, 상업 활성화, 도시와 시장 형성, 동업 조합(행·작) 결성, 화폐 사용 증가(동전 유통, 교자·회자 등 지폐 사용)

> 도시의 상인과 수공업자들이 자신들의 이익을 보호하고자 결성하였어.

(2) 성리학 발달: 남송의 주희가 우주의 원리와 인간의 본성을 탐구하는 성리학(주자학) 집대성
> 이후 성리학은 동아시아 각국의 통치 이념이 되었어.

(3) 과학 기술 발달: 화약, 나침반, 활판 인쇄술 발명·실용화
→ 이슬람 세계를 거쳐 유럽에까지 전파
> 화약은 중세 유럽 기사 계급의 몰락에, 나침반은 원거리 무역 발달에, 인쇄술은 지식 보급과 문화 발전에 영향을 주었어.

(4) 서민 문화 발달

배경	상업 발달과 도시의 성장으로 서민의 생활 수준 향상
내용	대도시에 공연장 발달, 만담·곡예·인형극 등 서민 오락 성행

3 송의 해상 교역 발달

(1) 해상 무역: 바다를 통해 각국과 교류, 큰 배 이용, 항해에 나침반 사용, 주요 항구에 시박사 설치(무역 사무 담당)

(2) 교류: 고려·일본·동남아시아·인도·아라비아 상인 등과 교류

◀ 송의 해상 교역 | 송대에는 조선술과 항해술, 지도 제작 기술 등이 발전하면서 해상 교역도 활발히 이루어졌다. 당시 항저우, 광저우 등이 세계적인 무역항으로 성장하였다.

4 북방 민족의 성장

(1) 국가 수립과 발전: 유목 민족들이 부족을 통합하여 국가 수립 → 강력한 군사력을 앞세워 송 압박

요	야율아보기가 거란족을 통합하여 거란 건국(916), 발해를 멸망시킴, 고려 공격, 연운 16주 차지, 국호를 '요'로 바꿈
서하	탕구트가 건국(1038), 동서 무역로(비단길)를 장악하고 송 압박
금	여진족이 건국(1115), 송과 연합하여 요를 멸망시킨 후 송을 남쪽으로 몰아냄 → 몽골에 멸망(1234)

(2) 통치와 문화: 한족을 다스리기 위해 이중적인 통치 방식 사용, 고유문화를 지키려고 노력함(고유 문자 제정 등)

▲ 11세기 북송, 요, 서하의 대립   ▲ 12세기 남송, 금, 서하의 대립

정복 왕조로 발전한 요와 금은 효율적 통치를 위해 자신의 부족은 고유의 부족제로 다스리고, 한족은 중국식 통치 방식인 군현제로 다스렸다.

내공 2 몽골 제국의 성립과 동서 문화 교류 확대

1 몽골의 세계 제국 건설

(1) 몽골 제국 성립: 13세기 초 테무친이 몽골 부족 통일 후 칭기즈 칸으로 추대됨, 주변 국가 정복 → 후손들의 정복 활동으로 대제국 건설 → 울루스(한국)들이 제국을 분할 통치함
> 천호제로 편성된 기마 군단의 군사력을 이용하여 동아시아에서 유럽에 이르는 영토를 차지하였어.

(2) 원의 성립(1271): 쿠빌라이 칸이 대도(베이징)로 천도, 국호를 '원'으로 바꿈 → 남송 정복, 중국 전역 지배
> 역사상 처음으로 유목 민족이 전 중국을 지배하게 되었어.

2 원의 중국 지배

(1) 민족 차별 정책 실시: 몽골 제일주의를 내세워 몽골인과 색목인 우대, 한인과 남인 차별 → 민족 간의 갈등 심화

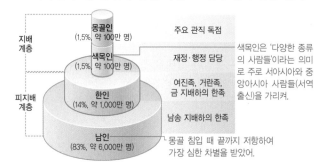

▲ 원대의 신분 구성 | 원은 소수의 몽골인이 다수의 한족을 다스리기 위해 민족 차별 정책을 실시하였다. 몽골인이 주요 관직을 독점하였고, 색목인은 정복 전쟁에 필요한 정보와 물자를 원에 제공하여 우대받았다. 반면, 한인과 남인은 과중한 세금을 부담해야 했다.

(2) 사회: 파스파 문자(몽골 문자) 사용, 과거제 약화

┌ 티베트 문자를 기초로 한 문자로
└ 공식 문서에 사용하였어.

(3) 원의 쇠퇴: 왕위 다툼 지속, 화폐(교초) 남발로 인한 경제
혼란 → 한족들의 반란(홍건적의 난)으로 북쪽으로 쫓겨남

3 원의 경제와 서민 문화 발달

(1) 경제 발달

농업	농업 기술 보급, 목화 재배 확대
상업	교통로의 발달로 서역 상인과 교역, 대도(베이징)와 항저우 (임안) 등 도시 번영, 화폐 사용 증가(교초라는 지폐 사용)

(2) 서민 문화 발달

배경	상업 발전 → 도시 서민들을 중심으로 서민 문화 발달
내용	구어체 소설(『수호지』, 『삼국지』 등)과 희곡 인기, 잡극 유행

┌ 음악과 춤, 연기, 대사가 어우러진
└ 발전된 극의 형태를 갖추었어.

4 동서 교역망의 통합과 문화 교류

(1) 동서 교역망의 통합

① 배경: 대제국 건설로 동서 교통로 확보, 곳곳에 역참 설치,
대운하·해상 운송로 정비

┌ 중앙과 각 지방을 연결하는 교통로
│ 에 역참을 세우고, 관리와 사신에게
│ 숙식과 말을 제공하는 역참제를 실
└ 시하였어.

◀ 패자 | 역참을 이용할 수 있는 일종의
통행증이었다.

② 내용: 국제 무역항 번영(항저우 등), 대도(베이징)를 중심
으로 초원길·비단길·바닷길 연결(→ 유라시아 대륙이 하나
의 교역권으로 통합) → 동서 문화의 교류가 활기를 띰

(2) 동서 문화 교류

인적 교류	유럽인·이슬람 상인의 중국 방문 → 이탈리아 상인 마르코 폴로의 『동방견문록』, 이븐 바투타의 『여행기』 저술
다양한 문화 유입	• 종교: 이슬람교, 크리스트교, 티베트 불교 등 다양한 종교가 공존함 ┌ 곽수경이 이를 바탕으로 수시력을 만들었어. • 학문: 이슬람의 수학, 의학, 역법, 천문학이 전해짐 • 기타: 이슬람에서 수입한 안료(코발트)로 청화 자기 제작, 서역의 자수 기술 수용
중국 문물 전파	중국의 화약, 나침반, 인쇄술 등이 이슬람 세계를 거쳐 유럽에 전파 ┌ 관성대라는 천문대가 건설되었어.

┌ 몽골 제국은 외국의 종교와 문화 등에 관용적인 태도를 보였어.

▲ 몽골 제국의 주요 교통로 | 몽골 제국 시기에는 육상·해상 교통로가 정비
되고, 각 지역을 연결하는 교통로에 역참을 세워 여행객들에게 필요한 물품
을 제공하였다. 이 때문에 외국인들은 편리하게 중국을 방문할 수 있었다.

---

1 다음 빈칸에 들어갈 내용을 쓰시오.

(1) 송대에는 유교적 소양을 갖춘 (　　　　　) 계층이
사회의 지배층으로 떠올랐다.

(2) 송 태조는 절도사 세력을 약화시키고 문인 관료를
우대하는 (　　　　　) 정책을 실시하였다.

(3) 송이 북방 민족에게 비단과 은을 주어 재정이 어려
워지자 (　　　　　)이 개혁을 실시하였다.

2 다음 괄호 안의 내용 중 알맞은 말에 ○표를 하시오.

(1) 송대에 발명되고 실용화된 (제지법, 활판 인쇄술)은
지식의 보급에 기여하였다.

(2) 남송의 주희는 우주의 원리와 인간의 본성을 탐구
하는 (성리학, 훈고학)을 완성하였다.

(3) 송대에는 상거래가 많아지면서 동전이 널리 유통되
었고 (교자, 교초)라는 지폐도 만들어졌다.

3 다음에서 설명하는 민족을 〈보기〉에서 골라 기호를 쓰
시오.

● 보기 ●

ㄱ. 거란족　　　ㄴ. 여진족　　　ㄷ. 탕구트

(1) 발해를 멸망시키고 고려를 공격하였다.　　(　　)

(2) 서하를 세우고 동서 무역로를 장악하였다. (　　)

(3) 금을 건국하고 송을 남쪽으로 몰아내어 화북 지방
을 차지하였다.　　　　　　　　　　　　(　　)

4 다음 설명이 맞으면 ○표, 틀리면 ✕표를 하시오.

(1) 원은 외국의 종교와 문화를 배척하였다.　(　　)

(2) 몽골은 천호제로 편성된 강력한 기마 군단을 이용
하여 대제국을 건설하였다.　　　　　　　(　　)

(3) 원은 주요 교통로에 역참을 세우고 숙식과 말을 제공
하는 역참제를 실시하였다.　　　　　　　(　　)

(4) 테무친은 몽골 부족을 통일한 후 쿠빌라이 칸으로
추대되어 몽골 제국을 세웠다.　　　　　(　　)

5 송과 원의 공통점을 〈보기〉에서 골라 기호를 쓰시오.

● 보기 ●

ㄱ. 지폐 사용

ㄴ. 서민 문화 발달

ㄷ. 파스파 문자 사용

ㄹ. 몽골 제일주의로 통치

족집게 문제

내공 1   **송의 발전과 북방 민족의 성장**

중요 1   (가) 정책을 실시한 결과로 옳은 것을 〈보기〉에서 고른 것은?

> 송의 태조는 (가) 절도사 세력을 약화하고 문인 관료를 우대하는 정책을 실시하였다.

> • 보기 •
> ㄱ. 군사력이 약화되었다.
> ㄴ. 재정 상황이 좋아졌다.
> ㄷ. 사대부 계층이 형성되었다.
> ㄹ. 중앙 집권 체제가 약화되었다.

① ㄱ, ㄴ   ② ㄱ, ㄷ   ③ ㄴ, ㄷ
④ ㄴ, ㄹ   ⑤ ㄷ, ㄹ

2   송의 경제 발달에 대한 설명으로 옳지 <u>않은</u> 것은?

① 모내기법이 보편화되었다.
② 교초라는 지폐가 사용되었다.
③ 새로운 벼 품종이 도입되었다.
④ 창장강 하류 지역이 농지로 개간되었다.
⑤ 상공업자를 중심으로 하여 동업 조합이 만들어졌다.

3   (가)~(라)에 대한 설명으로 옳은 것을 〈보기〉에서 고른 것은?

> 송대에는 남송의 주희가 (가) 성리학을 완성하였다. 또한 (나) 중국의 3대 발명품이 발명되고 실용화되어 이후 (다) 세계 여러 지역에 전해졌다. 이 시기에는 만담, 곡예, 인형극 등 (라) 서민 문화도 발달하였다.

> • 보기 •
> ㄱ. (가) - 절도사를 중심으로 발전하였다.
> ㄴ. (나) - 화약, 나침반, 제지술에 해당한다.
> ㄷ. (다) - 이슬람 상인을 통해 유럽에 전파되었다.
> ㄹ. (라) - 경제 발달로 인한 서민들의 생활 수준 향상이 배경이 되었다.

① ㄱ, ㄴ   ② ㄱ, ㄷ   ③ ㄴ, ㄷ
④ ㄴ, ㄹ   ⑤ ㄷ, ㄹ

4   교사의 질문에 대한 학생의 대답으로 옳지 <u>않은</u> 것은?

① 항해에 나침반을 사용하였어요.
② 큰 배를 만들어 무역에 이용하였어요.
③ 주로 바다를 통해 여러 나라와 교류하였어요.
④ 인도, 아라비아 상인들과의 교역을 금지하였어요.
⑤ 항구에 시박사를 두어 대외 무역을 관리하였어요.

5   12세기의 (가), (나) 나라에 대한 설명으로 옳지 <u>않은</u> 것은?

① (가) - 탕구트가 세웠다.
② (가) - 연운 16주를 차지하였다.
③ (나) - 여진족이 건국하였다.
④ (나) - 송과 연합하여 요를 멸망시켰다.
⑤ (가), (나) - 고유한 문자를 만들어 사용하였다.

내공 2   **몽골 제국의 성립과 동서 문화 교류 확대**

6   다음에서 설명하는 인물로 옳은 것은?

> • 13세기 초 몽골 부족 통일 후 몽골 제국 수립
> • 중앙아시아와 서하 등을 정복하여 영토 확대

① 칭기즈 칸   ② 야율아보기
③ 마르코 폴로   ④ 이븐 바투타
⑤ 쿠빌라이 칸

7 ㉠, ㉡에 들어갈 내용을 옳게 연결한 것은?

> 몽골 제국의 왕위 계승 다툼에서 승리한 쿠빌라이 칸은 수도를 (㉠)(으)로 옮기고 나라 이름을 '원'으로 바꾸었다. 이어 그는 (㉡)을/를 멸망시키고 중국 전역을 지배하였다.

	㉠	㉡
①	카이펑	금
②	대도(베이징)	요
③	대도(베이징)	남송
④	임안(항저우)	금
⑤	임안(항저우)	남송

[8~9] 다음을 보고 물음에 답하시오.

그림은 원대의 신분 구성이다. 넓은 영토와 다양한 민족을 지배하게 된 원은 중국의 전통적인 통치 제도를 받아들이면서도 (㉠)을/를 내세워 독자적인 방식으로 다스렸다.

주관식

8 ㉠에 들어갈 원의 중국 지배 방식을 쓰시오.

중요 **9** (가)~(라)에 대한 설명으로 옳지 <u>않은</u> 것은?

① (가) – 주요 관직을 독점하였다.
② (나) – 재정과 행정을 담당하였다.
③ (다) – 서아시아와 중앙아시아 등에서 온 외국인이었다.
④ (라) – 가장 심한 차별을 받았다.
⑤ (가)~(라) – 몽골의 대외 정복 전쟁 때 협력한 정도에 따라 차별을 받았다.

10 원에 대한 탐구 활동으로 가장 적절한 것은?

① 문치주의의 실시 결과를 알아본다.
② 귀족 문화의 발달 내용을 정리한다.
③ 사대부가 활약하게 된 배경을 살펴본다.
④ 한족들이 반란을 일으킨 원인을 조사한다.
⑤ 임안(항저우)으로 수도를 옮긴 이유를 찾아본다.

11 지도에 해당하는 시기의 사실로 옳지 <u>않은</u> 것은?

① 동서 문화의 교류가 활발하였다.
② 유라시아 대륙이 하나의 교역권으로 통합되었다.
③ 곽수경이 이슬람 역법을 토대로 수시력을 만들었다.
④ 이슬람의 화약, 나침반, 인쇄술이 중국에 전해졌다.
⑤ 중국에서 이슬람교, 크리스트교, 티베트 불교 등 다양한 종교가 공존하였다.

서술형 문제

12 송의 왕안석이 개혁을 추진한 배경과 그 결과를 서술하시오.

_____

_____

_____

중요 **13** 다음을 읽고 물음에 답하시오.

> 수도(베이징)로부터 각 지방으로 가는 주요 도로들에 약 40km의 간격으로 (㉠)이/가 설치되어 있다. 여기에는 넓고 근사한 침대가 있어서 칸의 사신이 숙박할 때에 제공된다. …… 또한 각 (㉠)에는 300~400마리의 말이 사신을 위해 준비되어 있다.
> – 마르코 폴로, 『동방견문록』

(1) ㉠에 들어갈 용어를 쓰시오.

_____

(2) 외국인들이 몽골 제국을 편리하게 여행할 수 있었던 이유를 ㉠을 포함하여 서술하시오.

_____

_____

_____

02 동아시아 지역 질서의 변화

내공 1 명의 건국과 발전

1 명의 성립과 발전

(1) 성립: 주원장(홍무제)이 금릉(난징)을 수도로 명 건국 ┌ 원 말기에 농민 반란군을 이끌었어.
(1368), 베이징을 차지하여 원을 몰아냄 → 한족 왕조 부활

(2) 발전 ┌ 110호를 1리로 편성하여 농민이 직접 세금 징수와 치안 유지를 맡도록 한 제도야.

홍무제	재상제 폐지(황제권 강화), 이갑제 실시, 토지 대장(어린도책)과 호적 대장 작성(→ 세금 징수에 이용), 한족의 전통 회복 노력(학교와 과거제 정비, 육유 반포)
영락제	베이징 천도, 자금성 건설, 대외 팽창 정책 추진으로 몽골 공격·베트남(대월) 정복, 정화의 함대 파견(→ 국력 과시, 여러 나라와 조공 관계 수립)

'여섯 가지 유교의 가르침'이라는 뜻으로 어른 공경, 효 등의 내용이 담겨 있어.

▲ 명의 최대 영역과 정화의 항해

정화의 함대는 동남아시아와 인도를 거쳐 페르시아만과 아프리카까지 진출하였어.

(3) 쇠퇴 및 멸망: 관료들의 권력 다툼, 외적 침입, 임진왜란 때 조선에 군대 파견(→ 국가 재정 악화) → 무리한 세금 징수로 농민 봉기 발생, 이자성의 농민군에게 멸망(1644)

북쪽의 몽골과 남쪽의 왜구가 명을 침략하였어(북로남왜).

2 명의 경제, 사회, 문화

유교적 소양을 갖춘 지식인이자 지주였어.

경제	• 농업 발달: 이모작 확대, 새로운 작물(고추, 감자 등) 유입 • 상공업 발달: 비단·면직물·도자기 생산, 대상인 집단 성장 • 세금 징수: 일조편법 시행(토지세와 인두세를 은으로 걷음)
사회	신사의 등장(중앙 관리로 진출, 향촌 사회의 질서 유지)
문화	• 양명학 등장: 왕양명이 성리학 비판, 지행합일의 실천 강조 • 서민 문화 발달: 경제 발전에 따른 서민의 지위 향상 → 소설 유행(『삼국지연의』, 『수호전』, 『서유기』 등)

올바른 지식과 행동의 일치를 말해.

3 명대의 대외 교류 ┌ 사적인 해상 무역을 제한하는 정책이야.

(1) 교역: 해금 정책 실시 → 16세기 후반에 민간 무역 허용, 서양 상인의 왕래 증가(은의 유입)

▲ 16 ~ 17세기 은의 이동 | 16세기 이후 유럽 상인들이 중국의 도자기, 비단 등을 수입하고 그 대금을 은으로 지불하면서 많은 은이 중국으로 들어왔다. 이때 중국에서 은이 화폐로서 널리 사용되었고, 세금 납부의 수단이 되었다.

종교를 선전하여 널리 펴는 것을 말해.

(2) 서양 문물의 유입: 유럽 선교사들이 크리스트교 선교 활동, 서양의 천문학·역법·지리학 등 소개(『곤여만국전도』)

◀ 곤여만국전도 | 선교사 마테오 리치가 제작한 세계 지도로, 자신들이 세계의 중심이라고 믿었던 중국인의 세계관 변화에 큰 영향을 주었다.

내공 2 청의 건국과 발전

1 청의 성립과 발전

(1) 성립 ┌ 한족이 자신들을 세계 문명의 중심인 중화(화)로 여기고 그 주변 민족을 오랑캐(이)로 보는 중국 중심의 세계관이야.

① 명·청의 교체: 누르하치(태조)가 여진족(만주족)을 통합하여 후금 건국(1616) → 홍타이지(태종)가 국호를 '청'으로 바꾸고 몽골과 조선 침략, 명 멸망 후 팔기군을 이끌고 베이징 입성(1644), 중국 대륙 차지

누르하치가 조직한 군사 조직이자 행정 조직이야.

② 청 성립 후 화이관의 변화: 청(명을 이어받은 새 중화라 주장), 조선과 일본(자국을 동아시아 문화의 중심이라 여김)

(2) 발전: 3대 130여 년간 전성기

강희제	국내의 반청 세력 진압, 러시아와 네르친스크 조약 체결(국경 확정)
옹정제	황제권 강화, 새로운 화이사상 제시(→ 청의 통치 정당화)
건륭제	활발한 정복 활동으로 최대 영토 확보, 『사고전서』 편찬

오늘날의 중국 영토와 거의 일치해.

◀ 청의 최대 영역 | 청은 몽골, 만주, 신장, 티베트, 타이완 등을 포함하는 넓은 영토를 차지하였다.

(3) 청의 중국 지배: 회유책과 강압책 실시 ┌ 소수의 만주족이 다수의 한족을 다스리기 위해서였어.

회유책	과거제로 한족 등용, 중요 관직에 만주족과 한족을 함께 등용(만한 병용제), 대규모 편찬 사업에 한족 지식인 동원
강압책	만주족의 풍습(변발, 호복 등) 강요, 한족의 중화사상 탄압, 청을 비판하는 서적 금지

2 청의 경제, 사회, 문화

경제	• 농업과 상업 발달: 농업 생산력 향상, 쑤저우 등 도시 번영 • 세금 징수: 지정은제 시행(인두세를 토지세에 포함하여 은으로 걷음)
사회	신사가 명 멸망 후 청 왕조에 협조하며 지위 유지
문화	• 고증학 발달: 문헌에 근거하여 실증적으로 학문 연구 • 서민 문화 발달: 소설 유행(『홍루몽』 등), 경극 등장

노래와 춤, 연기가 어우러진 연극이었어.

3 청대의 대외 교류

(1) 교역: 해금 정책 실시 → 17세기 후반에 일부 항구 개항, 해외 무역 허용 → 18세기에 광저우만 개방, 청 정부로부터 허가를 받은 공행(특허 상인)만 외국 상인과 무역 가능

(2) 서양과의 문물 교류: 아담 샬이 천문학·역법·대포 제작 기술 전달, 서양 상인 등을 통해 중국 문화가 유럽에 소개
중국의 과거 시험과 유학이 유럽에 소개되었고, 중국 도자기 등이 유럽에서 인기를 끌었어. 유럽 상류층에서 유행한 중국풍 양식을 '시누아즈리'라고 해.

내공3 동아시아 지역의 질서 변화

1 한반도의 고려와 조선

고려	10세기 초에 왕건이 건국 → 거란과 여진의 침략을 물리침, 몽골의 침략에 항전
조선	14세기 말에 이성계가 건국 → 성리학을 통치 이념으로 삼음

2 일본 무사 정권의 성립과 변화
불안한 사회에서 토지와 재산을 보호하기 위해서였어.

(1) 성립 배경: 헤이안 시대 후반에 지방 호족과 사원들이 장원 확대 → 귀족과 유력 농민들이 무사 고용 → 무사 성장

(2) 가마쿠라 막부: 12세기 말 미나모토노 요리토모가 수립, 봉건제 시행, 원의 침략을 막아 냄

(3) 무로마치 막부: 14세기 실권 장악 후 명과 외교 관계 회복

(4) 전국 시대: 다이묘(영주)들의 세력 다툼으로 혼란 지속 → 도요토미 히데요시가 일본 통일, 조선 침략(임진왜란)
임진왜란이 실패하면서 도요토미 정권은 붕괴하였어.

▲ 일본의 봉건제 │ 막부의 최고 무사인 쇼군(장군)이 지방의 무사들을 지배하면서 실질적인 지배권을 행사하였고, 천황은 형식적인 지위만 유지하였다.

3 임진왜란 이후 동아시아 질서의 변화

(1) 에도 막부 수립: 도쿠가와 이에야스가 수립(1603)

(2) 중국의 변화: 임진왜란으로 명의 국력 쇠퇴, 후금 성장 → 후금이 국호를 '청'으로 바꾸고 조선 침략(병자호란)
조선이 명과 후금 사이에서 외교적 갈등을 겪었어.

4 에도 막부의 성장과 일본의 대외 교류

(1) 에도 막부의 성장
다이묘의 행렬로 에도·오사카를 중심으로 한 상업·교통의 발달과 지방 문화의 발달을 촉진하였어.

정치	• 막번 체제: 쇼군(장군)은 직할지만 통치, 나머지 지역은 다이묘(영주)가 자신의 영지를 통치함 • 산킨코타이 제도: 막부의 쇼군이 지방의 다이묘들을 일정 기간 동안 에도(도쿄)에 와서 머무르게 함(다이묘에 대한 통제력 강화, 중앙 집권적인 봉건제 확립 목적)
경제와 문화	농업 생산량 증가, 수공업·광업 발전, 조닌 문화 발달(가부키, 우키요에 등)

도시의 상공업자

(2) 대외 교류: 17세기 초 크리스트교 금지, 해금 정책 실시, 통신사를 통해 조선과 교류, 중국·네덜란드 상인에게 나가사키를 개항하여 무역 허용(→ 난학 발달)
네덜란드를 통해 받아들인 서양 학문과 기술을 말해.

(3) 국학 발달: 18세기에 일본 고유의 정신을 강조한 국학 발달

---

1 다음 내용에 해당하는 인물을 〈보기〉에서 골라 기호를 쓰시오.

보기
ㄱ. 강희제　　　　　ㄴ. 건륭제
ㄷ. 영락제　　　　　ㄹ. 홍무제

(1) 명 건국　　　　　　　　　　　(　　　)
(2) 정화의 함대 파견　　　　　　 (　　　)
(3) 청의 최대 영역 확보　　　　　(　　　)
(4) 러시아와 네르친스크 조약 체결 (　　　)

2 한족에 대한 청의 회유책만을 〈보기〉에서 있는 대로 골라 기호를 쓰시오.

보기
ㄱ. 만한 병용제 실시
ㄴ. 변발과 호복 강요
ㄷ. 대규모 편찬 사업에 한족 동원

3 다음 괄호 안의 내용 중 알맞은 말에 ○표를 하시오.

(1) 명·청대의 지배층인 (신사, 사대부)는 유교적 소양을 갖춘 지식인이었다.

(2) 명대에는 성리학을 비판하고 지행합일의 실천을 강조하는 (고증학, 양명학)이 발달하였다.

(3) 청대에는 인두세를 토지세에 포함하여 은으로 한꺼번에 내는 (일조편법, 지정은제)을/를 시행하였다.

4 다음 빈칸에 들어갈 내용을 쓰시오.

(1) 마테오 리치가 만든 세계 지도인 (　　　　　)는 중국인의 세계관 변화에 영향을 주었다.

(2) 청대에는 정부로부터 허가를 받은 (　　　　　)이라는 특허 상인만 외국 상인과 무역할 수 있었다.

5 다음 내용을 일어난 순서대로 옳게 나열하시오.

(가) 에도 막부 수립　　　(나) 전국 시대 통일
(다) 가마쿠라 막부 수립　(라) 무로마치 막부 수립

6 다음 설명이 맞으면 ○표, 틀리면 ✕표를 하시오.

(1) 18세기 일본에서는 일본 고유의 정신을 강조하는 난학이 발달하였다.　　　　　　　　　　　(　　　)

(2) 에도 시대에 도시의 상공업자들은 우키요에를 즐기고 가부키를 관람하는 등 조닌 문화를 발달시켰다.
　　　　　　　　　　　　　　　　　　　　　(　　　)

족집게 문제

내공 1 **명의 건국과 발전**

중요 **1** 밑줄 친 '그'에 대한 설명으로 옳은 것을 〈보기〉에서 고른 것은?

> 원 말기에 농민 반란군을 이끈 그는 금릉(난징)을 수도로 명을 건국하였다.

> • 보기 •
> ㄱ. 정화의 함대를 해외로 파견하였다.
> ㄴ. 토지 대장과 호적 대장을 작성하였다.
> ㄷ. 재상제를 폐지하여 황제권을 강화하였다.
> ㄹ. 베이징으로 천도하고 자금성을 건설하였다.

① ㄱ, ㄴ ② ㄱ, ㄷ ③ ㄴ, ㄷ
④ ㄴ, ㄹ ⑤ ㄷ, ㄹ

2 다음 내용에 해당하는 제도로 옳은 것은?

> 홍무제는 110호를 1리로 하고 그중에서 부유한 10호를 이장호로, 나머지 100호를 갑수호로 하여 농민이 직접 세금 징수와 치안 유지를 담당하게 하였다.

① 균전제 ② 부병제 ③ 역참제
④ 이갑제 ⑤ 천호제

3 명의 영락제에 대한 학생의 발표 내용으로 적절한 것은?

① 육유를 반포하였어요.
② 팔기군을 조직하였어요.
③ 사고전서를 편찬하였어요.
④ 몽골을 공격하고 베트남을 정복하였어요.
⑤ 러시아와 네르친스크 조약을 체결하였어요.

4 명이 쇠퇴한 원인으로 옳지 <u>않은</u> 것은?

① 북로남왜가 나타났다.
② 황건적의 난이 일어났다.
③ 관료들의 권력 다툼이 심하였다.
④ 정부가 무리하게 세금을 거두었다.
⑤ 임진왜란 때 조선에 군대를 파견하였다.

5 다음 지도가 만들어진 시기의 중국에 대한 설명으로 옳지 <u>않은</u> 것은?

① 양명학이 등장하였다.
② 지정은제가 시행되었다.
③ 신사가 사회를 주도하였다.
④ 상업이 발달하면서 대상인 집단이 성장하였다.
⑤ 서민의 지위가 향상되면서 소설이 유행하였다.

내공 2 **청의 건국과 발전**

주관식
6 ㉠, ㉡에 들어갈 나라를 각각 쓰시오.

> 17세기 초 명이 약해지자 누르하치(태조)가 여진족을 통합하여 (㉠)을/를 세웠다. 뒤를 이은 홍타이지 (태종)가 나라 이름을 (㉡)(으)로 바꾸었다.

중요 **7** ㉠, ㉡에 대한 설명으로 옳은 것은?

> 청은 대체로 명의 통치 제도를 따랐지만 ㉠ 회유책과 ㉡ 강압책을 함께 실시하며 중국을 지배하였다.

① ㉠ - 한족에게 변발과 호복을 강요하였다.
② ㉠ - 한족 중심의 중화사상을 탄압하였다.
③ ㉡ - 중요 관직에 만주족과 한족을 함께 등용하였다.
④ ㉡ - 한족 지식인들을 대규모 편찬 사업에 참여시켰다.
⑤ ㉠, ㉡ - 소수의 만주족이 다수의 한족을 다스리기 위해 실시하였다.

8 지도의 영역을 차지한 시기 중국의 대외 교류에 대한 설명으로 적절하지 않은 것은?

① 중국의 문화가 유럽에 소개되었다.
② 공행만이 외국 상인과 무역을 할 수 있었다.
③ 중국의 은이 이슬람과 유럽으로 빠져나갔다.
④ 중국의 도자기가 유럽에 대량으로 판매되었다.
⑤ 아담 샬이 중국에 천문학과 대포 제작 기술을 전하였다.

내공 3 **동아시아 지역의 질서 변화**

중요 9 그림에 나타난 일본의 제도에 대한 설명으로 옳은 것은?

① 천황이 절대적인 권력을 가졌다.
② 혈연관계를 바탕으로 이루어졌다.
③ 에도 막부 시기에 처음 시행되었다.
④ 쇼군은 다이묘에게 충성을 맹세하였다.
⑤ 쇼군이 실질적인 지배권을 행사하였다.

10 다음 사실이 일어난 시기를 연표에서 옳게 고른 것은?

> 일본에서는 도요토미 히데요시 정권이 무너지고 도쿠가와 이에야스가 에도 막부를 수립하였다.

① (가)　② (나)　③ (다)　④ (라)　⑤ (마)

---

11 에도 막부 시기 일본에 대한 설명으로 옳지 않은 것은?

① 난학이 발달하였다.
② 조닌 문화가 발전하였다.
③ 크리스트교가 널리 유행하였다.
④ 통신사를 통해 조선과 교류하였다.
⑤ 네덜란드인에게 나가사키를 개항하여 무역을 허용하였다.

서술형 문제

중요 12 (가) 함대의 항해로 나타난 결과를 **두 가지** 서술하시오.

_____

_____

_____

13 다음을 읽고 물음에 답하시오.

> 에도 막부의 쇼군(장군)은 지방의 다이묘(영주)들에게 영지에 대한 지배권을 인정하는 대신, 다이묘들을 일정 기간 동안 에도에 와서 머무르게 하고, 그 가족들도 에도에 인질로 두게 하였다.

(1) 위에서 설명하는 제도의 명칭을 쓰시오.

_____

(2) (1)을 실시한 목적과 그 영향을 서술하시오.

_____

_____

_____

03 서아시아와 북아프리카 지역 질서의 변화

내공 1 서아시아에서 일어난 이슬람 왕조

1 셀주크 튀르크

이슬람 세계의 정치적 지배자를 뜻해.

성장	11세기경 중앙아시아의 유목 민족인 셀주크 튀르크가 성장 → 바그다드 정복, 아바스 왕조의 칼리프로부터 '술탄'의 칭호 획득 → 이슬람 세계의 실질적인 지배자가 됨
발전	• 영토 확장: 서아시아와 중앙아시아 일대까지 차지 • 문화 발전: 상업과 학문 장려 → 이슬람 문화 발달 • 십자군 전쟁 발발: 셀주크 튀르크가 예루살렘 장악, 비잔티움 제국 위협 → 유럽의 십자군과 전쟁 전개
멸망	십자군 전쟁으로 국력 약화 → 13세기 몽골의 침입으로 멸망

◀ 셀주크 튀르크의 영역 | 셀주크 튀르크가 비잔티움 제국을 위협하여 크리스트교 세계와 마찰을 빚었고 이로 인해 십자군 전쟁이 일어났다.

2 훌라구 울루스(일한국)

성립	13세기 중반 칭기즈 칸의 손자 훌라구가 아바스 왕조를 무너뜨리고 이란 지역에 건국
발전	이슬람교를 국교로 정하고 이슬람 문화를 발전시킴
멸망	내부 분열로 쇠퇴 → 티무르 왕조에 멸망

3 티무르 왕조

유럽과 중국을 잇는 동서 교역로에 위치하였어.

성립	14세기 후반 칭기즈 칸의 후예를 자처한 티무르가 몽골 제국의 부흥을 내세우며 건국
발전	• 영토 확장: 중앙아시아에서 서아시아에 이르는 제국 건설 • 교역 발달: 수도인 사마르칸트가 중계 무역으로 번영 • 문화 발전: 이슬람·페르시아·튀르크 문화가 융합하여 발달
멸망	티무르가 죽은 후 쇠퇴 → 우즈베크인에게 멸망

▲ 티무르 왕조의 영역   ▲ 사마르칸트의 레기스탄 광장

4 사파비 왕조

성립	16세기 초 이스마일 1세가 페르시아 제국의 부활을 내세우며 건국
	고대 페르시아 왕의 칭호인 '샤'를 사용하는 등 페르시아인(이란인)의 민족의식을 일깨웠어.
발전	• 종교·문화: 시아파 이슬람교가 국교, 이란·이슬람 문화 발전 • 영토 확장: 오늘날의 이란 전역 정복 • 경제: 중계 무역으로 번영, 수도인 이스파한 발전
멸망	내부 분열과 이민족의 잦은 침입으로 멸망

└ 아바스 1세 때 오스만 제국의 바그다드를 점령하는 등 전성기를 맞이하였어.

내공 2 오스만 제국의 이슬람 세계 지배

1 오스만 제국의 성립과 발전

(1) 건국: 셀주크 튀르크의 멸망 후 소아시아의 튀르크족을 오스만 세력이 통합하여 건국(1299)

(2) 발전

이로써 술탄은 이슬람 세계의 정치와 종교를 아우르는 지배자가 되었어.

① 메흐메트 2세(메메트 2세): 비잔티움 제국 정복, 콘스탄티노폴리스를 이스탄불로 개칭하고 수도로 삼음

② 셀림 1세: 이집트를 정복하여 이슬람 세계의 종교적 지배자인 칼리프의 칭호를 이어받음(술탄 칼리프 제도)

③ 술레이만 1세(전성기): 오스트리아의 수도 빈 공격, 헝가리 정복, 유럽의 연합 함대 격퇴(→ 지중해 해상권 장악)

(3) 쇠퇴: 술레이만 1세 사후 정치가 불안정해짐 → 17세기 이후 서양 세력의 침략으로 국력 약화

메흐메트 2세는 비잔티움 제국의 콘스탄티노폴리스(이스탄불)를 함락시키고 이곳을 수도로 삼았어. 이스탄불은 아시아와 유럽을 잇는 동서 교역의 중심지로 발전하였고, 이스탄불의 시장(바자르)에는 세계 각국의 상인이 모여들었지.

▲ 오스만 제국의 영역 | 16세기 오스만 제국은 아시아, 유럽, 아프리카 세 대륙에 걸친 광대한 영토를 지배하였다.

2 오스만 제국의 사회와 경제 교류

(1) 관용 정책: 넓은 영토를 효율적으로 다스리기 위해 다양한 민족의 문화와 종교 포용

밀레트 제도	이슬람교도가 아니어도 인두세(지즈야)를 내면 자치적인 공동체(밀레트)를 이루어 종교·언어·풍습 유지 가능
예니체리 양성	정복지의 크리스트교도 중 우수한 인재를 뽑아 이슬람교로 개종시키고 예니체리(술탄의 친위 부대)로 충당 → 오스만 제국의 정복 전쟁에서 활약

└ 능력에 따라 인재를 뽑는 데브시르메 제도를 통해 예니체리를 편성하였어.

(2) 경제 교류: 국제 무역 발달(동서 교역로 장악, 아라비아 및 유럽과 교역) → 커피·담배 등 세계 각 지역의 산물 유입, 이스탄불이 국제도시로 성장

└ 커피 문화를 유럽에 전파하였어.

3 오스만 제국의 문화

(1) 특징: 이슬람 문화를 바탕으로 페르시아, 비잔티움, 튀르크 문화가 융합된 문화 발달

오스만 제국을 대표하는 이슬람 사원으로 '블루 모스크'라고도 불려.

(2) 내용

건축	성 소피아 대성당을 이슬람 사원으로 사용, 술탄 아흐메트 사원 건립(오스만 양식과 비잔티움 양식의 조화)
미술	페르시아 문화의 영향으로 세밀화 유행, 아라베스크 무늬 발달
학문	천문학, 수학, 지리학 등 실용적인 학문 발달

내공 3 인도에서 발전한 이슬람 왕조

1 무굴 제국의 성립과 발전

(1) 배경: 8세기부터 이슬람 세력의 인도 침략 → 13세기에 인도에서 이슬람 왕조인 델리 술탄 왕조 수립

(2) 무굴 제국의 성립: 16세기 초 티무르의 후손 바부르가 인도 침입·델리 정복, 이슬람 왕조인 무굴 제국 건국

(3) 무굴 제국의 발전

> 아크바르 황제 자신도 힌두 세력이었던 라지푸트족의 공주들과 결혼하였어.

아크바르 황제	• 영토 확장과 제도 정비: 북인도에서 아프가니스탄에 이르는 대제국 건설, 행정 제도 정비 및 도로 건설 • 관용 정책: 힌두교도에게 거두던 인두세(지즈야) 폐지, 이슬람교 외의 다른 종교도 존중, 힌두교도도 군인과 관료로 등용
아우랑제브 황제	• 영토 확장: 남인도를 정복하여 무굴 제국의 최대 영토 차지 • 이슬람 제일주의: 비이슬람교도에게 다시 세금을 거둠, 힌두교와 시크교를 탄압함(→ 각지에서 반란 발생)

(4) 무굴 제국의 쇠퇴: 각지에서 반란이 일어나 분열, 17세기 이후 유럽 세력이 인도에 진출하면서 급속히 쇠퇴

◀ 무굴 제국의 영역 | 아크바르 황제는 북인도 전체와 아프가니스탄을 정복하였고, 아우랑제브 황제는 남인도를 정복하여 무굴 제국의 최대 영토를 차지하였다.

2 무굴 제국의 경제
수도 델리 등 도시 번성, 상공업 발달, 대외 교역 활발(인도양 무역 주도, 면직물 등 수출) → 17세기 이후 인도에 서양 세력이 침투하면서 경제가 크게 약화

3 무굴 제국의 문화

(1) 특징: 인도(힌두교) 고유의 문화와 이슬람 문화가 융합된 인도(힌두)·이슬람 문화 발전

(2) 내용

> 나나크가 창시한 종교로, 유일신을 섬기고 인간의 평등을 주장하였어.

종교	힌두교와 이슬람교를 절충한 시크교 발전
언어	페르시아어를 공용어로 함, 힌두어·페르시아어·아랍어가 혼합된 우르두어를 널리 사용
건축	인도(힌두)·이슬람 양식 발달 예 타지마할 건축
미술	페르시아의 세밀화와 인도 미술이 어우러진 무굴 회화 발달

> 돔형 지붕, 뾰족한 아치, 쿠란 구절은 이슬람 양식이고, 돔 옆의 작은 탑(차 도리), 연꽃 문양, 벽돌 장식은 인도 양식에 해당해.

▲ 타지마할 | 무굴 제국의 황제 샤자한이 황후 뭄타즈 마할의 넋을 기리기 위해 만든 건축물이다.

---

1 다음에서 설명하는 나라를 〈보기〉에서 골라 기호를 쓰시오.

> • 보기 •
> ㄱ. 사파비 왕조　　　ㄴ. 티무르 왕조
> ㄷ. 셀주크 튀르크　　ㄹ. 훌라구 울루스

(1) 훌라구가 이란 지역에 건국하였다. (　　　)

(2) 티무르가 몽골 제국의 부흥을 내세웠다. (　　　)

(3) 이스마일 1세가 페르시아 제국의 부활을 내세웠다. (　　　)

(4) 바그다드를 정복하고 아바스 왕조의 칼리프로부터 술탄의 칭호를 얻었다. (　　　)

2 각 나라의 수도를 옳게 연결하시오.

(1) 사파비 왕조 •　　　　　　　• ㉠ 이스탄불

(2) 오스만 제국 •　　　　　　　• ㉡ 이스파한

(3) 티무르 왕조 •　　　　　　　• ㉢ 사마르칸트

3 다음 빈칸에 들어갈 내용을 쓰시오.

(1) 오스만 제국의 술탄은 칼리프의 칭호까지 이어받아 (　　　　　)로 불리게 되었다.

(2) 오스만 제국의 전성기를 이끌었던 (　　　　　)는 헝가리를 정복하고, 유럽의 연합 함대를 무찔렀다.

4 오스만 제국에 대한 설명이 맞으면 ○표, 틀리면 ×표를 하시오.

(1) 술탄의 친위 부대인 예니체리를 육성하였다. (　　　)

(2) 이슬람 제일주의를 내세워 힌두교를 탄압하였다. (　　　)

(3) 인도 양식과 이슬람 양식이 융합된 타지마할을 건립하였다. (　　　)

(4) 비잔티움 제국을 멸망시키고 콘스탄티노폴리스를 차지하였다. (　　　)

5 다음 괄호 안의 내용 중 알맞은 말에 ○표를 하시오.

(1) 무굴 제국에서는 힌두교와 이슬람교를 절충한 (시크교, 티베트 불교)가 발전하였다.

(2) 무굴 제국은 대외 교역이 활발하게 이루어져 (대서양 무역, 인도양 무역)을 주도하였다.

(3) 무굴 제국의 (아크바르 황제, 아우랑제브 황제)는 다른 종교를 존중하는 관용 정책을 펼쳤다.

족집게 문제

중요 1 11세기경 지도의 영역을 차지한 나라에 대한 설명으로 옳지 않은 것은?

① 티무르 왕조에 멸망하였다.
② 중앙아시아의 튀르크계 유목 민족이 세웠다.
③ 아바스 왕조의 수도인 바그다드를 정복하였다.
④ 예루살렘을 정복하고 비잔티움 제국과 대립하였다.
⑤ 아바스 왕조의 칼리프로부터 술탄의 칭호를 얻었다.

2 ㉠에 들어갈 나라로 옳은 것은?

(㉠)은/는 서아시아에서 일어난 이슬람 왕조였어요.

(㉠)의 성립과 발전

• 13세기 중엽 칭기즈 칸의 손자가 이란 지역에 건국
• 몽골 제국의 일부였으나 이슬람교를 국교로 정하여 이슬람 문화를 발전시킴

① 무굴 제국　　　　② 오스만 제국
③ 티무르 왕조　　　　④ 셀주크 튀르크
⑤ 훌라구 울루스(일한국)

3 (가), (나)에 대한 설명으로 옳은 것을 〈보기〉에서 고른 것은?

(가) 사파비 왕조　　　　(나) 티무르 왕조

• 보기 •
ㄱ. (가) - 몽골 제국의 부흥의 내세웠다.
ㄴ. (가) - 시아파 이슬람교를 국교로 삼았다.
ㄷ. (나) - 군주에게 샤라는 칭호를 사용하였다.
ㄹ. (나) - 수도 사마르칸트가 중계 무역으로 번성하였다.

① ㄱ, ㄴ　　② ㄱ, ㄷ　　③ ㄴ, ㄷ
④ ㄴ, ㄹ　　⑤ ㄷ, ㄹ

4 (가) 나라에 대한 설명으로 옳지 않은 것은?

① 비잔티움 제국을 멸망시켰다.
② 술레이만 1세 때 전성기를 이루었다.
③ 술탄이 칼리프직까지 겸하게 되었다.
④ 유럽의 십자군과 전쟁을 벌여 국력이 약해졌다.
⑤ 콘스탄티노폴리스를 이스탄불로 고쳐 수도로 삼았다.

중요 5 다음 내용을 통해 알 수 있는 오스만 제국에 대한 사실로 가장 적절한 것은?

오스만 제국은 이슬람교도가 아니어도 인두세(지즈야)를 내면 자치적인 공동체를 이루어 자신들의 종교와 언어, 풍습을 유지할 수 있도록 하였다.

① 관용 정책을 실시하였다.
② 몽골인을 가장 우대하였다.
③ 한족의 전통을 회복하였다.
④ 이슬람 제일주의를 내세웠다.
⑤ 페르시아인의 민족의식을 일깨웠다.

주관식

6 ㉠에 들어갈 용어를 쓰시오.

사진은 (㉠)의 모습을 보여 준다. 오스만 제국은 정복지의 크리스트교 소년들을 이슬람교로 개종시킨 후 훈련과 교육을 받게 하여 술탄의 친위 부대인 (㉠)(으)로 충당하는 정책을 시행하였다.

7 (가)에 들어갈 내용으로 옳지 <u>않은</u> 것은?

오스만 제국의 문화

· 발전 배경: 넓은 영토 안에 여러 민족과 종교가 공존함
· 특징: 이슬람 문화를 바탕으로 페르시아, 비잔티움,
튀르크 문화가 융합된 문화 발달
· 사례: _____ (가)
---

① 세밀화가 유행하였다.
② 우르두어를 널리 사용하였다.
③ 아라베스크 무늬가 발달하였다.
④ 술탄 아흐메트 사원이 세워졌다.
⑤ 천문학, 수학, 지리학 등 실용적인 학문이 발전하였다.

내공 3 인도에서 발전한 이슬람 왕조

[8~9] 지도를 보고 물음에 답하시오.

8 (가), (나)에 해당하는 인물을 옳게 연결한 것은?

	(가)	(나)
①	바부르	아크바르 황제
②	아크바르 황제	바부르
③	아크바르 황제	아우랑제브 황제
④	아우랑제브 황제	티무르
⑤	아우랑제브 황제	아크바르 황제

⑤ 9 (나)에 해당하는 인물에 대한 설명으로 옳은 것은?

① 무굴 제국을 건국하였다.
② 힌두교도와 시크교도를 탄압하였다.
③ 힌두교도에게 관직과 군대를 개방하였다.
④ 힌두교도에게 거두던 인두세(지즈야)를 없앴다.
⑤ 인두세(지즈야)를 내면 종교의 자유를 허용하였다.

---

10 다음 건축물에 대한 설명으로 옳은 것은?

① 시크교도들의 사원이다.
② 아우랑제브 황제가 건설하였다.
③ 이슬람 양식인 돔형 지붕과 쿠란 구절을 사용하였다.
④ 페르시아 양식인 연꽃 문양과 벽돌 장식을 사용하였다.
⑤ 내부가 푸른색 타일로 장식되어 있어 블루 모스크라고도 불린다.

서술형 문제

11 다음을 읽고 물음에 답하시오.

오스만 제국은 (㉠) 때 전성기를 이루었다. 그러나 (㉠)이/가 죽은 후 오스만 제국은 정치가 불안정해졌고, 17세기 이후 국력이 점차 약해졌다.
---

(1) ㉠에 들어갈 인물을 쓰시오.

_____

(2) (1)의 정복 활동을 세 가지 서술하시오.

_____

_____

중요 12 ㉠의 사례를 종교, 언어, 건축, 미술 측면에서 각각 서술하시오.

무굴 제국에서는 인도 고유의 문화와 이슬람 문화가 융합된 ㉠ 인도(힌두)·이슬람 문화가 발전하였다.

_____

_____

04 신항로 개척과 유럽 지역 질서의 변화

내공 1 신항로 개척

1 새로운 항로의 개척

(1) 배경

① **동방에 대한 호기심 증대**: 마르코 폴로의 『동방견문록』이 유럽인의 호기심 자극
> 이슬람과 이탈리아 상인들이 지중해 무역을 통해 동방의 물품을 독점하였기 때문이야.

② **동방 산물에 대한 관심 증가**: 십자군 전쟁으로 동방 무역 활발 → 동방 산물(향료, 비단 등)이 유럽에 전래 → 유럽인이 동방과 직접 교역하기 위한 새로운 항로 모색

③ **과학 기술의 발달**: 지리학·천문학·선박 제작 기술의 발달, 먼 거리 항해에 나침반 이용
> 천문 관측 기구인 아스트롤라베와 삼각돛을 단 카라벨선(캐러벨선) 등을 만들었어.

(2) 전개: 포르투갈과 에스파냐 주도

① **바르톨로메우 디아스**: 아프리카 남단의 희망봉에 도착

② **콜럼버스**: 아메리카의 서인도 제도에 도착

③ **바스쿠 다 가마**: 희망봉을 거쳐 인도로 가는 항로 개척

④ **마젤란 함대**: 아메리카를 돌아 태평양을 가로질러 최초로 세계 일주에 성공

> 마젤란은 필리핀에서 원주민에게 살해되었으나 그의 일행이 항해를 계속하여 최초로 세계 일주에 성공하였어.

→ 바르톨로메우 디아스, 희망봉 발견(1488)　→ 콜럼버스, 아메리카 대륙 도착(1492)
→ 바스쿠 다 가마, 인도 항로 개척(1498)　→ 마젤란 일행, 세계 일주(1519~1522)
(『DK HISTORY』, 2007)

▲ **신항로 개척** | 포르투갈은 바르톨로메우 디아스와 바스쿠 다 가마를 후원하였고, 에스파냐는 콜럼버스와 마젤란을 후원하여 새 항로를 개척하였다.

2 신항로 개척 이후의 세계

(1) 무역의 확대

① **무역 중심지 이동**: 지중해에서 대서양으로 무역의 중심지 이동 → 지중해 주변 국가 쇠퇴, 대서양 연안 국가 번영

② **삼각 무역 발달**: 유럽, 아메리카, 아프리카를 잇는 형태의 무역 발전

> 신항로 개척 이후 아메리카의 은광에서 나온 은을 매개로 세계적인 교역망이 형성되었어.

▲ **삼각 무역** | 유럽인은 무기 등을 주고 아프리카 노예를 사서 아메리카로 보냈다. 그리고 노예가 생산한 은, 설탕 등을 유럽에 가져와 큰 이익을 남겼다.

(2) 유럽의 변화
> 유럽인은 물품의 대금으로 아메리카에서 가져온 은을 지불하였어.

① **새로운 작물 전래**: 아메리카 대륙에서 담배·감자·코코아·옥수수 등 전래, 동방에서 향료·차·면직물 등 유입

② **가격 혁명 발생**: 아메리카 대륙에서 많은 양의 금과 은이 유입되어 유럽의 물가가 크게 상승함

③ **상업 혁명 발생**: 상업과 제조업 발전, 근대적 기업 등장, 금융 제도 발달(교역 활동에 어음 사용 등) → 상공업자들이 자본 축적, 근대 자본주의의 발달에 영향을 줌
> 교역망이 확대되었기 때문이야.

3 아메리카와 아프리카의 변화

(1) 아메리카 대륙

① **토착 문명 발달**: 아스테카 문명(멕시코고원에 위치, 피라미드형 신전 건축, 그림 문자·달력 사용), 잉카 문명(안데스고원에 위치, 계단식 밭·관개 수로 이용) 발달

② **신항로 개척 후 아메리카의 변화**
> 포토시 은광 등에서 원주민이 가혹한 노동에 시달렸어.

토착 문명 파괴	에스파냐의 코르테스가 아스테카 제국 정복, 에스파냐의 피사로가 잉카 제국 정복
원주민의 생활 변화	유럽인이 아메리카의 원주민을 동원하여 금·은 채굴, 사탕수수·담배 등 플랜테이션 농장 경영 → 고된 노동과 전염병(천연두, 홍역) 등으로 원주민 인구 크게 감소

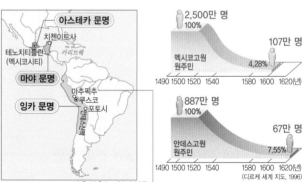

▲ **아메리카 문명** | 마추픽추는 잉카인들의 뛰어난 건축 기술을 보여 주는 유적이야.
▲ **아메리카 원주민 수의 감소**

(2) 아프리카의 변화: 아메리카의 원주민 인구 감소 → 유럽인이 아메리카의 광산 개발과 대농장 경영을 위해 아프리카 원주민을 노예로 동원(노예 무역) → 아프리카의 인구 감소, 남녀 성비 불균형, 부족 간 갈등 심화
> 유럽의 노예 상인들이 아프리카 흑인을 노예로 사들여 아메리카에 끌고 갔어.

내공 2 절대 왕정

1 절대 왕정의 성립
16~18세기 유럽에서 중앙 집권적인 통일 국가 등장 → 국왕이 강력한 권한 행사

(1) 절대 왕정의 기반
> 왕권을 정당화하였어.

① **왕권신수설**: 왕권은 신이 내려준 것이라고 주장

② **관료제**: 관료가 국왕의 명령을 효율적으로 시행

③ **상비군**: 국왕이 언제든 동원할 수 있는 군대

④ 중상주의 정책 – 국가가 경제 활동을 간섭하고 통제하였다.

| 목적 | 관료제와 상비군 유지에 필요한 비용 마련, 국가의 부 증대 |
| 내용 | 많은 양의 금과 은을 확보하는 것을 핵심으로 함, 국가가 수출 장려(국내 산업 보호·육성) 및 완성품의 수입 억제(관세 부과), 해외 팽창과 식민지 건설 지원(→ 시장과 원료 확보) |

(2) 절대 왕정의 지지 세력: 상공 시민 계층(절대 군주에게 재정적 지원을 하는 대신에 상공업 활동을 보호받으며 성장)

▲ 절대 왕정의 구조

▲ 중상주의 경제 정책

2 서유럽의 절대 왕정(16세기 이후) 국왕이 귀족과 성직자들의 권한 장악, 시민 계층을 국왕의 지지 기반으로 만듦

에스파냐	펠리페 2세: 유럽에서 가장 먼저 절대 왕정 확립, 아메리카에서 들어온 금·은을 바탕으로 국력 확대. 무적함대로 대서양 무역의 주도권 장악
영국	엘리자베스 1세: 에스파냐의 무적함대 격파(→ 해상권 장악), 국내 산업 육성(모직물 공업), 동인도 회사 설립(→ 인도 등 아시아 진출), 영국 국교회 확립
프랑스	루이 14세: 콜베르를 등용하여 강력한 중상주의 정책 추진, '태양왕' 자처, 베르사유 궁전 건설

└ 화려하고 웅장한 바로크 양식으로 만들어졌다.

3 동유럽의 절대 왕정(17세기 이후) 도시와 상공업 발달 지연, 시민 계층의 성장 부진 → 18세기에는 계몽사상의 영향을 받은 군주가 개혁 주도, 왕권 강화
└ 절대 군주는 시민 세력보다 봉건 귀족 세력에 의존하였어.

| 러시아 | 표트르 대제: 서유럽의 문화와 제도 적극 수용, 스웨덴과의 전쟁에서 승리(→ 발트해 확보), 상트페테르부르크를 건설하여 수도로 삼음 |
└ 서구화 정책의 하나로 귀족의 상징인 긴 수염을 자르라고 명령하기도 하였다.
| 프로이센 | 프리드리히 2세: '국가 제일의 심부름꾼'이라 하며 계몽 군주 자처, 오스트리아와의 전쟁으로 슐레지엔 지방 차지, 산업 장려, 상수시 궁전 건설 |
| 오스트리아 | 마리아 테레지아: 중앙 집권화 추진, 근대 산업 육성 노력, 교육 제도 개선을 위한 개혁 추진 |

└ 베르사유 궁전을 모방하여 건설한 로코코 양식의 건축물이야.

4 17~18세기 유럽의 문화

(1) 과학 혁명: 뉴턴의 만유인력의 법칙 발견(우주의 원리를 수학적으로 설명) 등 → 과학적 사고방식 확립에 기여

(2) 철학
└ 인간이 사회와 계약을 맺었기 때문에 정부가 이를 어길 경우 국민은 저항할 권리가 있다고 주장하였다.

| 17세기 | • 데카르트: 인간의 이성 강조 → 근대 철학의 기초 마련
• 로크: 사회 계약설 주장 |
| 18세기 | 계몽사상 등장: 인간의 이성에 의한 진보를 믿음, 볼테르·몽테스키외·루소 등이 무지와 미신 타파 및 불합리한 제도와 전통의 개혁 주장 |

└ 이들의 주장은 미국 혁명과 프랑스 혁명의 사상적 기반이 되었어.

(3) 예술: 바로크 양식(17세기), 로코코 양식(18세기) 유행

1 다음 빈칸에 들어갈 내용을 쓰시오.

(1) ( )는 아메리카의 서인도 제도에 도착하였다.

(2) ( )의 함대는 태평양을 가로질러 최초로 세계 일주에 성공하였다.

(3) 마르코 폴로가 저술한 ( )은 동방에 대한 유럽인의 호기심을 자극하였다.

2 다음 괄호 안의 내용 중 알맞은 말에 ○표를 하시오.

(1) 신항로 개척 이후 (대서양, 지중해)이/가 무역의 중심지로 떠올랐다.

(2) 유럽에서 아메리카로부터 많은 양의 금과 은이 들어와 물가가 오르는 (가격 혁명, 상업 혁명)이 일어났다.

3 다음 설명이 맞으면 ○표, 틀리면 ✕표를 하시오.

(1) 유럽인은 아메리카를 식민지로 삼고 플랜테이션 농장을 경영하였다. ( )

(2) 잉카 제국은 에스파냐의 코르테스가 이끄는 병사들에게 정복당하였다. ( )

(3) 유럽인은 아메리카에서 노동력이 부족해지자 아프리카의 노예를 아메리카로 데려갔다. ( )

4 ( )은 16~18세기 유럽에서 중앙 집권적인 통일 국가가 등장하면서 국왕이 강력한 권한을 행사한 정치 체제이다.

5 다음에서 설명하는 인물을 〈보기〉에서 골라 기호를 쓰시오.

| 보기 |
ㄱ. 루이 14세	ㄴ. 펠리페 2세
ㄷ. 표트르 대제	ㄹ. 엘리자베스 1세
ㅁ. 프리드리히 2세	

(1) 태양왕을 자처하였고 베르사유 궁전을 건설하였다. ( )

(2) 계몽 군주를 자처하였고 상수시 궁전을 건설하였다. ( )

(3) 무적함대를 만들어 대서양 무역의 주도권을 장악하였다. ( )

(4) 에스파냐의 무적함대를 물리쳤고, 해외 시장을 적극적으로 개척하였다. ( )

(5) 서유럽의 문화와 제도를 적극 수용하였고 상트페테르부르크를 건설하였다. ( )

족집게 문제

내공 1 신항로 개척

[1~3] 지도를 보고 물음에 답하시오.

1 (가)~(다) 항로에 대한 설명으로 옳지 <u>않은</u> 것은?

① (가) – 바르톨로메우 디아스가 처음 발견하였다.
② (나) – 인도로 가는 새로운 항로로 개척되었다.
③ (다) – 태평양을 가로지른 최초의 세계 일주 항로이다.
④ (가), (다) – 에스파냐 국왕의 지원을 받아 개척되었다.
⑤ (가)~(다) – 유럽인이 동방과 직접 교역할 항로를 찾는 과정에서 개척되었다.

중요 2 위 지도와 같은 항로가 개척된 배경으로 옳지 <u>않은</u> 것은?

① 나침반을 이용한 항해술이 발달하였다.
② 동방에 대한 유럽인의 호기심이 커졌다.
③ 지리학, 천문학, 선박 제작 기술이 발전하였다.
④ 상업 혁명이 일어나 근대적 기업이 등장하였다.
⑤ 십자군 전쟁을 계기로 동방 무역이 활발해졌다.

3 위 지도의 항로 개척을 주도한 국가로 옳은 것은 〈보기〉에서 고른 것은?

● 보기 ●
ㄱ. 네덜란드   ㄴ. 에스파냐
ㄷ. 이탈리아   ㄹ. 포르투갈

① ㄱ, ㄴ   ② ㄱ, ㄷ   ③ ㄴ, ㄷ
④ ㄴ, ㄹ   ⑤ ㄷ, ㄹ

4 지도의 (가) 무역에 대한 설명으로 적절하지 <u>않은</u> 것은?

① 신항로 개척의 영향으로 발달하였다.
② 유럽 상인들에게 막대한 이익을 주었다.
③ 대서양이 무역의 중심지가 되면서 발전하였다.
④ 유럽, 아메리카, 아프리카를 잇는 형태의 무역이다.
⑤ 금을 매개로 세계적인 교역망이 형성되는 결과를 가져왔다.

중요 5 신항로 개척 이후 유럽의 변화로 옳지 <u>않은</u> 것은?

① 가격 혁명이 발생하였다.
② 상업과 제조업이 발전하였다.
③ 지중해 연안의 국가들이 번영하였다.
④ 동방에서 향료, 차, 면직물 등이 들어왔다.
⑤ 아메리카로부터 담배, 감자, 옥수수 등이 전래되었다.

6 (가), (나)에 해당하는 문명에 대한 설명으로 옳은 것은?

① (가) – 대표적인 유적지로 마추픽추가 있다.
② (가) – 계단식 밭과 관개 수로를 이용하였다.
③ (나) – 멕시코고원에 위치하였다.
④ (나) – 피라미드형 신전을 건축하였다.
⑤ (가), (나) – 에스파냐인에게 파괴되었다.

7 밑줄 친 부분에 해당하는 사실로 인해 아프리카에서 나타난 변화로 옳은 것을 〈보기〉에서 고른 것은?

사진은 끌려가는 아프리카 노예들의 모습이다. 아메리카 대륙의 광산 개발과 대농장 경영에 필요한 노동력을 얻기 위해 <u>유럽인들은 아프리카의 흑인을 노예로 사들여 아메리카에 끌고 갔다.</u>

• 보기 •

ㄱ. 물가가 크게 상승하였다.
ㄴ. 잉카 문명이 파괴되었다.
ㄷ. 남녀 성 비율이 불균형해졌다.
ㄹ. 부족 간의 갈등이 심화되었다.

① ㄱ, ㄴ ② ㄱ, ㄷ ③ ㄴ, ㄷ
④ ㄴ, ㄹ ⑤ ㄷ, ㄹ

내공 2 절대 왕정

[8~9] 그림은 절대 왕정의 구조를 나타낸 것이다. 이를 보고 물음에 답하시오.

주관식

8 (가), (나)에 들어갈 내용을 각각 쓰시오.

중요 **9** 위 그림의 정치 구조에 대한 설명으로 옳지 <u>않은</u> 것은?

① 국왕이 강력한 권한을 행사하였다.
② 16~18세기 유럽에서 나타난 정치 체제이다.
③ (가)를 내세움으로써 국왕의 권력을 정당화하였다.
④ (나)를 통해 개인의 자유로운 경제 활동을 강조하였다.
⑤ 관료제와 상비군을 유지하기 위해서 (나)를 실시하였다.

---

10 ㉠에 들어갈 내용으로 옳은 것은?

절대 왕정 시대에 절대 군주는 (㉠)의 상공업 활동을 보호해 주는 대신 이들로부터 국가 운영에 필요한 재정을 지원받았다. 이로써 더욱 성장할 수 있었던 (㉠)은/는 근대 시민 사회 형성의 바탕이 되었다.

① 교황 ② 기사
③ 영주 ④ 봉건 귀족
⑤ 상공 시민 계층

11 다음에서 설명하는 절대 군주로 옳은 것은?

유럽에서 가장 먼저 절대 왕정을 확립하였고, 아메리카에서 들어오는 금과 은을 바탕으로 신대륙과 지중해, 네덜란드 등을 아우르는 대제국을 세웠다.

① 루이 14세
② 펠리페 2세
③ 표트르 대제
④ 프리드리히 2세
⑤ 마리아 테레지아

중요 **12** 엘리자베스 1세에 대한 설명으로 옳지 <u>않은</u> 것은?

① 무적함대를 격파하였다.
② 동인도 회사를 설립하였다.
③ 모직물 공업을 육성하였다.
④ 영국 국교회를 확립하였다.
⑤ 베르사유 궁전을 건립하였다.

13 ㉠~㉤의 내용 중에 적절하지 <u>않은</u> 것은?

16세기경 동유럽은 ㉠ 도시와 상공업의 발달이 미약하였고, ㉡ 상공 시민 계층이 성장하지 못하였다. 그리하여 동유럽의 절대 왕정은 ㉢ 서유럽보다 늦은 17세기 이후에 성립하였다. 동유럽에서는 ㉣ 러시아, 프로이센 등에서 계몽 군주들이 등장하였으며, ㉤ 국왕이 귀족과 성직자들의 권한을 장악하였다.

① ㉠ ② ㉡ ③ ㉢ ④ ㉣ ⑤ ㉤

14 밑줄 친 '그'에 대한 설명으로 옳은 것은?

> 그는 계몽사상의 영향을 받아 '국가 제일의 심부름꾼'을 자처하였으며, 상수시 궁전을 건설하였다.

① 무적함대를 물리쳐 해상권을 장악하였다.
② 스웨덴과 전쟁을 벌여 발트해를 확보하였다.
③ 콜베르를 등용하여 강력한 중상주의 정책을 펼쳤다.
④ 오스트리아와 전쟁을 벌여 슐레지엔 지방을 차지하였다.
⑤ 서구화 정책을 추진하여 귀족의 상징인 긴 수염을 자르라고 명령하였다.

15 (가)에 들어갈 내용으로 가장 적절한 것은?

> **역사 탐구 보고서**
> • 주제: _____(가)_____
> • 사례: 뉴턴이 만유인력의 법칙을 발견하고 우주가 움직이는 법칙을 수학적으로 설명하였다.
> • 영향
> – 자연 현상을 신의 섭리가 아닌 법칙에 따라 움직이는 것으로 이해하게 되었다.
> – 세상을 합리적으로 바라보는 과학적 사고방식을 확립하게 되었다.

① 신항로의 개척
② 유럽의 과학 혁명
③ 유럽의 절대 왕정
④ 영국 국교회의 확립
⑤ 이탈리아의 르네상스

16 계몽사상에 대한 설명으로 옳은 것을 〈보기〉에서 고른 것은?

> **• 보기 •**
> ㄱ. 근대 철학을 토대로 발전하였다.
> ㄴ. 미국 혁명과 프랑스 혁명의 영향을 받았다.
> ㄷ. 불합리한 제도와 전통의 개혁을 주장하였다.
> ㄹ. 토마스 아퀴나스가 신앙과 이성의 조화를 강조하였다.

① ㄱ, ㄴ ② ㄱ, ㄷ ③ ㄴ, ㄷ
④ ㄴ, ㄹ ⑤ ㄷ, ㄹ

서술형 문제

17 다음을 보고 물음에 답하시오.

> 1492년의 신항로 개척은 그의 개척 정신과 탐험 정신으로 이루어 낸 거야.
>
> (가) 그의 발견은 인류 역사상 가장 큰 학살을 초래한 사건이야.

(1) 밑줄 친 '그'에 해당하는 인물을 쓰시오.

(2) (가)의 입장을 뒷받침하는 근거를 아메리카의 변화를 중심으로 두 가지 서술하시오.

_____

_____

_____

18 (가)에 해당하는 무역 형태를 쓰고, ㉠이 아메리카로 이동하게 된 배경을 서술하시오.

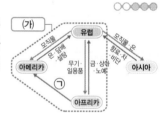

_____

_____

19 그림에 나타난 절대 왕정의 경제 정책을 쓰고, 그 특징을 세 가지 서술하시오.

_____

_____

_____

시험 하루 전!! 끝내주는~

내공 점검

01 역사의 의미와 역사 학습의 목적
~ 세계의 선사 문화와 고대 문명

1 다음 자료에 대한 학생들의 대화 내용으로 적절하지 <u>않은</u> 것은?

> • 진의 시황제는 나라를 하나로 합치고, 흉노의 침입을 막아 내었으며 중국의 기틀을 다졌다. ― 「사기」
> • 진의 시황제는 무리한 토목건축으로 재정을 낭비하여 나라를 위태롭게 하였다. ― 「자치통감」

① 기록으로서의 역사를 나타내.
② 역사가의 관점과 해석이 담겨 있어.
③ 역사가가 과거에 일어난 사실을 객관적으로 서술한 거야.
④ 역사가의 가치관에 따라 역사 서술이 달라질 수 있다는 것을 보여 줘.
⑤ 역사가가 과거 사실 중에서 의미 있다고 판단한 것을 선택해서 기록한 거야.

2 역사의 연구 방법에 대한 설명으로 적절하지 <u>않은</u> 것은?

① 사료를 토대로 과거의 사실을 밝혀낸다.
② 선사 시대에 대한 연구는 유물과 유적을 활용한다.
③ 믿을 만한 사료와 그렇지 않은 사료를 구분해야 한다.
④ 역사가는 사료의 의미를 정확히 해석한 후 역사를 서술해야 한다.
⑤ 역사를 기록하는 과정에서 역사적 상상력은 완전히 배제되어야 한다.

3 다음 중 구석기 시대의 유물과 유적만을 〈보기〉에서 있는 대로 고른 것은?

> • 보기 •
> ㄱ. 긁개   ㄴ. 토기
> ㄷ. 주먹도끼   ㄹ. 갈판과 갈돌
> ㅁ. 라스코 동굴 벽화 ㅂ. 빌렌도르프의 비너스

① ㄱ, ㄴ, ㄷ
② ㄴ, ㄷ, ㅁ
③ ㄱ, ㄷ, ㄹ, ㅂ
④ ㄱ, ㄷ, ㅁ, ㅂ
⑤ ㄴ, ㄹ, ㅁ, ㅂ

4 밑줄 친 '이 시대' 사람들의 생활 모습에 대한 설명으로 옳지 <u>않은</u> 것은?

> 사진은 타실리나제르 벽화이다. 여기에는 인류가 씨를 뿌리는 모습과 가축을 기르는 모습이 그려져 있다. 이를 통해 <u>이 시대</u>에 농경과 목축이 시작되었음을 짐작할 수 있다.

① 간석기를 사용하였다.
② 토기를 만들어 곡식을 저장하였다.
③ 동굴이나 막집에서 주로 생활하였다.
④ 특정 동물이나 영혼을 숭배하기도 하였다.
⑤ 가락바퀴와 뼈바늘을 이용하여 옷을 만들었다.

5 ㉠에 대한 설명으로 옳은 것은?

> 고대 문명 탐방   (㉠)문명 편
>
>
>
> ▲ 스핑크스와 피라미드   ▲ 토지를 측량하는 사람들
> 신화 속 동물인 스핑크스는 파라오의 무덤인 피라미드를 지키는 역할을 맡았다.   나일강의 주기적인 범람 이후 땅의 경계를 다시 측량하는 과정이 필요하였다.

① 유일신을 믿는 유대교를 창시하였다.
② 현세를 중시하는 종교관이 발달하였다.
③ 알파벳의 기원이 된 표음 문자를 사용하였다.
④ 폐쇄적인 지형으로 인해 이민족의 침략을 적게 받았다.
⑤ 거북의 배딱지나 동물의 뼈에 왕이 점을 친 내용을 기록하였다.

6 ㉠에 들어갈 문명으로 옳은 것은?

오늘의 학습 주제는 (㉠)이에요.

- 성립: 기원전 2500년경 하라파, 모헨조다로 등에서 도시 문명 발생
- 특징: 청동기와 그림 문자 사용
- 변화: 기원전 1500년경 아리아인의 남하 시작 → 브라만교, 카스트제 성립

① 인도 문명
② 중국 문명
③ 이집트 문명
④ 크레타 문명
⑤ 메소포타미아 문명

7 중국의 주 왕조에 대한 설명으로 옳은 것을 〈보기〉에서 고른 것은?

● 보기 ●
ㄱ. 경전인 베다를 완성하였다.
ㄴ. 우르, 라가시 등 도시 국가를 세웠다.
ㄷ. 혈연관계에 기초한 봉건제를 실시하였다.
ㄹ. 상을 무너뜨리고 황허강 유역을 차지하였다.

① ㄱ, ㄴ   ② ㄱ, ㄷ   ③ ㄴ, ㄷ
④ ㄴ, ㄹ   ⑤ ㄷ, ㄹ

02 고대 제국들의 특성과 주변 세계의 성장 (1)

8 (가), (나) 국가에 대한 설명으로 옳은 것은?

(가) 아시리아   (나) 아케메네스 왕조 페르시아

① (가) – 왕의 길을 건설하였다.
② (가) – 다리우스 1세 때 전성기를 맞았다.
③ (나) – 이슬람 세력의 침입으로 멸망하였다.
④ (나) – 감찰관을 파견하여 총독을 감시하였다.
⑤ (가), (나) – 피정복민에게 관용 정책을 펼쳤다.

9 다음 자료를 활용한 탐구 주제로 가장 적절한 것은?

나는 키루스, 세계의 왕, 위대한 왕, 정정당당한 왕, 사방의 왕이며 …… 바빌론 거주민에 대하여는 …… 넘겨받았던 도시들을 돌려주었다. …… 이전의 원주민(유대인)을 모아서 그들의 원래 땅으로 돌려보냈다. …… 아후라 마즈다의 뜻에 따라 말하니 살아 있는 한 너희의 전통과 종교를 존중하겠다.

– 키루스 2세의 원통형 인장 내용

① 로마 시민권의 확대
② 아시리아의 멸망 원인
③ 유대교의 성립과 확산
④ 알렉산드로스 제국의 형성
⑤ 아케메네스 왕조 페르시아의 관용 정책

10 다음은 고대 서아시아의 발전 과정에서 있었던 사실이다. 이를 일어난 순서대로 옳게 나열한 것은?

(가) 파르티아가 건국되었다.
(나) 사산 왕조 페르시아가 멸망하였다.
(다) 아시리아가 서아시아 세계를 최초로 통일하였다.
(라) 아케메네스 왕조 페르시아가 그리스와의 전쟁에서 패배하였다.

① (가) – (다) – (나) – (라)
② (가) – (다) – (라) – (나)
③ (나) – (다) – (라) – (가)
④ (다) – (가) – (라) – (나)
⑤ (다) – (라) – (가) – (나)

11 ㉠에 들어갈 국가로 옳은 것은?

사진은 (㉠)의 대표적인 유물인 날개 달린 사자 장식 뿔잔이다. (㉠)의 공예품은 사자, 새 등의 동물 모양을 새겨 넣은 것이 특징이며, 특히 사자는 왕의 권위를 상징한다.

① 로마   ② 그리스
③ 이집트   ④ 페르시아
⑤ 알렉산드로스 제국

12 지도에 해당하는 시기에 있었던 사실로 옳지 <u>않은</u> 것은?

① 철기가 보급되었다.
② 다양한 화폐가 사용되었다.
③ 호족이 대토지를 소유하였다.
④ 소를 이용한 농경이 이루어졌다.
⑤ 제후국 간의 경쟁으로 정치가 혼란하였다.

[13~14] 다음을 읽고 물음에 답하시오.

> 인간은 이기적이며 간사한 지혜로 차 있기 때문에 믿을 수 없습니다. 엄격한 법과 강력한 처벌로 사회 질서를 바로잡아야 합니다.

13 위와 같은 주장을 한 제자백가의 사상가로 옳은 것은?

① 공자 　② 노자 　③ 맹자
④ 묵자 　⑤ 한비자

14 위와 같은 주장을 바탕으로 하여 중국을 최초로 통일한 국가는?

① 상 　② 주 　③ 진 　④ 초 　⑤ 한

15 (가), (나) 인물에 대한 설명으로 옳은 것은?

> (가) 진의 시황제
> (나) 아케메네스 왕조 페르시아의 다리우스 1세

① (가) – 군현제를 실시하였다.
② (가) – 흉노와 고조선을 정복하였다.
③ (나) – 파르티아를 멸망시켰다.
④ (나) – 알렉산드리아라는 도시를 세웠다.
⑤ (가), (나) – 화폐와 도량형을 통일하였다.

16 밑줄 친 '황제'에 대한 설명으로 옳은 것을 〈보기〉에서 고른 것은?

사진은 장건이 서역으로 떠나기 전에 한의 황제에게 인사하는 모습을 그린 벽화이다. 황제는 흉노를 공격하기 위해 대월지와 군사 동맹을 맺고자 하였다.

● 보기 ●
ㄱ. 봉건제를 실시하였다.
ㄴ. 유교를 통치 이념으로 채택하였다.
ㄷ. 소금과 철의 전매 제도를 시행하였다.
ㄹ. 분서갱유를 일으켜 사상을 탄압하였다.

① ㄱ, ㄴ　　② ㄱ, ㄷ　　③ ㄴ, ㄷ
④ ㄴ, ㄹ　　⑤ ㄷ, ㄹ

17 ㉠~㉤에 들어갈 내용으로 옳지 <u>않은</u> 것은?

> 한대에는 (㉠) 세력이 등장하여 대토지를 소유하였다. 태학에 (㉡)을/를 두어 유학을 가르쳤으며, 유교 경전을 정리·연구하는 (㉢)이/가 발달하였다. (㉣)이/가 편찬한 『사기』는 중국 역사 서술의 모범이 되었고, (㉤)은/는 종이 제작법을 개량하여 학문과 문화의 확산에 기여하였다.

① ㉠ – 호족
② ㉡ – 오경박사
③ ㉢ – 훈고학
④ ㉣ – 반고
⑤ ㉤ – 채륜

03 고대 제국들의 특성과 주변 세계의 성장(2)

18 다음 내용에 해당하는 시기의 아테네에 대한 설명으로 옳지 <u>않은</u> 것은?

> 기원전 5세기 중엽 아테네는 민주 정치의 황금기를 맞이하였다.

① 관리를 추첨으로 선발하였다.
② 민회가 실질적인 입법권을 가졌다.
③ 공직자와 배심원에게 수당을 지급하였다.
④ 여성, 노예, 외국인에게는 참정권을 주지 않았다.
⑤ 시민 대표가 정치를 하는 간접 민주 정치가 이루어졌다.

19 밑줄 친 '전쟁'의 결과로 가장 적절한 것은?

> **역사 신문**
>
> **그리스 연합군, 페르시아를 격파하다**
>
> 드디어 이번 <u>전쟁</u>이 그리스의 승리로 마무리되는 분위기이다. 그리스군은 지난 마라톤 전투에서의 승리에 이어 이번에는 살라미스에서 페르시아 해군을 크게 격파하였다. 그리스의 여러 폴리스들은 승리의 기쁨을 마음껏 누리고 있다.

① 헬레니즘 세계가 형성되었다.
② 개인주의와 세계 시민주의가 확산되었다.
③ 스파르타가 그리스의 패권을 차지하였다.
④ 폴리스들이 오랜 전쟁으로 인해 쇠퇴하였다.
⑤ 아테네를 중심으로 델로스 동맹이 결성되었다.

20 (가) 문화를 대표하는 문화유산으로 적절한 것은?

> 알렉산드로스는 동방 원정을 통해 유럽, 서아시아, 아프리카에 걸친 대제국을 건설하였다. 알렉산드로스의 동방 원정 과정에서 (가) <u>그리스 문화와 동방의 문화가 융합된 새로운 문화</u>가 형성되었다.

①
②
③
④
⑤

[21~22] 다음은 로마 제국에서 있었던 사실을 다룬 연표이다. 이를 보고 물음에 답하시오.

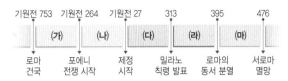

기원전 753	기원전 264	기원전 27	313	395	476
(가)	(나)	(다)	(라)	(마)	
로마 건국	포에니 전쟁 시작	제정 시작	밀라노 칙령 발표	로마의 동서 분열	서로마 멸망

21 다음 연설이 발표된 시기를 연표에서 옳게 고른 것은?

> 조국을 위해 싸우고 죽어 가는 로마 시민에게 남은 것은 햇볕과 공기밖에 없다. 집도 없고 땅도 없이 처자식을 데리고 떠돌고 있다. …… 한 뼘의 땅도 갖지 못하고 있다.
> – 플루타르코스, 「영웅전」

① (가)　② (나)　③ (다)　④ (라)　⑤ (마)

22 (가)~(마) 시기 로마의 상황에 대한 설명으로 옳지 <u>않은</u> 것은?

① (가) – 평민회가 만들어졌다.
② (나) – 카이사르가 집권하였다.
③ (다) – 로마의 평화 시대가 전개되었다.
④ (라) – 제국을 넷으로 나누어 다스리기 시작하였다.
⑤ (마) – 게르만족이 서로마 제국에 침입하였다.

23 다음 유적들을 남긴 나라의 문화적 특징으로 가장 적절한 것은?

▲ 수도교

▲ 아피아 가도

① 개방적인 문화　② 실용적인 문화
③ 폐쇄적인 문화　④ 개인주의적인 문화
⑤ 인간 중심적인 문화

24 로마의 콘스탄티누스 대제에 대한 설명으로 옳은 것은?

① 크리스트교를 국교로 인정하였다.
② 로마법을 집대성한 법전을 편찬하였다.
③ 수도를 콘스탄티노폴리스(비잔티움)로 옮겼다.
④ 제국을 네 부분으로 나누어 통치하도록 하였다.
⑤ 라티푼디움의 확산을 막기 위한 개혁을 추진하였다.

01 역사의 의미와 역사 학습의 목적 ~ 세계의 선사 문화와 고대 문명

1 (가)에 해당하는 역사 서술로 옳은 것을 〈보기〉에서 고른 것은?

> 역사는 (가) '과거에 일어난 사실'과 '과거에 일어난 사실에 대한 기록'이라는 두 가지 의미를 가지고 있다.

• 보기 •
ㄱ. 세종이 훈민정음을 창제하였다.
ㄴ. 사마천이 저술한 사기는 중국 역사 서술의 모범이 되었다.
ㄷ. 신라가 백제와 고구려를 멸망시키고 삼국을 통일하였다.
ㄹ. 영국의 지배 방식에 대한 인도인의 불만은 세포이의 항쟁으로 폭발하였다.

① ㄱ, ㄴ   ② ㄱ, ㄷ   ③ ㄴ, ㄷ
④ ㄴ, ㄹ   ⑤ ㄷ, ㄹ

2 역사를 배우는 이유로 적절하지 않은 것은?

① 현재를 바르게 이해할 수 있다.
② 삶의 지혜와 교훈을 얻을 수 있다.
③ 역사적 사고력과 비판력을 기를 수 있다.
④ 세계사와 한국사의 관련성을 파악할 수 있다.
⑤ 우리 민족의 역사가 다른 민족의 역사보다 우월하다는 사실을 알 수 있다.

3 (가)~(라)에 대한 설명으로 옳은 것은?

> (가) 호모 사피엔스
> (나) 호모 에렉투스
> (다) 호모 네안데르탈렌시스
> (라) 오스트랄로피테쿠스 아파렌시스

① (가) - 처음으로 직립 보행을 하였다.
② (나) - 동굴에 벽화를 남겼다.
③ (다) - 시체를 매장하는 풍습을 가지고 있었다.
④ (라) - 베이징과 자와에서 화석이 발견되었다.
⑤ (라) - (가) - (나) - (다)의 순서로 진화하였다.

4 (가), (나) 유물을 사용한 시기를 비교한 내용으로 옳은 것은?

(가)    (나)

구분		(가)	(나)
①	도구	간석기	뗀석기
②	경제	사냥, 채집	농경과 목축
③	생활	정착 생활	이동 생활
④	주거	바닷가나 강가의 움집	동굴, 바위 그늘, 막집
⑤	사회	평등 사회	계급 사회

[5~6] 지도는 고대 문명의 발생지를 나타낸다. 이를 보고 물음에 답하시오.

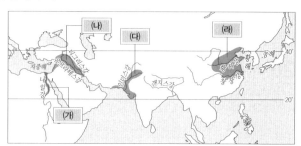

5 (가)~(라) 지역에서 발생한 문명에 대한 설명으로 옳은 것은?

① (가) - 파라오가 절대적인 권력을 누렸다.
② (나) - 하라파와 모헨조다로가 건설되었다.
③ (다) - 혈연관계에 기반을 둔 봉건제가 실시되었다.
④ (라) - 엄격한 신분 제도인 카스트제가 만들어졌다.
⑤ (가)~(라) - 철기 문화를 바탕으로 문명이 형성되었다.

6 다음에서 설명하는 문명이 발생한 지역을 위 지도에서 찾아 기호를 쓰시오.

> • 수메르인이 인류 최초로 일으킨 문명이다.
> • 지구라트를 건설하고 태음력과 60진법을 사용하였다.

7 밑줄 친 '이 나라'가 남긴 문화유산으로 옳은 것은?

> 이 나라는 중국 기록상 최초의 나라인 하 왕조를 정복하고, 기원전 1600년경 황허강 유역에서 성립하였다.

①

②

③

④

⑤

02 **고대 제국들의 특성과 주변 세계의 성장(1)**

8 (가) 국가에 대한 설명으로 옳은 것은?

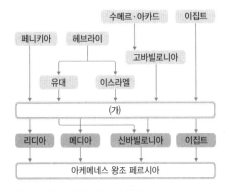

① 브라만교를 창시하였다.
② 갑골 문자를 사용하였다.
③ 피정복민을 가혹하게 통치하였다.
④ 비잔티움 제국과 잦은 전쟁을 벌였다.
⑤ 각 지역에 왕의 눈이라고 불리는 감찰관을 파견하였다.

9 밑줄 친 '왕'이 추진한 정책으로 옳은 것을 〈보기〉에서 고른 것은?

 사진은 아케메네스 왕조 페르시아의 왕이 공물을 받는 모습을 새긴 부조이다. 왕은 이집트에서 인더스강에 이르는 영토를 확보하였다.

> • 보기 •
> ㄱ. 왕의 길을 건설하였다.
> ㄴ. 함무라비 법전을 편찬하였다.
> ㄷ. 화폐와 도량형을 통일하였다.
> ㄹ. 아우구스투스라는 칭호를 받다.

① ㄱ, ㄴ   ② ㄱ, ㄷ   ③ ㄴ, ㄷ
④ ㄴ, ㄹ   ⑤ ㄷ, ㄹ

10 ㉠에 들어갈 국가에 대한 설명으로 옳은 것은?

오늘날의 이란 일대에서 건국되었다. 아케메네스 왕조 페르시아의 계승을 내세웠으며 파르티아를 멸망시켰다. 샤푸르 1세는 로마 제국, 쿠샨 왕조와의 대결에서 승리를 거두었다.

▲ 로마 황제를 사로잡은 샤푸르 1세의 모습

① 헬레니즘 문화를 발전시켰다.
② 크리스트교를 국교로 삼았다.
③ 그리스와의 전쟁에서 패배하였다.
④ 알렉산드로스의 침입으로 멸망하였다.
⑤ 동서를 잇는 중계 무역으로 번영하였다.

11 페르시아의 문화에 대한 학생의 발표 내용으로 옳지 <u>않은</u> 것은?

① 국제적인 성격이 강한 문화가 발달하였어요.
② 동물 모양을 새겨 넣은 공예품이 만들어졌어요.
③ 다리우스 1세는 조로아스터교를 국교로 삼았어요.
④ 사산 왕조 페르시아의 은제 물병과 유리잔 등은 신라에도 전파되었어요.
⑤ 페르세폴리스 궁전 유적에서 서아시아 지역의 다양한 건축 양식을 찾아볼 수 있어요.

12 ㉠~㉤의 내용 중 옳지 <u>않은</u> 것은?

> **춘추 전국 시대**
> 1. 성립: ㉠ 주가 수도를 동쪽의 낙읍(뤄양)으로 옮기면서 시작됨
> 2. 정치: 주 왕실의 권위 약화, ㉡ 제후국들이 경쟁에서 살아남기 위해 부국강병 추진
> 3. 사회와 경제: ㉢ 철제 농기구와 철제 무기 사용, ㉣ 도시와 시장의 성장, ㉤ 화폐·도량형·문자 통일

① ㉠　　② ㉡　　③ ㉢　　④ ㉣　　⑤ ㉤

13 (가)~(라)에 해당하는 학파를 옳게 연결한 것은?

> (가) '인'과 '예'를 중심으로 도덕 정치를 펼쳐야 합니다.
> (나) 백성을 인위적인 제도로 다스리려고 해서는 안 됩니다.
> (다) 법을 어기는 사람을 처벌하여 사회 질서를 바로잡아야 합니다.
> (라) 모든 사람을 차별 없이 사랑한다면 평화로운 세상이 될 것입니다.

	(가)	(나)	(다)	(라)
①	도가	묵가	유가	법가
②	묵가	유가	법가	도가
③	법가	도가	묵가	유가
④	유가	도가	법가	묵가
⑤	유가	법가	도가	묵가

14 밑줄 친 '그'에 대한 설명으로 옳지 <u>않은</u> 것은?

 그림은 분서갱유가 표현된 기록화이다. 분서갱유는 그가 법가 사상 서적과 실용 서적을 제외한 모든 책을 불태우고, 이를 비판하는 유학자들을 산 채로 땅에 묻은 사건을 가리킨다.

① 고조선을 멸망시켰다.
② 군현제를 실시하였다.
③ 중국을 최초로 통일하였다.
④ 왕의 칭호를 황제로 바꾸었다.
⑤ 베트남 북부 일대까지 영토를 넓혔다.

15 ㉠에 들어갈 내용으로 옳은 것은?

> • 진시황제는 (㉠)의 침입을 막기 위해 북쪽 국경에 만리장성을 쌓았다.
> • 한 무제는 대월지와 손잡고 함께 (㉠)을/를 공격하기 위해 장건을 서역에 파견하였다.

① 몽골　　② 부여　　③ 오환
④ 흉노　　⑤ 고조선

16 (가)~(라) 시대에 해당하는 설명으로 옳은 것은?

(가)	(나)	(다)	(라)
주	춘추 전국 시대	진	한

① (가) – 군국제가 시행되었다.
② (나) – 황건적의 난이 일어났다.
③ (다) – 소금과 철의 판매를 국가가 독점하였다.
④ (라) – 제자백가가 등장하였다.
⑤ (라) – 장건을 서역에 파견하여 비단길을 열었다.

17 한의 문화에 대한 설명으로 옳지 <u>않은</u> 것은?

① 훈고학이 발달하였다.
② 사마천이 사기를 저술하였다.
③ 채륜이 종이 만드는 법을 개량하였다.
④ 불교가 국가의 통치 이념으로 발전하였다.
⑤ 과학 기술의 발달로 해시계와 지진계가 발명되었다.

03　**고대 제국들의 특성과 주변 세계의 성장(2)**

18 (가), (나)에 대한 설명으로 옳은 것은?

> (가) 아테네　　　　(나) 스파르타

① (가) – 크레타섬에서 발달하였다.
② (가) – 강력한 군사 통치를 실시하였다.
③ (나) – 델로스 동맹을 주도하였다.
④ (나) – 페리클레스 때 민주 정치의 전성기를 맞았다.
⑤ (가), (나) – 펠로폰네소스 전쟁으로 서로 충돌하였다.

19 ㉠~㉢에 들어갈 인물에 대한 설명으로 옳은 것은?

> **아테네 민주 정치의 발전 과정**
> • (㉠): 재산 정도에 따라 참정권 부여
> • (㉡): 정치 참여 기준에서 재산 기준 폐지
> • (㉢): 대부분의 관직을 추첨으로 선발

① ㉠ – 도편 추방제를 실시하였다.
② ㉡ – 공직자에게 수당을 지급하였다.
③ ㉡ – 평민의 정치 참여를 금지하였다.
④ ㉢ – 민회 중심의 직접 민주주의를 정착시켰다.
⑤ ㉢ – 여성, 노예, 외국인의 정치 참여를 허용하였다.

20 (가)에 들어갈 내용으로 적절하지 <u>않은</u> 것은?

① 그리스어를 공용어로 삼았어.
② 알렉산드리아라는 도시를 세웠어.
③ 정복지의 사람을 관리로 등용하였어.
④ 동방 원정에 나서 대제국을 건설하였어.
⑤ 그리스인과 페르시아인 간의 결혼을 금지하였어.

21 ㉠, ㉡에 들어갈 내용을 옳게 연결한 것은?

> 군주정, 귀족정, 민주정이라는 세 가지 정치 형태는 로마 공화국에서 한데 모이게 되었다. …… (㉠)들이 큰 힘을 가지고 있는 것을 보면 로마의 정치 형태는 군주정처럼 보인다. (㉡)의 권위는 일종의 귀족정을 나타내는 것이었다. 하지만 평민의 힘을 놓고 본다면 민주정이었다고 할 수 있다.
> – 폴리비오스, 「역사」

	㉠	㉡
①	원로원	호민관
②	집정관	원로원
③	집정관	호민관
④	호민관	원로원
⑤	호민관	집정관

22 포에니 전쟁 이후 로마의 상황으로 옳은 것을 〈보기〉에서 고른 것은?

> • 보기 •
> ㄱ. 자영농이 몰락하였다.
> ㄴ. 귀족과 평민의 갈등이 사라졌다.
> ㄷ. 소수 귀족들이 라티푼디움을 경영하였다.
> ㄹ. 그라쿠스 형제가 시도한 개혁이 성공하였다.

① ㄱ, ㄴ   ② ㄱ, ㄷ   ③ ㄴ, ㄷ
④ ㄴ, ㄹ   ⑤ ㄷ, ㄹ

23 (가)~(다) 문화에 대한 설명으로 옳은 것을 〈보기〉에서 고른 것은?

> (가) 로마 문화
> (나) 그리스 문화
> (다) 헬레니즘 문화

> • 보기 •
> ㄱ. (가) – 일리아드가 저술되었다.
> ㄴ. (가) – 실용적인 문화가 발달하였다.
> ㄷ. (나) – 파르테논 신전이 세워졌다.
> ㄹ. (나) – 개인주의와 세계 시민주의가 나타났다.
> ㅁ. (다) – 콜로세움이 건설되었다.
> ㅂ. (다) – 그리스 문화와 동방의 문화가 융합되었다.

① ㄱ, ㄴ, ㄷ   ② ㄱ, ㄷ, ㄹ
③ ㄴ, ㄷ, ㅂ   ④ ㄴ, ㄹ, ㅁ
⑤ ㄷ, ㅁ, ㅂ

24 로마의 발전 과정을 일어난 순서대로 옳게 나열한 것은?

> (가) 군인 황제 시대가 전개되었다.
> (나) 그라쿠스 형제가 개혁을 추진하였다.
> (다) 카르타고와의 포에니 전쟁에서 승리하였다.
> (라) 옥타비아누스가 아우구스투스의 칭호를 받았다.
> (마) 콘스탄티누스 대제가 크리스트교를 공인하였다.

① (가) – (다) – (나) – (라) – (마)
② (나) – (라) – (마) – (다) – (가)
③ (다) – (가) – (나) – (마) – (라)
④ (다) – (나) – (라) – (가) – (마)
⑤ (라) – (마) – (나) – (가) – (다)

01 불교 및 힌두교 문화의 형성과 확산

[1~2] 다음을 읽고 물음에 답하시오.

> 기원전 7세기경 철기 문화가 보급된 인도에서는 정복 전쟁이 활발해지고 농업과 상공업이 발달하였다. 이에 따라 정치·군사를 담당하는 크샤트리아와 생산을 담당하는 바이샤 세력이 성장하였다. 이러한 상황에서 고타마 싯다르타가 (㉠)을/를 창시하였다.

1 ㉠에 들어갈 종교로 옳은 것은?

① 불교   ② 유교   ③ 힌두교
④ 브라만교   ⑤ 이슬람교

2 ㉠ 종교에 대한 설명으로 옳지 <u>않은</u> 것은?

① 자비와 평등을 강조하였다.
② 수행을 통한 해탈을 주장하였다.
③ 카스트에 따른 신분 차별에 반대하였다.
④ 쿠란을 일상생활의 기본 규범으로 삼았다.
⑤ 브라만교의 엄격한 권위주의에 반대하였다.

3 지도는 불교의 전파 과정이다. (가), (나) 불교에 대한 설명으로 옳은 것을 〈보기〉에서 고른 것은?

> • 보기 •
> ㄱ. (가) - 아소카왕 시기에 발전하였다.
> ㄴ. (가) - 부처를 초월적 존재로 신격화하였다.
> ㄷ. (나) - 간다라 양식과 함께 동아시아에 전파되었다.
> ㄹ. (나) - 중생의 구제보다 개인의 해탈을 중시하였다.

① ㄱ, ㄴ   ② ㄱ, ㄷ   ③ ㄴ, ㄷ
④ ㄴ, ㄹ   ⑤ ㄷ, ㄹ

4 밑줄 친 '이 양식'이 나타난 시기에 대한 설명으로 옳은 것은?

> 이 양식은 간다라 양식과 인도 고유 양식이 융합하여 형성되었다. 이 양식은 인체의 윤곽을 그대로 드러냈으며, 얼굴 모습과 옷차림 등에서 인도 고유의 특색을 엿볼 수 있다.
>
> ◀ 아잔타 제1 석굴의 보살상

① 산스크리트 문학이 발달하였다.
② 알렉산드로스의 원정이 이루어졌다.
③ 자연신을 찬양하는 베다가 나타났다.
④ 부처의 모습을 수레바퀴 등으로 표현하였다.
⑤ 모헨조다로에서 동물을 새긴 인장이 제작되었다.

5 힌두교에 대한 설명으로 옳지 <u>않은</u> 것은?

① 유일신을 섬겼다.
② 카스트의 신분 차별을 인정하였다.
③ 특정 창시자나 체계적인 교리가 없다.
④ 왕실의 권위를 높이는 데 사용되었다.
⑤ 다양한 방법의 해탈을 인정하여 대중화되었다.

02 동아시아 문화의 형성과 확산

6 다음 사건의 결과로 옳은 것은?

> 3세기 초 후한이 멸망한 뒤 중국은 위·촉·오의 세 나라로 분열되었다. 위를 이은 진(晉)이 삼국을 통일하였으나, 왕위 계승을 둘러싼 다툼으로 혼란이 지속되었다. 4세기 초 중국의 북방에서 유목 생활을 하던 흉노, 선비, 갈, 저, 강의 다섯 민족은 무장한 기병을 바탕으로 화북 지역을 공략하였다.

① 분서갱유가 발생하였다.
② 장건이 서역으로 파견되었다.
③ 5호 16국 시대가 전개되었다.
④ 춘추 전국 시대가 시작되었다.
⑤ 주 왕실의 권위 약화로 제후국들이 경쟁하였다.

7 밑줄 친 '이 나라'에서 볼 수 있는 모습으로 적절한 것은?

중국의 큰 강들은 대부분 서쪽에서 동쪽으로 흘러 남북으로 물자가 이동하는 게 쉽지 않았다. 이 나라는 강남의 물자를 화북 지방으로 옮기기 위해 대운하를 건설하였다. 대운하는 북쪽의 탁군(베이징)에서 남쪽의 여항(항저우)까지 연결한 것으로 총 길이가 약 2,500km에 이른다.

① 윈강 석굴을 만드는 인부
② 고구려 원정에 동원되는 군인
③ 황건적의 난에 참여하는 농민
④ 평민의 권리를 보호하는 호민관
⑤ 갑골에 점친 결과를 기록하는 제사장

8 (가)에 들어갈 내용으로 적절한 것은?

당의 제도 변화
1. 배경
   − 장원의 확대
   − 절도사인 안녹산과 사사명이 일으킨 난 발생
2. 내용: _____ (가) _____

① 과거제의 실시
② 군국제의 도입
③ 봉건제의 운영
④ 양세법의 실시
⑤ 9품중정제의 시행

9 (가), (나) 시기 사이에 일본에서 있었던 사실로 옳은 것은?

(가) 쇼토쿠 태자가 불교 등의 선진 문물을 받아들이면서 아스카 문화가 발전하였다.
(나) 왕실과 귀족의 대립이 심해지자 이를 해결하기 위해 8세기 말 수도를 헤이안쿄(교토)로 옮겼다.

① 국풍 문화가 발달하였다.
② 견당사 파견을 중지하였다.
③ 야요이 시대가 전개되었다.
④ 야마토 정권이 통일 국가를 형성하였다.
⑤ 당의 율령 체제를 모방한 개혁을 추진하였다.

10 (가)에 들어갈 탐구 주제로 가장 적절한 것은?

- 탐구 주제: _____ (가) _____
- 사례: 동아시아에 유교가 전파되면서 중국을 비롯하여 한국, 일본, 베트남 등에 공자 사당이 세워졌다. 공자 사당은 공자를 제사 지내는 곳으로, 문묘라고도 한다.

▲ 공묘 대성전(중국)

▲ 문묘 대성전(한국)

① 군현제의 등장
② 제자백가의 출현
③ 한화 정책의 추진
④ 화폐와 문자의 통일
⑤ 동아시아의 공통 문화 요소

03　이슬람 문화의 형성과 확산

11 ㉠ 종교가 등장하게 된 배경으로 옳은 것을 〈보기〉에서 고른 것은?

메카의 상인 집안에서 태어난 무함마드는 사회의 악습과 모순에 대해 고민하였다. 그는 610년 명상을 하던 중 천사 가브리엘의 인도로 알라의 계시를 받아 (㉠)을/를 창시하였다.

• 보기 •
ㄱ. 카스트 사회에 대한 불만이 확대되었다.
ㄴ. 아라비아반도에서 빈부의 차이가 커졌다.
ㄷ. 교역로 장악을 위해 전쟁이 자주 발생하였다.
ㄹ. 개인의 자유로운 삶을 추구하는 사상이 유행하였다.

① ㄱ, ㄴ　　② ㄱ, ㄷ　　③ ㄴ, ㄷ
④ ㄴ, ㄹ　　⑤ ㄷ, ㄹ

12 다음 논쟁이 발생한 왕조에 대한 설명으로 옳은 것은?

> ○○파: 예언자 무함마드의 혈통을 이어받은 사람만이
> 칼리프가 될 수 있어.
> △△파: 무함마드의 혈통이 아니어도 능력과 자질을
> 갖춘 사람이라면 누구나 칼리프가 될 수 있어.

① 몽골이 침입하였다.
② 산치 대탑이 건립되었다.
③ 아랍인 우대 정책이 실시되었다.
④ 당과 탈라스 전투가 발발하였다.
⑤ 산스크리트어 문학이 발달하였다.

13 다음 경전을 기본 규범으로 하는 문화권에 대한 학생의
발표 내용으로 옳은 것은?

◀ 쿠란

① 조로아스터교를 국교로 삼았어요.
② 카스트제의 차별이 허용되었어요.
③ 굽타 왕조의 보호 아래 성장하였어요.
④ 수도에 다양한 종교 사원이 세워졌어요.
⑤ 신자들이 지켜야 할 의무로 5행을 제시하였어요.

04 크리스트교 문화의 형성과 확산(1)

14 다음은 프랑크 왕국의 성립 과정이다. (가)에 들어갈 사건
으로 가장 적절한 것은?

> (가)
> ↓
> 게르만족이 로마 영토로 대규모 이동을 하였다.
> ↓
> 게르만족이 서로마 제국의 곳곳에 나라를 세웠다.

① 프랑크 왕국이 분열하였다.
② 십자군 전쟁이 발생하였다.
③ 훈족이 게르만족을 압박하였다.
④ 그라쿠스 형제의 개혁이 추진되었다.
⑤ 알렉산드로스의 동방 원정이 전개되었다.

15 다음의 사회 구조가 형성된 배경으로 옳은 것을 〈보기〉
에서 고른 것은?

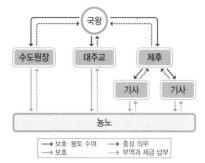

• 보기 •
ㄱ. 프랑크 왕국이 분열되었다.
ㄴ. 비잔티움 제국이 멸망하였다.
ㄷ. 바이킹이 서유럽에 침입하였다.
ㄹ. 북방 민족인 5호가 침입하여 여러 나라를 세웠다.

① ㄱ, ㄴ ② ㄱ, ㄷ ③ ㄴ, ㄷ
④ ㄴ, ㄹ ⑤ ㄷ, ㄹ

16 그림의 상황이 나타나게 된 계기로 옳은 것은?

그림은 하인리히 4세가 클뤼니 수도원장과 카노사의
성주 마틸다 백작 부인에게 교황과의 만남을 주선해
달라고 요청하는 장면이다. 이후 하인리히 4세는 추운
겨울에 교황이 머물던 카노사성에서 3일 동안 무릎을
꿇고 용서를 빌었다.

① 30년 전쟁이 발생하였다.
② 로마 교황이 성지 탈환을 호소하였다.
③ 로마 교황청이 아비뇽으로 이동하였다.
④ 크리스트교의 포교를 위해 성상을 사용하였다.
⑤ 교황과 황제가 성직자 임명권을 두고 대립하였다.

17 밑줄 친 '이 성당'의 건축 양식에 대한 설명으로 옳은 것은?

이 성당은 유스티니아누스 황제 때 지어졌다. 여기에는 당시 제국을 대표하는 건축 양식이 사용되었다. 이 성당은 오스만 제국의 지배하에서 이슬람 사원으로 사용되기도 하였다.

① 스테인드글라스를 설치하였다.
② 내부를 모자이크 벽화로 장식하였다.
③ 대승 불교와 함께 동아시아에 전파되었다.
④ 메카의 방향을 알려 주는 구조물을 두었다.
⑤ 기하학적 무늬인 아라베스크를 사용하였다.

---

05 크리스트교 문화의 형성과 확산(2)

18 다음 주장으로 전개된 전쟁 이후 유럽에 나타난 변화로 옳은 것은?

교황이 여러분께 호소합니다.
신을 믿지 않는 튀르크인의 진출은 그칠 줄을 모르고 콘스탄티노폴리스로 다가오고 있으니, 성지의 형제들을 구합시다. …… 그대들이 사는 땅은 사람들이 몰려 있기 때문에 빈궁해졌습니다. …… 예수의 성묘가 있는 곳으로 가지 않겠습니까? 젖과 꿀이 흐르는 땅은 신이 여러분들에게 내린 토지입니다. 이 땅에서 불행한 자와 가난한 자는 그 땅에서 번영할 것입니다.

① 지중해 무역이 활발해졌다.
② 바그다드가 교역으로 번영하였다.
③ 로마가 지중해 세계를 장악하였다.
④ 제지술이 이슬람 세계에 전파되었다.
⑤ 간다라 미술이 주변 지역으로 확산되었다.

19 중세 장원이 해체된 배경으로 옳지 않은 것은?

① 프랑크 왕국이 셋으로 분열되었다.
② 영주가 돈을 받고 농노를 해방하였다.
③ 흑사병의 유행으로 인구가 감소하였다.
④ 영주가 농노에게 화폐로 세금을 받았다.
⑤ 영주의 억압에 반발하여 농민 봉기가 일어났다.

20 ㉠ 시대에 대한 설명으로 옳은 것은?

이 그림은 (㉠) 시대에 그려진 보티첼리의 「비너스의 탄생」이다. (㉠)은/는 '재생', '부활'을 뜻하는 프랑스어이다.

① 스토아학파가 나타났다.
② 유럽에서 대학이 등장하였다.
③ 유스티니아누스 법전이 편찬되었다.
④ 코페르니쿠스가 지동설을 제기하였다.
⑤ 토마스 아퀴나스가 신학대전을 저술하였다.

21 (가), (나) 인물에 대한 설명으로 옳은 것은?

진정으로 반성하는 모든 크리스트교도는 면벌부가 없어도 벌이나 죄에서 벗어날 수 있다.

인간의 구원은 미리 정해져 있다.

(가)   (나)

① (가) − 우신예찬을 저술하였다.
② (가) − 95개조 반박문을 발표하였다.
③ (나) − 유토피아를 저술하였다.
④ (나) − 국왕이 영국 국교회의 수장임을 선언하였다.
⑤ (가), (나) − 예정설을 주장하며 종교 개혁을 일으켰다.

01 불교 및 힌두교 문화의 형성과 확산

1 교사의 질문에 대한 학생의 대답으로 가장 적절한 것은?

이 사진은 고행 중인 석가모니의 모습입니다. 그가 창시한 종교에 대해 말해 볼까요?

① 마우리아 왕조 시기에 창시되었어요.
② 카스트제의 신분 차별을 인정하였어요.
③ 아리아인의 침입으로 등장하게 되었어요.
④ 크샤트리아와 바이샤의 환영을 받았어요.
⑤ 각종 의례와 관습을 마누 법전에 기록하였어요.

2 밑줄 친 '나' 왕의 활동으로 옳은 것은?

칼링가를 정복하면서 나는 결코 돌이킬 수 없는 양심의 가책을 느꼈다. 그들의 영토가 시체로 뒤덮인 처참한 광경을 바라보면서 가슴은 찢어졌다. …… 앞으로 나는 오직 진리에 맞는 법만을 실천하고 가르칠 것이다.

① 힌두교를 지원하였다.
② 간다라 양식의 불상을 세웠다.
③ 법가 사상을 통치 이념으로 삼았다.
④ 갑골 문자를 사용하여 기록을 남겼다.
⑤ 불경을 정리하는 등 불교를 장려하였다.

3 간다라 양식에 대한 설명으로 옳은 것을 〈보기〉에서 고른 것은?

• 보기 •
ㄱ. 굽타 왕조 시기에 발달하였다.
ㄴ. 헬레니즘 문화로부터 영향을 받았다.
ㄷ. 대승 불교와 함께 동아시아에 전파되었다.
ㄹ. 부처의 모습을 부처의 발자국 등으로 표현하였다.

① ㄱ, ㄴ　　② ㄱ, ㄷ　　③ ㄴ, ㄷ
④ ㄴ, ㄹ　　⑤ ㄷ, ㄹ

4 다음 문화유산에 대한 설명으로 옳은 것은?

▲ 캄보디아의 앙코르 와트　　▲ 인도네시아의 프람바난 사원

① 힌두교의 영향을 받았다.
② 대승 불교가 전파되어 나타났다.
③ 공자를 모시기 위해 설립되었다.
④ 마우리아 왕조 시기에 건축되었다.
⑤ 알렉산드로스의 원정을 계기로 건립되었다.

02 동아시아 문화의 형성과 확산

5 (가) 시기에 있었던 사실로 옳은 것은?

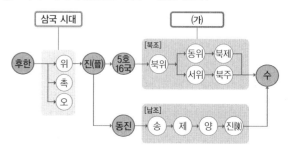

① 과거제를 실시하였다.
② 대운하가 완성되었다.
③ 9품중정제가 시행되었다.
④ 화폐와 도량형이 통일되었다.
⑤ 소금과 철의 전매 제도가 추진되었다.

6 ㉠에 들어갈 중앙 행정 조직을 쓰시오.

당은 율령에 기초하여 통치 체제를 마련하였다. 중앙은 (㉠)을/를 중심으로 행정 조직을 갖추었고, 지방은 주현제를 실시하였다.

7 지도의 영역을 확보한 중국 왕조에 대한 설명으로 옳은 것은?

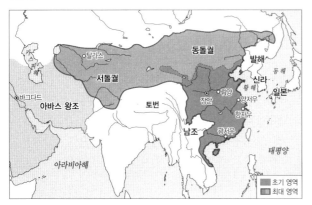

① 남북조를 통일하였다.
② 한화 정책을 적극 추진하였다.
③ 한자를 변형한 가나 문자를 사용하였다.
④ 법가 사상을 토대로 부국강병을 이루었다.
⑤ 안사의 난 등으로 위기를 맞아 쇠퇴하였다.

8 밑줄 친 '이 왕조'에 대한 설명으로 옳은 것을 〈보기〉에서 고른 것은?

역사 신문

수도 장안에 여러 종교의 사원이 들어서다

그동안 이 왕조의 수도인 장안을 중심으로 국제적인 교류가 활발하였다. 이를 반영하듯 다른 나라의 여러 종교가 장안에 들어왔고, 다양한 종교 사원들이 세워졌다.

• 보기 •
ㄱ. 청담 사상이 유행하였다.
ㄴ. 사마천이 사기를 저술하였다.
ㄷ. 이백과 두보가 시로 명성을 얻었다.
ㄹ. 훈고학을 집대성한 오경정의가 편찬되었다.

① ㄱ, ㄴ　　② ㄱ, ㄷ　　③ ㄴ, ㄷ
④ ㄴ, ㄹ　　⑤ ㄷ, ㄹ

03 이슬람 문화의 형성과 확산

9 밑줄 친 상황 이후의 사실로 가장 적절한 것은?

카바 신전은 이슬람교의 성지로 해마다 많은 이슬람교도가 방문하는 장소이다. 헤지라로 근거지를 옮겼던 무함마드가 메카를 정복한 후 카바에 있던 다신교 신전을 유일신 알라를 모시는 신전으로 바꾸었다.

▲ 카바 신전에서 기도하는 무함마드

① 베다가 완성되었다.
② 간다라 양식이 발달하였다.
③ 후우마이야 왕조가 세워졌다.
④ 아라비아반도 대부분이 통일되었다.
⑤ 북아프리카에 이슬람 왕조가 세워졌다.

10 (가) 시기에 대한 설명으로 옳은 것은?

① 칼리프를 선출하였다.
② 수도를 다마스쿠스로 이전하였다.
③ 튀르크족이 이슬람교로 개종하였다.
④ 찬드라굽타 2세가 활발한 정복 사업을 벌였다.
⑤ 비잔티움 제국과 사산 왕조 페르시아가 대립하였다.

11 아바스 왕조에 대한 설명으로 옳지 <u>않은</u> 것은?

① 탈라스 전투에서 패배하였다.
② 바그다드가 국제도시로 성장하였다.
③ 13세기 몽골의 침입으로 멸망하였다.
④ 동서양을 잇는 국제 무역으로 번영하였다.
⑤ 아랍인 중심의 민족 차별 정책을 폐지하였다.

12 밑줄 친 '이 문화권'에 대한 설명으로 옳은 것은?

이 문화권에서는 돔과 아치, 뾰족한 탑을 특징으로 하는 모스크가 발달하였고, 우상 숭배를 금지하여 모스크 내부를 덩굴무늬나 기하학적 무늬로 장식하였다.

▲ 아라베스크

① 수도교가 건립되었다.
② 고딕 양식이 나타났다.
③ 숫자 0(영)을 만들었다.
④ 아라비안나이트가 널리 읽혔다.
⑤ 알렉산드리아라는 도시가 세워졌다.

04 크리스트교 문화의 형성과 확산(1)

13 지도의 상황이 나타나게 된 배경으로 옳은 것은?

① 동서 교회가 대립하였다.
② 로마가 카르타고와 전쟁을 치렀다.
③ 카롤루스 대제 사후 내부 분열이 일어났다.
④ 델로스 동맹과 펠로폰네소스 동맹이 대립하였다.
⑤ 로마 교황에 의해 서로마 황제의 대관식이 실시되었다.

14 ㉠에 들어갈 세력에 대한 설명으로 옳은 것은?

중세 유럽의 봉건 사회에서 (㉠)은/는 자기보다 강한 (㉠)을/를 주군으로 섬기고 충성과 봉사를 맹세하였으며, 주군으로부터 봉토를 지급받았다.

① 영주에 예속되어 활동하였다.
② 영주에게 각종 세금을 바쳤다.
③ 영주 시설물에 대한 이용료를 냈다.
④ 장원에 속하여 거주 이전이 어려웠다.
⑤ 주군과 쌍무적 계약 관계를 형성하였다.

15 다음은 중세 크리스트교 세계에서 있었던 사실이다. 이를 일어난 순서대로 옳게 나열한 것은?

(가) 황제가 카노사에서 교황에게 용서를 구하였다.
(나) 성직자 임명권을 두고 교황과 황제가 대립하였다.
(다) 로마 교회의 대주교가 자신을 교황으로 자처하였다.
(라) 수도원을 중심으로 교회를 개혁하려는 운동이 일어났다.

① (가) - (다) - (라) - (나)
② (가) - (라) - (다) - (나)
③ (나) - (가) - (라) - (다)
④ (다) - (가) - (나) - (라)
⑤ (다) - (라) - (나) - (가)

16 다음 편지의 건축물이 세워진 시기에 대한 설명으로 옳은 것은?

○○에게
안녕, 친구야. 이번 방학 때 나는 가족들과 프랑스에 있는 샤르트르 대성당에 들렀어. 이 성당 앞에서 높게 솟아오른 탑과 그 웅장한 규모를 보니 감탄사가 절로 나왔어. 성당 안으로 들어가니 큰 창문으로 빛이 성당 안을 가득 채워 신비로운 분위기가 그득하더라. 편지로나마 지금의 내 마음과 느낌을 전해. 나중에 한국에서 만나.   △△가

① 12표법이 제정되었다.
② 산치 대탑이 건립되었다.
③ 스콜라 철학이 유행하였다.
④ 파르테논 신전이 건축되었다.
⑤ 미켈란젤로가 다비드상을 조각하였다.

17 밑줄 친 '이 제국'과 관련된 탐구 주제로 가장 적절한 것은?

위의 그림은 이 제국의 황제인 레오 3세를 그린 것이다. 레오 3세가 내린 성상 숭배 금지령으로 인해 동서 교회가 성상 숭배 문제를 두고 갈등하였다.

① 쿠란의 번역 문제
② 밀라노 칙령의 발표
③ 로마 가톨릭교회의 중심지
④ 유스티니아누스 법전의 의의
⑤ 서로마 황제 대관식과 문화 계승

05 크리스트교 문화의 형성과 확산(2)

18 교사의 질문에 대한 학생의 대답으로 가장 적절한 것은?

교사: 14세기 유럽에서는 흑사병이 크게 유행하여 유럽 인구의 약 3분의 1이 줄어들었어요. 그 결과 유럽에는 어떤 변화가 일어났을까요?

① 장원이 형성되었어요.
② 농민의 지위가 향상되었어요.
③ 프랑크 왕국이 분열되었어요.
④ 게르만족의 이동이 시작되었어요.
⑤ 교황의 지위가 절정에 달하였어요.

19 알프스 이북 르네상스에 대한 설명으로 옳은 것을 〈보기〉에서 고른 것은?

• 보기 •
ㄱ. 다비드상이 제작되었다.
ㄴ. 보카치오가 데카메론을 남겼다.
ㄷ. 에라스뮈스가 우신예찬을 저술하였다.
ㄹ. 현실 사회와 교회의 부패를 비판하였다.

① ㄱ, ㄴ ② ㄱ, ㄷ ③ ㄴ, ㄷ
④ ㄴ, ㄹ ⑤ ㄷ, ㄹ

20 (가)에 들어갈 내용으로 가장 적절한 것은?

역사 수행 평가 보고서
제목: 14~15세기 유럽의 전쟁과 그 영향
1. 전쟁의 발생
 – 백년 전쟁: 영국과 프랑스의 대립
 – 장미 전쟁: 영국 내 귀족 간의 대립
2. 전쟁의 영향: _____(가)_____

① 카노사의 굴욕이 발생하였다.
② 중앙 집권 국가가 등장하였다.
③ 그라쿠스 형제가 개혁을 시도하였다.
④ 교황이 성직자 임명권을 차지하였다.
⑤ 비잔티움 제국이 전성기를 맞이하였다.

21 다음 사건이 발생하게 된 배경으로 옳은 것은?

독일의 성직자 루터가 「95개조 반박문」을 발표하여 교황을 비판하였다.

① 교황이 면벌부를 판매하였다.
② 영국에서 국왕이 교회의 수장임을 선언하였다.
③ 로마 가톨릭교회와 그리스 정교가 분리되었다.
④ 교황이 예루살렘을 되찾아야 한다고 호소하였다.
⑤ 칼뱅이 예정설을 주장하며 종교 개혁을 일으켰다.

22 지도의 종교 확산 과정에서 있었던 사실로 옳은 것은?

① 백년 전쟁이 일어났다.
② 30년 전쟁이 발생하였다.
③ 아비뇽 유수가 발생하였다.
④ 비잔티움 제국이 멸망하였다.
⑤ 황제가 서로마 황제의 관을 받았다.

01 몽골 제국과 문화 교류

1 송대에 추진된 다음 개혁에 대한 설명으로 옳은 것을 〈보기〉에서 고른 것은?

- 정부가 물자의 공급을 통제할 것
- 농민이 곧 병사가 되어 치안을 유지할 것
- 농민과 상인에게 낮은 이자로 돈을 빌려줄 것

• 보기 •
ㄱ. 왕안석이 실시하였다.
ㄴ. 보수파 관료들의 지지를 받았다.
ㄷ. 민생 안정과 부국강병을 목표로 추진되었다.
ㄹ. 강력한 군사력 및 국가 재정 안정을 배경으로 하여 추진되었다.

① ㄱ, ㄴ ② ㄱ, ㄷ ③ ㄴ, ㄷ
④ ㄴ, ㄹ ⑤ ㄷ, ㄹ

2 다음은 중국 왕조의 변천을 나타낸 것이다. ㉠에 들어갈 왕조 시기에 대한 설명으로 옳은 것은?

| 5대 10국 | ➡ | ㉠ | ➡ | 원 |

① 훈고학이 발달하였다.
② 신사층이 사회를 주도하였다.
③ 화약, 나침반, 제지술이 발명되었다.
④ 아라비아와 인도로부터 차, 비단, 도자기를 수입하였다.
⑤ 서민 문화의 발달로 전문 공연장에서 만담, 인형극 등의 공연이 이루어졌다.

3 요, 금의 공통점으로 옳은 것을 〈보기〉에서 고른 것은?
• 보기 •
ㄱ. 고유 문자를 제정하였다.
ㄴ. 몽골 제일주의로 한족을 통치하였다.
ㄷ. 자신의 부족을 고유의 부족제로 다스렸다.
ㄹ. 평화를 유지하기 위해 송에 비단과 은을 바쳤다.

① ㄱ, ㄴ ② ㄱ, ㄷ ③ ㄴ, ㄷ
④ ㄴ, ㄹ ⑤ ㄷ, ㄹ

4 (가) 국가의 통치 방식에 대한 설명으로 옳지 <u>않은</u> 것은?

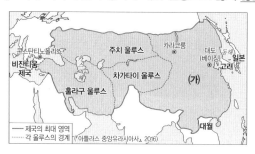

콘스탄티노폴리스 / 비잔티움 제국 / 주치 울루스 / 카라코룸 / 대도(베이징) / 동해 / 일본 / 차가타이 울루스 / (가) / 고려 / 훌라구 울루스 / 대월
— 제국의 최대 영역
····· 각 울루스의 경계 (『아틀라스 중앙유라시아사』, 2016)

① 몽골인을 가장 우대하였다.
② 남인을 가장 심하게 차별하였다.
③ 한족에게 변발과 호복을 강요하였다.
④ 한인을 하급 관리로 임명하기도 하였다.
⑤ 색목인으로부터 정복 전쟁에 필요한 정보를 제공받았다.

5 다음 자료를 활용한 탐구 활동 주제로 가장 적절한 것은?

① 공행의 역할
② 해금 정책의 의미
③ 역참제의 실시 내용
④ 활판 인쇄술 발명의 영향
⑤ 산킨코타이 제도의 실시 배경

02 동아시아 지역 질서의 변화

6 명의 홍무제가 다음 내용을 반포한 목적으로 가장 적절한 것은?

부모에게 효도하라. / 웃어른을 공경하라.
이웃과 화목하라. / 자손들을 잘 교육시켜라.
자신의 일에 최선을 다하라. / 나쁜 짓을 하지 마라.

① 재상권 강화
② 조세 제도 정비
③ 해금 정책 실시
④ 유교적 통치 질서 회복
⑤ 적극적인 대외 팽창 정책 추진

7 다음에서 설명하는 문화유산으로 옳은 것은?

> 선교사였던 마테오 리치가 제작한 것으로 중국이 세계의 중심이라고 믿었던 중국인의 세계관에 큰 변화를 주었다.

①
▲ 불화살

②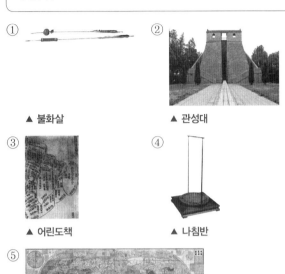
▲ 관성대

③
▲ 어린도책

④
▲ 나침반

⑤
▲ 곤여만국전도

8 명과 청을 비교한 내용으로 옳은 것은?

	구분	명	청
①	건국	누르하치	주원장
②	지배 민족	여진족	한족
③	지배층	사대부	신사
④	조세 제도	일조편법	지정은제
⑤	유학	고증학	양명학

9 (가)~(다) 시대의 일본에 대한 설명으로 옳은 것은?

(가)
개창자: 미나모토노 요리토모

(나)
개창자: 아시카가 다카우지

에도(도쿄)
가마쿠라
교토

(다)
개창자: 도쿠가와 이에야스

① (가) – 명과 외교 관계를 회복하였다.
② (가) – 산킨코타이 제도를 실시하였다.
③ (나) – 원의 침략을 막아 냈다.
④ (나) – 최초로 무사 정권을 열었다.
⑤ (다) – 가부키, 우키요에 등이 유행하였다.

---

03 서아시아와 북아프리카 지역 질서의 변화

10 (가)~(라) 국가에 대한 설명으로 옳지 않은 것은?

> (가) 사파비 왕조　　　　(나) 티무르 왕조
> (다) 셀주크 튀르크　　　(라) 훌라구 울루스(일한국)

① (가) – 페르시아 제국의 부활을 내세우며 세워졌다.
② (나) – 이슬람·페르시아·튀르크 문화가 융합하여 발달하였다.
③ (다) – 아바스 왕조의 칼리프로부터 술탄 칭호를 획득하였다.
④ (라) – 크리스트교를 국교로 정하였다.
⑤ (다) – (라) – (나) – (가)의 순으로 건국되었다.

11 오스만 제국의 술레이만 1세에 대한 설명으로 옳은 것을 〈보기〉에서 고른 것은?

> • 보기 •
> ㄱ. 비잔티움 제국을 정복하였다.
> ㄴ. 콘스탄티노폴리스를 함락시켰다.
> ㄷ. 오스트리아의 수도인 빈을 공격하였다.
> ㄹ. 유럽의 연합 함대를 격파하고 지중해 해상권을 장악하였다.

① ㄱ, ㄴ　　　② ㄱ, ㄷ　　　③ ㄴ, ㄷ
④ ㄴ, ㄹ　　　⑤ ㄷ, ㄹ

12 ㉠, ㉡에 들어갈 내용을 옳게 연결한 것은?

> **오스만 제국의 관용 정책**
> • 이슬람교도가 아니어도 세금을 내면 자치적인 공동체인 (㉠)를 구성할 수 있도록 하였다.
> • 정복지의 크리스트교도 소년들 중에 우수한 인재를 뽑아 이슬람교로 개종시킨 후 (㉡)로 편성하였다.

	㉠	㉡
①	밀레트	칼리프
②	밀레트	예니체리
③	예니체리	칼리프
④	데브시르메	바자르
⑤	데브시르메	예니체리

13 16~17세기경 지도의 영역을 다스린 나라에 대한 설명으로 옳은 것을 〈보기〉에서 고른 것은?

• 보기 •
ㄱ. 티무르의 후손 바부르가 건국하였다.
ㄴ. 인도(힌두)·이슬람 문화가 발전하였다.
ㄷ. 아크바르 황제가 최대 영토를 차지하였다.
ㄹ. 아우랑제브 황제가 힌두교도에게 거두던 인두세(지즈야)를 없앴다.

① ㄱ, ㄴ   ② ㄱ, ㄷ   ③ ㄴ, ㄷ
④ ㄴ, ㄹ   ⑤ ㄷ, ㄹ

14 무굴 제국의 경제에 대한 설명으로 옳지 <u>않은</u> 것은?

① 면직물 산업이 발달하였다.
② 수도 델리 등 도시가 번성하였다.
③ 대외 교역이 활발하여 인도양 무역을 주도하였다.
④ 17세기 이후 서양 세력의 침투로 경제가 약화되었다.
⑤ 이스탄불의 바자르에 세계 각국의 상인이 모여들었다.

04 신항로 개척과 유럽 지역 질서의 변화

15 ㉠에 들어갈 인물로 옳은 것은?

포르투갈 출신인 (㉠)은/는 대서양을 횡단하고 태평양을 건너 필리핀에 도착하였으나 원주민에게 살해당하였다. 이후 (㉠)의 일행은 항해를 계속하여 인도양과 희망봉을 거쳐 3년 만에 에스파냐로 돌아왔다. 이는 최초의 세계 일주로, 지구가 둥글다는 사실을 입증하였다.

① 정화   ② 마젤란
③ 콜럼버스   ④ 바스쿠 다 가마
⑤ 바르톨로메우 디아스

16 ㉠에 들어갈 용어로 옳은 것은?

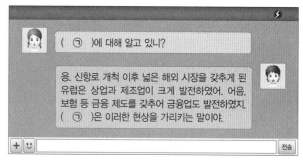

(㉠)에 대해 알고 있니?

응. 신항로 개척 이후 넓은 해외 시장을 갖추게 된 유럽은 상업과 제조업이 크게 발전하였어. 어음, 보험 등 금융 제도를 갖추어 금융업도 발전하였지. (㉠)은 이러한 현상을 가리키는 말이야.

① 가격 혁명   ② 과학 혁명
③ 산업 혁명   ④ 상업 혁명
⑤ 정보 혁명

17 다음 인물들과 관련된 정치 체제에 대한 설명으로 옳지 <u>않은</u> 것은?

짐이 곧 국가이다.

나는 영국과 결혼하였다.

▲ 루이 14세   ▲ 엘리자베스 1세

① 국가가 경제 활동을 보호·육성하였다.
② 왕권은 신이 내려준 것이라는 이론을 내세웠다.
③ 왕이 언제든 동원할 수 있는 상비군을 갖추었다.
④ 왕의 명령을 효율적으로 시행하는 관료제를 두었다.
⑤ 봉건 귀족 세력이 국왕의 보호를 받으면서 성장하였다.

18 17~18세기 유럽의 문화에 대한 탐구 활동 주제로 적절하지 <u>않은</u> 것은?

① 계몽사상의 유행
② 고딕 양식의 등장
③ 로크의 사회 계약설
④ 데카르트의 근대 철학
⑤ 뉴턴의 만유인력의 법칙 발견

01 몽골 제국과 문화 교류

1 밑줄 친 '그'에 대한 설명으로 옳은 것은?

> 그는 과거제에 전시를 도입하였다. 전시는 황제가 직접 주관하는 시험으로, 이때 정해진 성적이 관료로서의 승진에 큰 영향을 끼쳤기 때문에 "황제는 천하의 모든 사대부의 스승이다."라는 말이 생겨났다.

① 육유를 반포하였다.
② 이갑제를 실시하였다.
③ 몽골 제일주의를 내세웠다.
④ 정화를 해외로 파견하였다.
⑤ 군대를 황제 직속으로 두었다.

2 ㉠, ㉡에 들어갈 내용을 옳게 연결한 것은?

> 송대의 학문과 사상은 이 시기에 새로운 지배층으로 떠오른 (㉠)을/를 중심으로 발전하였다. 남송의 주희는 우주의 원리와 인간의 본성을 탐구하는 학문인 (㉡)을 완성하였는데, 이것은 이후 중국을 비롯한 동아시아 각국의 통치 이념이 되었다.

	㉠	㉡		㉠	㉡
①	신사	성리학	②	신사	양명학
③	호족	양명학	④	사대부	고증학
⑤	사대부	성리학			

3 당 멸망 후 북방 민족의 활동에 대한 설명으로 옳지 않은 것은?

① 요는 연운 16주를 차지하여 송과 대립하였다.
② 여진족이 세운 금은 요와 송의 협공으로 멸망하였다.
③ 탕구트는 서하를 건국하고 동서 무역로를 장악하였다.
④ 요, 서하, 금은 고유 문자를 만들어 고유한 문화를 지키려고 노력하였다.
⑤ 칭기즈 칸에 의해 통일된 몽골족은 활발한 정복 활동으로 대제국을 건설하였다.

4 인터넷 게시판의 질문에 옳게 답변한 사람을 고른 것은?

> ▶ 지식 Q&A
> 원대에는 경제와 문화가 발달하였다고 하는데, 이에 대해 알려 주세요.
>
> ▶ 답변하기
> ㄴ 갑: 목화 재배가 확대되었어요.
> ㄴ 을: 지폐인 교자가 사용되었어요.
> ㄴ 병: 구어체 소설, 희곡, 잡극이 인기를 끌었어요.
> ㄴ 정: 화려한 색과 무늬를 지닌 당삼채가 유행하였어요.

① 갑, 을
② 갑, 병
③ 을, 병
④ 을, 정
⑤ 병, 정

5 (가)에 들어갈 내용으로 적절하지 않은 것은?

> 원은 제국을 효율적으로 통치하고자 역참제를 실시하였다. 원대에 유라시아 대륙이 하나의 교역권으로 통합됨에 따라 _____(가)_____

① 동서 문화의 교류가 활발해졌다.
② 중국에서 다양한 종교가 공존하였다.
③ 중국이 여러 나라와 조공 관계를 맺었다.
④ 이슬람의 역법과 천문학이 중국에 전해졌다.
⑤ 마르코 폴로 등이 중국을 방문하고 여행기를 남겼다.

02 동아시아 지역 질서의 변화

6 지도의 항해로를 통해 해외 원정을 한 인물과 이를 위한 함대를 파견한 황제를 옳게 연결한 것은?

① 장건 – 건륭제
② 장건 – 영락제
③ 정화 – 영락제
④ 정화 – 홍무제
⑤ 마르코 폴로 – 홍무제

7 (가)에 들어갈 내용으로 가장 적절한 것은?

> **역사 탐구 보고서**
> • 탐구 주제: _____ (가) _____
> • 탐구 내용
> – 강경책: 한족에게 변발과 호복 강요, 중화사상 탄압, 청에 대한 비판 금지
> – 회유책: 과거제로 한족 관리 등용, 만한 병용제 실시, 『사고전서』 편찬

① 명의 쇠퇴 원인
② 청의 한족 지배
③ 청대의 정복 활동
④ 명의 한족 문화 부활 정책
⑤ 명과 주변 국가의 조공 관계 체결

8 다음 내용을 통해 알 수 있는 명·청대의 사실로 옳은 것은?

> • 명대에는 『삼국지연의』, 『수호전』, 『서유기』와 같은 소설이 인기를 끌었다.
> • 청대에는 『홍루몽』과 같은 소설이 유행하였고, 노래와 춤, 연기가 어우러진 경극이 등장하였다.

① 서민 문화가 발달하였다.
② 과거제와 유학이 정비되었다.
③ 유럽 선교사를 통해 서양 문물이 들어왔다.
④ 네덜란드 상인의 영향으로 난학이 발전하였다.
⑤ 서양 상인을 통해 중국 문화가 유럽에 소개되었다.

9 임진왜란 이후 동아시아의 상황으로 옳지 않은 것은?

① 후금이 성장하였다.
② 명의 국력이 쇠퇴하였다.
③ 에도 막부가 수립되었다.
④ 청이 조선을 침략하여 병자호란이 일어났다.
⑤ 중국 중심의 세계관인 화이관이 강화되었다.

10 에도 막부에 대해 정리한 내용으로 옳지 않은 것은?

	구분	내용
①	수립	도쿠가와 이에야스가 수립
②	정치	산킨코타이 제도 실시
③	경제	농업과 상업 발달
④	문화	조닌 문화 유행
⑤	대외 교류	17세기에 해금 정책 폐지

03 서아시아와 북아프리카 지역 질서의 변화

11 밑줄 친 '이 나라'로 옳은 것은?

▲ 사마르칸트의 레기스탄 광장

사마르칸트은 이 나라의 수도로, 유럽과 중국을 잇는 동서 교역로에 위치하여 중계 무역으로 번영하였다.

① 사파비 왕조
② 오스만 제국
③ 티무르 왕조
④ 셀주크 튀르크
⑤ 훌라구 울루스(일한국)

12 오스만 제국의 발전 과정을 순서대로 옳게 나열한 것은?

> (가) 서양 세력의 침략이 계속되어 국력이 약화되었다.
> (나) 이집트를 정복하고 술탄이 칼리프의 칭호를 받았다.
> (다) 유럽의 연합 함대를 무찔러 지중해 해상권을 장악하였다.
> (라) 비잔티움 제국을 멸망시키고, 콘스탄티노폴리스(이스탄불)를 수도로 삼았다.

① (가) – (나) – (다) – (라)
② (나) – (다) – (라) – (가)
③ (나) – (라) – (가) – (다)
④ (다) – (가) – (나) – (라)
⑤ (라) – (나) – (다) – (가)

13 ㉠에 들어갈 내용으로 옳은 것은?

> **역사 신문**
>
> (㉠) 제도 확립, 정교일치를 이루다
>
> 오스만 제국의 술탄이 이집트를 정복하고 칼리프의 칭호까지 얻어 (㉠)(으)로 불리게 되었다. 이것은 오스만 제국의 술탄이 이슬람 세계의 정치와 종교를 아우르는 지배자가 된 것을 의미한다.

① 교황
② 황제
③ 밀레트
④ 예니체리
⑤ 술탄 칼리프

14 다음에서 설명하는 인물로 옳은 것은?

> 그는 북인도에서 아프가니스탄에 이르는 대제국을 건설하였다. 다른 종교도 존중하는 관용 정책을 펼쳐 힌두교도에게 거두던 인두세인 지즈야를 없앴으며, 자신도 힌두 세력이었던 라지푸트족의 공주들과 결혼하였다.

① 바부르
② 티무르
③ 술레이만 1세
④ 아크바르 황제
⑤ 아우랑제브 황제

15 다음 내용에 대한 탐구 활동 주제로 가장 적절한 것은?

> • 시크교
> • 우르두어
> • 타지마할
> • 무굴 회화

① 이슬람 제일주의의 추진
② 오스만 제국의 관용 정책
③ 국제도시로 성장한 이스탄불
④ 인도(힌두)·이슬람 문화의 발달
⑤ 오스만 양식과 비잔티움 양식의 조화

04 신항로 개척과 유럽 지역 질서의 변화

16 지도는 신항로 개척의 전개를 나타낸다. (가)~(다) 항로를 개척한 인물을 옳게 연결한 것은?

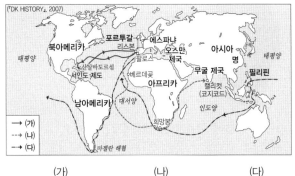

	(가)	(나)	(다)
①	마젤란	바스쿠 다 가마	콜럼버스
②	콜럼버스	마젤란	바스쿠 다 가마
③	콜럼버스	바스쿠 다 가마	마젤란
④	바스쿠 다 가마	마젤란	콜럼버스
⑤	바스쿠 다 가마	콜럼버스	마젤란

17 신항로 개척의 결과로 옳은 것은?

① 아메리카 원주민의 수가 크게 증가하였다.
② 유럽인이 아프리카 원주민을 노예로 동원하였다.
③ 무역의 중심지가 대서양에서 지중해로 이동하였다.
④ 아메리카에 금, 은이 유입되어 물가가 크게 올랐다.
⑤ 유럽으로부터 아메리카에 감자, 코코아, 옥수수 등이 전래되었다.

18 절대 왕정이 추진한 중상주의 정책에 해당하는 내용으로 옳은 것을 〈보기〉에서 고른 것은?

> • 보기 •
> ㄱ. 관세 인하
> ㄴ. 수입 장려
> ㄷ. 수출 장려
> ㄹ. 식민지 개척

① ㄱ, ㄴ
② ㄱ, ㄷ
③ ㄴ, ㄷ
④ ㄴ, ㄹ
⑤ ㄷ, ㄹ

19 다음에서 설명하는 절대 군주를 옳게 연결한 것은?

> (가) 태양왕을 자처하였고, 재상 콜베르를 등용하여 강력한 중상주의 정책을 추진하였다.
> (나) 서유럽의 문화와 제도를 적극 받아들이고, 스웨덴과의 전쟁에서 승리하여 발트해에 진출하였다.

	(가)	(나)
①	루이 14세	표트르 대제
②	루이 14세	프리드리히 2세
③	펠리페 2세	표트르 대제
④	엘리자베스 1세	프리드리히 2세
⑤	엘리자베스 1세	마리아 테레지아

20 다음 인물들이 내세운 사상으로 옳은 것은?

> 국가 권력을 입법, 사법, 행정의 셋으로 나누어야 한다.

> 국가의 주권은 인민에게 있으며, 국가는 국민 개개인의 일반 의지를 확인하여 실천해야 한다.

▲ 몽테스키외
▲ 루소

① 계몽사상
② 중상주의
③ 청담 사상
④ 왕권신수설
⑤ 세계 시민주의

01 역사의 의미와 역사 학습의 목적 ~ 세계의 선사 문화와 고대 문명

1 선사 시대와 역사 시대를 구분하는 기준에 대해 서술하시오.

_____

_____

_____

2 다음 자료를 참고하여 역사를 배우는 목적을 <u>세 가지</u> 서술하시오.

> • 역사란 과거에 실제 일어났던 일이며 인류가 남긴 물질 문명과 정신적 유산을 모두 포함한다.
> • 미국의 철학자 산타야나는 "역사의 교훈을 잊어버리는 자는 과거의 잘못을 반복한다."라고 말하였다.
> • 인도의 민족 지도자 네루는 "네가 다른 나라에서 일어난 일을 알지 못하면 어느 나라의 역사도 이해하지 못할 것이다."라고 말하였다.

_____

_____

_____

_____

3 (가), (나)는 선사 시대의 유물들이다. (가), (나)를 처음 사용한 시대를 쓰고, 그 용도를 각각 서술하시오.

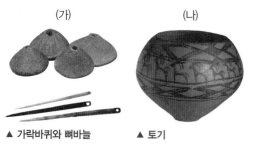

(가) (나)

▲ 가락바퀴와 뼈바늘   ▲ 토기

_____

_____

4 다음 법전의 명칭을 쓰고, 법전의 조항을 통해 알 수 있는 바빌로니아 사회의 모습을 <u>두 가지</u> 서술하시오.

> 196조 귀족의 눈을 멀게 한 자는 그의 눈도 멀게 한다.
> 198조 귀족이 평민의 눈을 멀게 하거나 뼈를 부러뜨리면 은화 1미나를 바쳐야 한다.
> 205조 노예가 귀족의 뺨을 때렸으면 그의 귀를 자른다.

_____

_____

_____

5 이집트인이 다음과 같은 내세적 종교관을 가지게 된 이유를 이집트의 지리적 특징과 연관 지어 서술하시오.

> 이집트인들은 사람이 죽은 후에도 영혼이 남는다고 믿어 죽은 사람을 미라로 만들고, 파라오의 미라를 보존하기 위해 피라미드를 지었다. 피라미드 안에는 「사자의 서」를 넣었다.

_____

_____

_____

6 다음을 보고 물음에 답하시오.

(1) 위 유물에 새겨진 문자의 명칭을 쓰시오.

_____

(2) 위 유물을 통해 알 수 있는 상의 정치적 특징을 서술하시오.

_____

02 고대 제국들의 특성과 주변 세계의 성장(1)

7 (가)에 해당하는 내용을 <u>세 가지</u> 서술하시오.

아케메네스 왕조 페르시아의 다리우스 1세는 대제국을 건설하였고, 넓어진 영토를 효율적으로 다스리기 위해 (가) 중앙 집권 체제를 강화하였다.

8 다음을 읽고 물음에 답하시오.

진시황제는 늘어난 영토와 백성을 효과적으로 다스리기 위해 강력한 (가) 중앙 집권 정책을 실시하는 한편, (나) 북방 유목 민족인 흉노의 침입을 막고자 하였다.

(1) (가)에 해당하는 정책을 <u>세 가지</u> 서술하시오.

(2) 시황제가 (나)를 위해 실시한 정책을 서술하시오.

9 지도를 보고 물음에 답하시오.

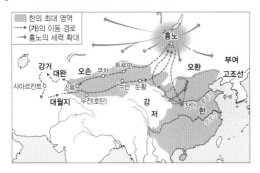

(1) (가)에 해당하는 인물을 쓰시오.

(2) (1)이 지도의 경로로 이동하게 된 배경과 그 영향을 서술하시오.

03 고대 제국들의 특성과 주변 세계의 성장(2)

10 지도에 나타난 전쟁 이후 아테네의 경제와 정치 발전에 대해 서술하시오.

11 다음을 읽고 물음에 답하시오.

알렉산드로스의 동방 원정 과정에서 그리스 문화와 동방의 문화가 융합된 (㉠)이/가 발전하였다.

(1) ㉠에 들어갈 문화를 쓰시오.

(2) (1) 문화의 특징을 <u>두 가지</u> 서술하시오.

12 다음을 읽고 물음에 답하시오.

포에니 전쟁 이후 로마의 귀족들은 영토를 독점하고 라티푼디움을 경영하였으나, 자영 농민은 몰락하였다. 그 결과 귀족과 평민의 갈등이 깊어졌다. 그러자 (㉠)은/는 ㉡ 농민의 몰락을 막기 위한 개혁을 시도하였다.

(1) ㉠에 들어갈 인물을 쓰시오.

(2) ㉡에 해당하는 개혁의 내용과 결과를 서술하시오.

01 불교 및 힌두교 문화의 형성과 확산

1 지도를 보고 물음에 답하시오.

(1) (가), (나)에 해당하는 불교의 명칭을 쓰시오.

_____

(2) (가), (나) 불교의 특징과 전파 지역을 각각 서술하시오.

_____

_____

_____

2 밑줄 친 '이 종교'를 쓰고, 그 특징을 두 가지 서술하시오.

> 인도의 굽타 왕조 시기에는 이 종교가 발전하였다. 비슈누는 이 종교의 주요 세 신 중 하나로 세계의 질서를 유지하는 역할을 하였다.

_____

_____

_____

02 동아시아 문화의 형성과 확산

3 북위의 효문제가 북방 민족과 한족의 갈등을 해소하기 위해 실시한 정책을 두 가지 서술하시오.

_____

_____

_____

4 다음의 중앙 행정 조직을 갖춘 중국 왕조에서 초기에 시행한 토지, 조세, 군사 제도를 서술하시오.

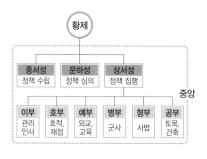

_____

_____

_____

5 동아시아 문화권의 공통 문화 요소 네 가지를 쓰고, 동아시아 문화권의 형성 과정을 서술하시오.

_____

_____

_____

_____

03 이슬람 문화의 형성과 확산

6 다음은 이슬람 제국의 발전 과정이다. 이를 보고 물음에 답하시오.

(1) (가)에 들어갈 왕조를 쓰시오.

_____

(2) (1) 왕조의 이민족에 대한 정책을 서술하시오.

_____

_____

7 (가)에 들어갈 내용을 서술하시오.

이슬람 사회는 『쿠란』의 가르침이 일상생활을 지배하는 종교 중심의 사회였다. 아랍어로 쓰인 『쿠란』은 다른 언어로 번역하는 것이 금지되어 있었기 때문에 이슬람교의 확산과 더불어 아랍어가 널리 퍼졌다. 그 결과
(가)

---

04 크리스트교 문화의 형성과 확산(1)

8 다음 사건이 일어나게 된 원인을 서술하시오.

11세기 후반 교황 그레고리우스 7세와 신성 로마 제국의 황제 하인리히 4세가 대립하였다. 결국 교황은 황제를 파문하였고 곤경에 처한 황제는 카노사에서 교황에게 용서를 구하였다.

---

9 지도를 보고 물음에 답하시오.

(1) 지도의 영역을 확보한 제국을 쓰시오.

(2) (1) 제국의 전성기를 이룬 황제를 쓰고, 그의 업적을 두 가지 서술하시오.

---

10 그림과 관련된 사건이 일어난 원인과 그 결과를 서술하시오.

---

05 크리스트교 문화의 형성과 확산(2)

11 십자군 전쟁의 결과로 나타난 유럽 사회의 세력 변화를 서술하시오.

---

12 다음을 읽고 물음에 답하시오.

사회 개혁적인 성격이 강했던 알프스 이북의 르네상스는 부패한 성직자와 타락한 교회를 개혁의 대상으로 여겼다. 이러한 상황에서 독일의 성직자 루터는 교황의 면벌부 판매를 비판하며 (㉠)을/를 발표하였다.

(1) ㉠에 들어갈 말을 쓰시오.

(2) ㉠에서 제시한 루터의 반박 내용을 두 가지 서술하시오.

01 몽골 제국과 문화 교류

1 다음을 읽고 물음에 답하시오.

> 송 태조는 과거제를 개혁하였으며, 절도사 세력을 약화하고 문신을 우대하는 (㉠)을/를 실시하였다.

(1) ㉠에 들어갈 용어를 쓰시오.

_____

(2) (1)의 실시 결과를 <u>두 가지</u> 서술하시오.

_____
_____

2 송대에 발명되고 실용화된 중국의 3대 발명품을 쓰고, 이것들이 세계사에 끼친 영향을 각각 서술하시오.

_____
_____
_____

3 (가), (나)와 같은 정책을 시행한 이유를 북방 민족의 이름을 포함하여 각각 서술하시오.

> 북방 민족들은 (가) 자신의 부족은 고유의 부족제로 다스리고 한족은 중국의 통치 방식인 군현제로 다스렸다. 또한 (나) 자신들만의 고유한 문자를 사용하였다.

_____
_____
_____

4 그림은 원대의 신분 구성을 나타낸 것이다. (가) 민족을 쓰고, 원이 이들을 다스린 방식과 그 이유를 서술하시오.

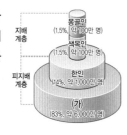

지배계층
몽골인 (1.5%, 약 100만 명)
색목인 (1.5%, 약 100만 명)

피지배계층
한인 (14%, 약 1,000만 명)
(가) (83%, 약 6,000만 명)

_____
_____

02 동아시아 지역 질서의 변화

5 지도를 보고 물음에 답하시오.

→ 은의 이동

(1) 세계의 은이 중국으로 들어온 이유를 서술하시오.

_____
_____

(2) 은의 유입으로 변화된 명의 조세 제도에 대해 서술하시오.

_____
_____

6 청이 중국을 지배한 방식을 회유책과 강압책으로 나누어 <u>두 가지씩</u> 서술하시오.

_____
_____

7 다음을 보고 물음에 답하시오.

▲ 가부키 극장

▲ 후지산을 표현한 우키요에

(1) 위 사진에 해당하는 문화의 명칭을 쓰시오.

_____

(2) (1)이 발전하게 된 배경을 서술하시오.

_____

03 서아시아와 북아프리카 지역 질서의 변화

8 11세기경 지도의 영역을 차지한 나라를 쓰고, 이 나라의 성장이 십자군 전쟁 발발에 끼친 영향을 서술하시오.

---

9 오스만 제국이 관용 정책을 펼친 배경을 쓰고, 그 내용을 두 가지 서술하시오.

---

10 ㉠에 들어갈 나라를 쓰고, 이 나라의 문화적 특징을 서술하시오.

사진은 '블루 모스크'라고 불리는 술탄 아흐메트 사원의 모습으로 (㉠)의 대표적인 이슬람 사원이다.

---

11 무굴 제국의 아크바르 황제와 아우랑제브 황제의 종교 정책을 비교하여 서술하시오.

---

04 신항로 개척과 유럽 지역 질서의 변화

12 지도와 같은 항로 개척이 이루어진 배경을 <u>세 가지</u> 서술하시오.

---

13 그림은 절대 왕정의 구조를 보여 준다. 이를 바탕으로 절대 왕정의 기반에 대해 서술하시오.

---

14 17~18세기에 다음 인물들이 주장한 사상이 세계사에 끼친 영향을 서술하시오.

• 볼테르 • 몽테스키외 • 루소

15개정 교육과정

내공의 힘

핵심만 빠르게~ 단기간에
내신 공부의 힘을 키운다

정답과 해설

중등 **역사**
1·1

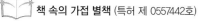
책 속의 가접 별책 (특허 제 0557442호)

ABOVE IMAGINATION

우리는 남다른 상상과 혁신으로
교육 문화의 새로운 전형을 만들어
모든 이의 행복한 경험과 성장에 기여한다

정답과 해설

I 문명의 발생과 고대 세계의 형성

01 역사의 의미와 역사 학습의 목적 ~ 세계의 선사 문화와 고대 문명

개념 확인하기 p. 10

1 (1) – ⓒ (2) – ㉠ 2 사료 비판 3 (1) ㄴ (2) ㄱ 4 (1) ○
(2) × (3) ○ (4) ○ 5 (1) 브라만교 (2) 페니키아인 (3) 지구라트
6 (1) 나일강 (2) 함무라비 법전 (3) 갑골

족집게 문제 p. 10 ~ 13

1 ① 2 사료 3 ③ 4 ③ 5 ④ 6 ⑤ 7 ④ 8 ③ 9 ②
10 ① 11 ⑤ 12 사자의 서 13 ⑤ 14 ③ 15 ⑤ 16 ①
17 ④ [서술형 문제 18~20] 해설 참조

1 '사실로서의 역사'는 과거에 일어난 사실 그 자체이자 객관적
역사를 말한다.
| 바로 알기 | ②, ③, ④, ⑤는 역사가의 관점과 해석이 담긴 '기록으
로서의 역사'에 해당한다.

2 ㉠은 과거 사람들이 남긴 유물, 유적, 기록물 등을 포함하는
사료에 해당한다.

3 제2차 세계 대전에서 희생당한 유대인들을 기억하려는 독일의
노력은 역사적 반성을 통한 갈등의 극복 사례에 해당한다. 우
리는 역사 학습을 통해 과거를 반성함으로써 더 나은 미래로
나아갈 수 있다.
| 바로 알기 | ①, ④, ⑤는 역사 학습의 목적에 해당하나 제시된 사
례와 직접적인 관련이 없다. ②는 역사 학습의 목적과 거리가 멀다.

4 자료는 호모 에렉투스에 대한 설명이다. 호모 에렉투스는 약
180만 년 전에 등장한 원시 인류로, 뗀석기를 사용하여 무리
지어 사냥을 하였으며, 불과 언어를 사용하였다. 중국의 베이
징과 인도네시아의 자와 등지에서 이들의 화석이 발견되었다.
| 바로 알기 | 오스트랄로피테쿠스 아파렌시스는 약 390만 년 전,
호모 네안데르탈렌시스는 약 40만 년 전, 호모 사피엔스는 약 20만
년 전, 크로마뇽인은 약 4만 5천 년 전에 출현하였다.

5 먹을 것을 찾아 자주 이동하였고, 동굴이나 막집 등에서 생활
하였다는 내용을 통해 밑줄 친 '이 시대'가 구석기 시대임을 알
수 있다. 구석기 시대 사람들은 주먹도끼를 사용하였고, 사냥
의 성공을 기원하며 라스코 동굴 벽화 등을 남기기도 하였다.
| 바로 알기 | ㄱ. 토기는 신석기 시대부터 사용하였다. ㄷ. 계급은
청동기 시대에 발생하였다.

6 빌렌도르프의 비너스는 구석기 시대의 유물이다. 구석기 시대
사람들은 다산과 풍요를 기원하며 빌렌도르프의 비너스와 같
은 조각상을 만들었다.
| 바로 알기 | ①, ③, ④는 신석기 시대, ②는 청동기 시대 사람들의
특징과 관련이 있다.

7 제시된 역사 조사 보고서에서 수집한 자료는 신석기 시대의 도
구와 주거지를 보여 준다. 따라서 조사 보고서의 주제는 신석
기 시대의 특징이고, (가)에는 신석기 시대에 대한 내용이 들어
가야 한다. 신석기 시대에는 간석기를 사용하였고, 정착 생활
을 하였으며 특정 동물을 숭배하기도 하였다. 또한 농경과 목
축이 시작되면서 사람들의 삶이 크게 바뀌었는데, 이를 신석기
혁명이라고 한다.
| 바로 알기 | ④는 청동기 시대의 특징에 해당한다.

8 고대 문명은 공통적으로 기후가 따뜻한 큰 강 유역에서 발생하
였다. 또한 계급 발생, 청동기와 문자 사용, 도시 국가 출현 등
의 특징이 있다.
| 바로 알기 | ③ 고대 문명은 청동기 문화를 바탕으로 형성되었다.
문명 발생 시기에 청동제 무기의 사용으로 정복 활동이 활발해졌다.

9 제시된 문화유산은 메소포타미아 문명의 신전인 지구라트이다.
메소포타미아 문명을 일으킨 수메르인은 쐐기 문자를 만들어
신에 대한 제사, 왕의 업적, 교역 내용을 점토판에 기록하였다.
| 바로 알기 | ①은 인도 문명과 관련이 있다. ③, ④, ⑤는 이집트 문
명에 대한 설명이다.

10 밑줄 친 '이 법전'은 함무라비 법전이다. 바빌로니아 왕국의 함
무라비왕이 완성한 함무라비 법전은 보복주의적인 성격을 가
지고 있으며 신분에 따라 법률의 적용에 차별을 두었다.
| 바로 알기 | ㄷ. 함무라비 법전은 메소포타미아 지방을 통일한 함
무라비왕이 만든 것으로, 이집트 문명과 관련이 없다. ㄹ. 함무라비
법전의 내용을 통해 당시에 사유 재산이 인정되었음을 알 수 있다.

11 ㉠은 이집트에 해당하고, 투탕카멘의 가면은 이집트 문명을 대
표하는 유물이다. 이집트인들은 상형(그림) 문자를 만들어 파
피루스에 기록하였다.
| 바로 알기 | ①, ②, ④는 메소포타미아 문명, ③은 인도 문명에 대
한 설명이다.

12 이집트인들은 영혼 불멸과 사후 세계를 믿어 시신을 미라로 만
들고 「사자의 서」 등을 관 속에 넣었다.

13 밑줄 친 '이들'은 페니키아인에 해당한다. 페니키아인들은 표음
문자를 사용하였는데, 이 문자는 그리스에 전해져 오늘날 알
파벳의 기원이 되었다.
| 바로 알기 | ①, ④는 헤브라이인, ②는 메소포타미아 지방의 수메
르인, ③은 이집트인에 대한 설명이다.

14 제시된 유물은 모헨조다로에서 출토된 인장으로 여기에는 동
물과 그림 문자가 새겨져 있다. 인더스강 유역에서 발생한 인도
문명은 하라파, 모헨조다로와 같은 계획도시를 건설하였다.
| 바로 알기 | ①, ②, ④는 중국 문명과 관련이 있다. ⑤는 이집트
문명에 대한 설명이다.

15 지도는 아리아인의 이동 경로를 나타낸 것이다. 아리아인이 인
도에 들어오면서 철기가 보급되었으며, 신분 제도인 카스트제
(바르나)와 브라만교가 성립되었다.
| 바로 알기 | ㄱ. 바빌로니아 왕국은 아무르인이 메소포타미아 지
방에 세운 것이다. ㄴ. 갠지스강 유역까지 진출한 아리아인은 철제
농기구를 사용하여 농사를 짓고, 철제 무기로 정복 활동을 벌였다.

16 (가) 왕조는 중국 문명인 상에 해당한다. 상은 청동기를 이용하여 무기와 제사용 도구를 만들었다. 달의 모양을 관측하여 달력을 만들었으며 이를 농경에 이용하였다. 또한 상은 국가에 중요한 일이 있을 때 왕이 점을 쳐서 결정하였는데, 점을 친 결과를 한자의 기원이 된 갑골 문자로 기록하였다.
| **바로 알기** | ① 상의 왕은 제사와 정치를 함께 주관하는 제정일치의 신권 정치를 실시하였다.

17 지도의 (나)는 주에 해당하고, 제시된 그림은 주의 봉건제를 보여 준다. 주는 넓어진 영토를 효과적으로 다스리기 위해 왕이 수도와 주변 지역을 직접 통치하고, 지방은 왕족이나 공신을 제후로 삼아 다스리게 하는 봉건제를 실시하였다.
| **바로 알기** | ㄱ. 주의 봉건제는 왕이 제후에게 주변 지역의 통치를 맡겼으므로 중앙 집권적인 체제의 강화와는 거리가 멀다. ㄷ은 서양의 봉건제와 관련이 있다. 주의 봉건제는 혈연관계를 바탕으로 하였다.

서술형 문제

18 | **예시 답안** | 역사는 크게 '사실로서의 역사'와 '기록으로서의 역사'의 두 가지 의미가 있다. '사실로서의 역사'는 과거에 일어난 사실 그 자체로, 객관적이다. 반면, '기록으로서의 역사'는 역사가의 관점과 해석이 담겨 있어 주관적이다.

구분	채점 기준
상	'사실로서의 역사'와 '기록으로서의 역사'를 쓰고, 그 의미를 비교하여 서술한 경우
하	'사실로서의 역사'와 '기록으로서의 역사'만 쓴 경우

19 (1) 신석기 혁명
(2) | **예시 답안** | 신석기 시대에는 농경 생활이 시작되고 짐승을 기르는 목축이 이루어지면서 신석기 혁명이 일어났다.

구분	채점 기준
상	농경과 목축이 시작되었기 때문이라고 서술한 경우
하	농경과 목축 중 한 가지만 언급한 경우

20 (1) 카스트제(바르나)
(2) | **예시 답안** | (가)는 브라만이다. 브라만은 종교적 권위를 지닌 제사장으로서 제사 의식을 담당하였다.

구분	채점 기준
상	계급의 명칭과 역할을 모두 서술한 경우
하	계급의 명칭과 역할 중 한 가지만 서술한 경우

02 고대 제국들의 특성과 주변 세계의 성장(1)

개념 확인하기   p. 16

1 (1) 왕의 길 (2) 아시리아   **2** (1) ○ (2) × (3) ×   **3** 철제
4 (1) ㄹ (2) ㄴ (3) ㄷ (4) ㄱ   **5** (1) − ㉠ (2) − ㉡ (3) − ㉢
6 (1) 유교(유학) (2) 사마천 (3) 채륜

족집게 문제   p. 16~19

1 ⑤   **2** ③   **3** ③   **4** 파르티아   **5** ①   **6** ⑤   **7** ⑤   **8** ①
9 ⑤   **10** ②   **11** ③   **12** ④   **13** 군국제   **14** ③   **15** ②
16 ③   **17** ④   **18** ⑤   [서술형 문제 19~21] 해설 참조

1 아시리아는 기원전 7세기 우수한 철제 무기와 전술을 앞세워 이스라엘, 바빌로니아, 이집트 등을 정복하여 서아시아 세계를 최초로 통일하였다. 이후 아시리아는 가혹한 통치로 피정복민이 반란을 일으켜 멸망하였다.
| **바로 알기** | ①은 바빌로니아 왕국, ②는 사산 왕조 페르시아, ③은 파르티아, ④는 아케메네스 왕조 페르시아에 대한 설명이다.

2 (가)는 아케메네스 왕조 페르시아이다. 아케메네스 왕조 페르시아는 피정복민에 대한 관용 정책을 펼쳤고, 그리스와의 전쟁(그리스·페르시아 전쟁)에서 패배한 이후 점차 쇠퇴하다가 기원전 4세기 말 알렉산드로스에게 멸망하였다.
| **바로 알기** | ㄱ은 사산 왕조 페르시아 등, ㄹ은 아시리아에 대한 설명이다.

3 아케메네스 왕조 페르시아의 전성기를 이끌었으며, '왕의 눈', '왕의 귀'라고 불리는 감찰관을 보내 총독을 감시하게 한 인물은 다리우스 1세이다.

4 기원전 3세기 중엽에 이란계 유목 민족이 건국, 동서 무역으로 번영 등의 내용을 통해 파르티아에 대한 설명임을 알 수 있다.

5 3세기 초 페르시아의 계승을 내세우며 등장, 페르시아어를 공용어로 사용 등의 내용을 통해 밑줄 친 '이 국가'가 사산 왕조 페르시아임을 알 수 있다. 사산 왕조 페르시아는 동서를 잇는 중계 무역으로 번영하였으며, 로마 제국의 침입을 여러 차례 물리쳤다.
| **바로 알기** | ㄷ은 아케메네스 왕조 페르시아에 대한 설명이다. 사산 왕조 페르시아는 이슬람 세력에 멸망하였다. ㄹ은 헤브라이에 대한 설명이다. 사산 왕조 페르시아는 조로아스터교를 국교로 삼았다.

6 페르시아는 여러 민족의 문화를 받아들여 국제적인 성격의 문화를 발전시켰다. 아케메네스 왕조 페르시아의 수도였던 페르세폴리스에 남아 있는 궁전은 다양한 문화가 조화를 이룬 페르시아 문화의 특징을 잘 보여 준다.
| **바로 알기** | ①은 이집트 문명과 관련이 있다. ② 페르시아의 문화는 개방적인 성격을 가졌다. ③은 한의 문화와 관련이 있다. ④ 페르시아의 문화는 그리스, 이집트, 아시리아 등의 영향을 받았고, 비단길을 통해 동아시아 지역에 전파되었다.

7 ㉠은 조로아스터교이다. 조로아스터교는 세상을 선과 빛의 신 아후라 마즈다와 악과 어둠의 신 아리만의 대결이 벌어지는 곳으로 보았다. 또한 선한 신의 상징인 불을 소중하게 여겼으며, 다리우스 1세의 후원으로 널리 퍼졌다. 조로아스터교의 교리는 이후 크리스트교, 이슬람교 등에 영향을 주었다.

| 바로 알기 | ⑤ 조로아스터교를 국교로 삼은 것은 사산 왕조 페르시아에 해당한다.

8 (가)는 주가 동쪽의 낙읍(뤄양)으로 천도한 이후부터 진이 중국을 통일하기 이전까지로 춘추 전국 시대에 해당한다. 춘추 전국 시대에는 철기가 보급되어, 철제 농기구와 소를 이용한 농경이 이루어지면서 농업 생산력이 크게 늘어났다. 또한 상업과 수공업이 발달하여 도시와 시장이 성장하였다.

| 바로 알기 | ㄷ. 춘추 전국 시대에 주 왕실의 권위가 약화되면서 정치가 혼란스러웠지만 각국이 서로 경쟁하면서 사회와 경제가 크게 발전하였다. ㄹ. 춘추 전국 시대에는 철제 무기가 사용되면서 전쟁이 더욱 치열해졌다.

9 춘추 전국 시대에는 정치가 혼란스럽고 전쟁의 규모가 커지면서 제후국 간의 경쟁이 치열해졌다. 각국은 경쟁에서 살아남기 위해 유능한 인재를 등용하여 부국강병을 추진하였으며 그 과정에서 제자백가가 등장하였다.

| 바로 알기 | ① 분서갱유는 진시황제의 중앙 집권 정책과 관련이 있다. ② 주 왕실의 권위가 약해진 틈을 타 제후들이 제각기 독립하면서 춘추 전국 시대가 시작되었다. ③, ④ 춘추 전국 시대에 정치는 혼란스러웠지만 제자백가라 불리는 다양한 사상가와 학파가 등장하였다.

10 춘추 전국 시대에는 제자백가 사상가인 묵자가 묵가를 제시하여 혈연과 신분을 뛰어넘는 차별 없는 사랑을 강조하였다.

| 바로 알기 | ①은 공자와 맹자가 발전시킨 유가, ③, ④는 노자와 장자에서 비롯된 도가, ⑤는 한비자가 완성한 법가와 관련된 내용이다.

11 전국 7웅 중 하나이며 혼란스러웠던 중국을 최초로 통일하였다는 내용을 통해 ㉠ 나라가 진(秦)임을 알 수 있다. 진은 법가 사상을 토대로 부국강병을 이루어 중국을 최초로 통일하였다.

| 바로 알기 | ①, ⑤는 한, ②는 상과 관련이 있다. ④ 분서갱유는 진이 중국을 통일한 이후에 시황제가 단행한 것이다.

12 ㉡은 진의 시황제이다. 진시황제는 늘어난 영토와 백성을 효과적으로 다스리기 위해 강력한 중앙 집권 정책을 실시하였다. 전국을 군과 현으로 나누어 직접 관리를 보내 다스리는 군현제를 실시하였고, 화폐·도량형·문자를 통일하였다. 또한 흉노를 몰아낸 후 다시 침입하는 것을 막기 위해 만리장성을 쌓았다.

| 바로 알기 | ④는 한 고조에 대한 설명이다.

13 한 고조는 각 군·현에 직접 관리를 파견하여 다스리는 군현제와 왕족이나 공신을 제후로 임명하여 이들에게 다스리게 하는 봉건제를 절충한 군국제를 실시하였다.

14 동중서의 건의에 따라 유교를 통치 이념으로 삼았다는 점을 통해 밑줄 친 '나'는 한 무제임을 알 수 있다. 한 무제는 군현제, 소금과 철의 전매 제도 등을 실시하였다. 또한 수도에 유학 교육 기관인 태학을 세웠으며, 비단길을 개척하였다.

| 바로 알기 | ③은 진의 시황제에 대한 설명이다.

15 한 무제 때 장건이 서역에 파견되었다. 무제가 죽은 후 한이 멸망하고 신이 건국되었다(8). 이후 신이 멸망하고 유수(광무제)가 다시 한(후한)을 세웠다(25). 후한 말에는 황건적의 난 등 농민 반란이 일어났다.

16 제시된 내용은 호족에 대한 설명이다. 한대에는 호족이 등장하여 향촌 사회를 지배하였다.

17 (가)에는 한대의 문화와 관련된 발표 주제가 들어가야 한다. 한대에는 훈고학이 발달하였고, 사마천이 『사기』를 저술하였다. 또한 채륜이 종이 만드는 법을 개량하였다.

| 바로 알기 | ㄱ. 한대에 비단길을 통해 전래된 종교는 불교이다. ㄴ. 한비자는 춘추 전국 시대에 활약하였다. ㅁ. 한대에 국가 운영의 기본 지침으로 자리 잡은 것은 유교이다.

18 흉노는 동아시아 최초로 유목 제국을 세웠고, 선우로 즉위한 묵특이 만리장성 이북의 초원 지대를 통합하였다. 한편, 진시황제는 흉노를 몰아내고, 흉노의 침입에 대비하여 만리장성을 쌓았다. 한 무제 때에는 흉노를 물리치기 위해 동맹국을 찾으러 장건이 서역에 파견되었는데 이를 계기로 비단길이 열렸다.

| 바로 알기 | ⑤ 묵특 선우가 한 고조에게 승리한 이후 한에서는 흉노에 공물과 공주를 보내 평화를 유지하였다.

서술형 문제

19 (1) (가) 아시리아, (나) 아케메네스 왕조 페르시아

(2) | 예시 답안 | 아시리아는 피정복민을 가혹하게 통치하였으나, 아케메네스 왕조 페르시아는 피정복민에 대한 관용 정책을 펼쳤다.

구분	채점 기준
상	아시리아와 아케메네스 왕조 페르시아의 피정복민에 대한 통치 방식을 비교하여 서술한 경우
하	아시리아와 아케메네스 왕조 페르시아의 피정복민에 대한 통치 방식 중 한 가지만 서술한 경우

20 | 예시 답안 | 진은 만리장성 등 대규모 토목 공사에 백성을 자주 동원하였고, 법가 사상에 따라 백성을 가혹하게 통치하여 불만을 샀다.

구분	채점 기준
상	대규모 토목 공사에 백성 동원, 법가 사상에 따른 가혹한 통치 등 진의 멸망 원인을 두 가지 서술한 경우
하	진의 멸망 원인을 한 가지만 서술한 경우

21 | 예시 답안 | 소금과 철의 전매 제도를 실시하였다.

구분	채점 기준
상	소금과 철의 전매 제도 실시를 서술한 경우
하	전매 제도라는 용어만 언급한 경우

03 고대 제국들의 특성과 주변 세계의 성장(2)

개념 확인하기
p. 22

1 (1) ○ (2) ○ (3) × (4) ○   **2** (1) 펠로폰네소스 전쟁
(2) 인간 중심 (3) 델로스 동맹   **3** 헬레니즘   **4** (1) 원로원
(2) 그라쿠스 (3) 콘스탄티노폴리스(비잔티움) (4) 크리스트교
5 (1) ㄷ (2) ㄴ (3) ㄹ (4) ㄱ

족집게 문제
p. 22~25

1 ①   **2** ①   **3** ⑤   **4** 클레이스테네스   **5** ②   **6** ③   **7** ①
8 ⑤   **9** ⑤   **10** ③   **11** ①   **12** ③   **13** ②   **14** ④   **15** ⑤
16 콘스탄티누스 대제   **17** ④   **18** ⑤   **19** ⑤
[서술형 문제 20~22] 해설 참조

1 기원전 2000년경부터 에게해의 여러 섬과 연안에서는 크레타 문명과 미케네 문명 등 에게 문명이 발달하였다.

2 그리스인들이 해안에 가깝고 방어하기 좋은 곳에 모여 살기 시작하면서, 작은 도시 국가인 폴리스가 등장하였다. 폴리스는 중심부인 아크로폴리스에 신전을 두었고, 그 아래에 시민의 공공 생활 장소인 아고라를 두었다. 또한 폴리스를 형성한 그리스인들은 올림피아 제전을 열어 유대감을 다졌다.
| 바로 알기 | ① 그리스는 서로 다른 폴리스로 나뉘어 있었지만 그리스인들은 같은 언어를 사용하였다.

3 아테네에서는 페리클레스 시기에 직접 민주 정치가 정착되었지만, 여성, 노예, 외국인은 정치에 참여할 수 없었다.
| 바로 알기 | ㄱ, ㄴ은 스파르타에 대한 설명이다.

4 클레이스테네스는 정치 참여 자격에서 재산 기준을 폐지함으로써 민주 정치를 발전시켰고, 독재를 할 가능성이 있는 사람의 이름을 적어 제일 많은 표를 얻은 사람을 10년간 국외로 추방하는 도편 추방제를 마련하였다.

5 (가)는 아테네의 초기, (나)는 페리클레스 시기, (다)는 클레이스테네스 시기, (라)는 솔론 시기에 해당한다. 따라서 아테네 민주 정치의 발달은 (가) – (라) – (다) – (나)의 순으로 일어났다.

6 스파르타는 강력한 군사 통치를 실시하였고, 20세부터 60세까지의 남자들에게 병역의 의무를 부과하였다.

7 지도의 전쟁은 그리스·페르시아 전쟁(페르시아 전쟁)이다. 이 전쟁에서 승리한 그리스인들은 아테네를 중심으로 델로스 동맹을 맺었으며, 델로스 동맹의 대표였던 아테네는 지중해 무역을 독점하고 직접 민주 정치를 발전시키는 등 전성기를 누렸다.
| 바로 알기 | ② 귀족정은 아테네 초기의 정치 제도로 그리스·페르시아 전쟁과 관련이 없다. ③은 포에니 전쟁의 영향에 해당한다. ④는 펠로폰네소스 전쟁의 영향에 해당한다. ⑤는 그리스 쇠퇴기인 기원전 4세기의 사실이다.

8 아테네를 중심으로 한 델로스 동맹과 스파르타를 중심으로 한 펠로폰네소스 동맹의 충돌로 펠로폰네소스 전쟁이 일어났다. 펠로폰네소스 동맹이 전쟁에서 승리하였으나 오랜 전쟁으로 인해 그리스의 폴리스들은 쇠퇴하였다.
| 바로 알기 | ㄱ은 그리스·페르시아 전쟁과 관련이 있다. ㄴ은 알렉산드로스의 동방 원정에 대한 설명이다.

9 고대 그리스인들은 합리적이면서도 인간 중심적인 문화를 발전시켰다.

10 제시된 유적은 파르테논 신전으로 그리스 문화를 대표하는 건축물이다. 고대 그리스 시기에는 호메로스가 『일리아드』를 저술하여 신의 모습을 인간적으로 표현하였으며, 소피스트라는 철학자 집단이 활동하면서 철학의 관심이 자연 현상에서 인간과 사회로 확대되었다.
| 바로 알기 | ㄱ은 로마 문화, ㄹ은 헬레니즘 문화에 대한 설명이다.

11 지도의 (가) 제국은 알렉산드로스 제국이다. 알렉산드로스가 동방 원정에 나선 결과 헬레니즘 세계가 형성되었다. 그는 그리스어를 공용어로 사용하게 하는 등 동서 융합 정책을 실시하였지만, 알렉산드로스 제국은 알렉산드로스 사후에 분열되어 로마 제국에 흡수되었다.
| 바로 알기 | ① 귀족이 집정관을 독점한 것은 로마에서 공화정이 발전하였던 시기의 사실과 관련이 있다.

12 알렉산드로스 제국에서는 헬레니즘 문화가 발달하였다. 당시에는 금욕을 강조하는 스토아학파와 정신적 즐거움을 추구하는 에피쿠로스학파가 등장하였고, 「밀로의 비너스상」이나 「라오콘 군상」과 같은 사실적이고 생동감 넘치는 조각이 만들어졌다.
| 바로 알기 | ㄱ은 로마에 대한 설명이다. ㄹ. 소크라테스는 그리스 아테네에서 활동한 철학자이다.

13 공화정 초기에는 귀족이 권력을 장악하였다. 그러나 전쟁에 참여하여 세력을 키운 평민들이 정치 참여를 요구하면서, 기원전 5세기 초에 평민회가 만들어졌다.

14 밑줄 친 '이 전쟁'은 포에니 전쟁(기원전 264~기원전 146)이다. 포에니 전쟁 이후에 소수의 귀족이 노예를 이용한 대농장(라티푼디움)을 경영하면서 자영 농민이 몰락하자, 그라쿠스 형제는 자영 농민의 몰락을 막기 위한 개혁을 시도하였다.
| 바로 알기 | ①은 476년의 사실이다. ② 동방의 군주정 계승은 알렉산드로스 제국과 관련이 있다. ③은 고대 그리스에서 있었던 사실이다. ⑤는 포에니 전쟁 이전의 사실이다.

15 ㉠은 옥타비아누스이다. 옥타비아누스는 황제라는 칭호를 거부하고 스스로를 '제1 시민(프린켑스)'이라고 불렀다.
| 바로 알기 | ①은 카이사르, ②는 콘스탄티누스 대제, ③은 유스티니아누스 황제, ④는 디오클레티아누스 황제에 대한 설명이다.

16 콘스탄티누스 대제는 밀라노 칙령을 내려 크리스트교를 공인하였고, 수도를 콘스탄티노폴리스(비잔티움)로 옮겼다.

17 '로마의 평화' 시대 이후 로마는 2세기 말부터 군대의 정치 개입으로 혼란을 겪었다. 3세기 말에는 디오클레티아누스가 제국을 네 부분으로 나누어 공동으로 다스리도록 하였다. 이후에 콘스탄티누스 대제는 밀라노 칙령을 통해 크리스트교를 공인

하였고, 수도를 콘스탄티노폴리스(비잔티움)로 옮기는 등 로마 제국을 다시 일으켜 세우기 위해 노력하였다.

| 바로 알기 | ㄱ은 '로마의 평화' 시대 이전 공화정 시기의 사실이다. ㄷ. 밀라노 칙령을 내린 콘스탄티누스 대제 사후에 로마 제국이 동서로 분리되었다.

18 수도교와 콜로세움 같은 거대한 건축물이나 제국의 모든 민족에게 적용된 만민법 등을 통해 로마에서는 통치에 필요한 실용적인 문화가 발달하였음을 알 수 있다.

| 바로 알기 | ①, ②, ③은 헬레니즘 문화, ④는 고대 그리스 문화에 대한 설명으로 모두 제시된 내용과 관련이 없다.

19 ㉠에 들어갈 종교는 크리스트교이다. 크리스트교는 사랑과 믿음을 통해 누구든지 구원을 받을 수 있다는 예수의 가르침을 바탕으로 성립되었다. 크리스트교는 하층민과 여성을 중심으로 확산되었고, 4세기 말 로마 제국의 국교로 인정되었다.

| 바로 알기 | ⑤ 크리스트교도는 로마의 전통적인 신들과 황제 숭배를 거부하여 박해를 받았다.

20 (1) 페리클레스

(2) | 예시 답안 | 페리클레스는 민회가 실질적인 입법권을 가지도록 하였고, 대부분의 관직과 배심원을 추첨으로 선출하도록 하였으며, 공무 수당을 지급하였다.

구분	채점 기준
상	페리클레스의 정책으로 민회의 입법권 행사, 추첨에 의한 관리 선발, 공무 수당 지급을 모두 서술한 경우
중	페리클레스의 정책 중 두 가지를 서술한 경우
하	페리클레스의 정책 중 한 가지만 서술한 경우

21 | 예시 답안 | 알렉산드로스는 알렉산드리아라는 도시를 세워 그리스인을 이주시키고, 그리스어를 공용어로 삼았다. 또한 동방의 군주정을 계승하고, 정복지의 사람(페르시아인)을 관리로 등용하였으며, 그리스인과 페르시아인의 결혼을 장려하였다.

구분	채점 기준
상	알렉산드로스가 추진한 동서 융합 정책을 세 가지 이상 서술한 경우
중	알렉산드로스가 추진한 동서 융합 정책 중 두 가지를 서술한 경우
하	알렉산드로스가 추진한 동서 융합 정책 중 한 가지만 서술한 경우

22 (1) 포에니 전쟁

(2) | 예시 답안 | 포에니 전쟁 이후 정복지의 값싼 곡물이 대량으로 로마에 들어오고, 소수의 귀족이 노예를 이용한 대농장(라티푼디움)을 경영하면서 자영 농민이 몰락하였다.

구분	채점 기준
상	포에니 전쟁 이후 자영농이 몰락한 원인으로 정복지의 값싼 곡물 유입, 대농장 경영을 서술한 경우
하	포에니 전쟁 이후 자영농이 몰락한 원인을 한 가지만 서술한 경우

Ⅱ 세계 종교의 확산과 지역 문화의 형성

01 불교 및 힌두교 문화의 형성과 확산

개념 확인하기 p. 27

1 (1) 불교 (2) 상좌부 불교 (3) 아소카왕 **2** (1) 대승 불교
(2) 간다라 양식(미술) **3** (1) × (2) × (3) ○ **4** 마누 법전
5 (1) ㄴ (2) ㄱ (3) ㄷ **6** (1) − ㉢ (2) − ㉠ (3) − ㉡

족집게 문제 p. 28~29

1 ④ **2** ③ **3** ② **4** ④ **5** ⑤ **6** ② **7** ① **8** ④ **9** ③
10 ② [서술형 문제 11~12] 해설 참조

1 ㉠에 들어갈 종교는 불교이다. 기원전 7세기경 인도의 갠지스강 유역에서는 철기 문화 보급 후 잦은 전쟁과 상업·농업의 발달로 크샤트리아와 바이샤 세력이 성장하였다. 브라만 중심의 카스트 사회에 불만을 품고 있던 두 세력은 카스트에 따른 신분 차별에 반대하는 불교를 지지하였다.

| 바로 알기 | ①, ②는 인도 문명에 대한 내용이지만 불교의 발전 배경과는 관련이 없다. ③은 브라만교에 대한 설명이다. ⑤는 카스트제가 만들어지게 된 배경에 해당한다.

2 불교는 브라만교의 권위주의와 카스트에 따른 신분 차별에 반대하고, 자비와 평등을 강조하며 세계적인 종교로 발전하였다.

| 바로 알기 | ㄱ은 조로아스터교, ㄹ은 힌두교에 대한 설명이다.

3 제시된 문화유산은 마우리아 왕조의 아소카왕 시기에 건립된 산치 대탑이다. 아소카왕은 도로망을 정비하였고, 나라 곳곳에 사원과 불탑을 세워 불교의 가르침에 따라 나라를 다스리고자 하였다. 또한 이 시기에는 개인의 해탈을 강조하는 상좌부 불교가 발전하였다.

| 바로 알기 | ② 쿠샨 왕조는 아소카왕 사후에 세워졌다.

4 (가)는 마우리아 왕조, (나)는 쿠샨 왕조이다. 쿠샨 왕조는 2세기 중엽 카니슈카왕 때 전성기를 누렸다.

| 바로 알기 | ① 대승 불교가 발달한 것은 쿠샨 왕조 때이다. ② 간다라 양식은 쿠샨 왕조 때 유행하였다. ③은 기원전 6세기경의 사실이다. ⑤ 힌두교가 대중화된 것은 굽타 왕조 시기에 해당한다.

5 제시된 불상은 간다라 불상으로, 쿠샨 왕조 시기에 발달한 간다라 양식에 따라 만들어졌다. 쿠샨 왕조 시기에는 대승 불교가 발달하여 중앙아시아를 거쳐 동아시아로 전파되었다.

| 바로 알기 | ①, ②, ④는 굽타 왕조 시기의 사실이다. ③은 마우리아 왕조의 아소카왕 시기의 사실이다.

6 밑줄 친 '이 왕조'는 굽타 왕조이다. 4세기경 인도 북부를 통일한 굽타 왕조는 5세기 초 찬드라굽타 2세 때 활발한 정복 사업을 전개하는 등 전성기를 누렸다.

| 바로 알기 | ①, ⑤는 마우리아 왕조에 대한 설명이다. ③은 마우리아 왕조의 성립 배경에 해당한다. ④는 쿠샨 왕조에 대한 설명이다.

7 브라만교, 불교, 인도의 민간 신앙이 융합하여 발전한 힌두교는 비슈누가 왕의 모습으로 세상에 나타났다고 주장하여 왕의 권위를 높였고, 이에 왕실의 보호를 받아 성장하였다. 이러한 힌두교는 카스트의 신분 차별을 인정하였다.
| 바로 알기 | ①은 조로아스터교에 대한 설명이다.

8 제시된 『마하바라타』는 인도의 전설과 설화를 담은 서사시로, 산스크리트어로 정리되었다. 굽타 왕조 시기에는 산스크리트어가 공용어로 사용되면서 산스크리트 문학이 발달하였다.

9 굽타 왕조 시기에는 『샤쿤탈라』와 같은 산스크리트 문학이 발달하였고, 미술에서는 간다라 양식과 인도의 고유 양식이 융합된 굽타 양식이 출현하였다. 또한 굽타 왕조 시기에는 지구의 둘레를 계산하였고, 숫자 '0(영)'과 10진법을 사용하였다.
| 바로 알기 | ③ 보로부두르 사원은 동남아시아의 인도네시아에 세워진 불교 사원이다.

10 인도와 중국을 잇는 바닷길의 길목에 위치한 동남아시아에는 인도 문화(불교, 힌두교)와 중국 문화(한자, 유교)가 전파되었다. 그 영향으로 캄보디아에는 힌두교의 영향을 받은 앙코르 와트가 건설되었고, 태국에는 불교의 영향을 받은 왓 마하탓이 만들어졌다.
| 바로 알기 | ㄴ은 그리스의 파르테논 신전이다. ㄹ은 중국 문명인 상의 청동기이다.

서술형 문제

11 (1) 아소카왕
(2) | 예시 답안 | 아소카왕 시기에는 개인의 해탈을 강조하는 상좌부 불교가 발전하였다. 상좌부 불교는 실론과 동남아시아 등지로 전파되었다.

구분	채점 기준
상	상좌부 불교의 특징과 해외 전파 지역을 모두 서술한 경우
하	상좌부 불교의 특징과 해외 전파 지역 중 한 가지만 서술한 경우

12 | 예시 답안 | 알렉산드로스의 원정 이후 헬레니즘 문화가 인도에 영향을 주면서 간다라 양식이 등장하였다. 간다라 양식은 인도 문화와 헬레니즘 문화가 융합되었으며, 그리스 신상의 영향을 받아 신을 인간의 모습으로 조각하는 특징이 나타났다.

구분	채점 기준
상	간다라 양식이 나타나게 된 배경과 그 특징을 모두 서술한 경우
하	간다라 양식이 나타나게 된 배경과 그 특징 중 한 가지만 서술한 경우

02 동아시아 문화의 형성과 확산

개념 확인하기 p. 32

1 (1) 9품중정제 (2) 효문제 (3) 도교 　　**2** (1) ㄱ (2) ㄴ (3) ㄷ
3 3성 6부 　　**4** (1) 양세법 (2) 균전제 (3) 귀족적 　　**5** (1) – ㉠
(2) – ㉢ (3) – ㉣ (4) – ㉡ 　　**6** ㄱ, ㄴ

족집게 문제 p. 32~35

1 ⑤ 　**2** ① 　**3** ② 　**4** ③ 　**5** ⑤ 　**6** ② 　**7** ③ 　**8** ① 　**9** ④
10 ② 　**11** ① 　**12** ③ 　**13** ③ 　**14** ④ 　**15** ④ 　**16** ②
17 ⑤ 　[서술형 문제 18~20] 해설 참조

1 ㉠에 들어갈 시대는 위진 남북조 시대이다. 한이 멸망한 이후부터 수가 중국을 통일할 때까지의 시기를 위진 남북조 시대라고 한다.

2 위진 남북조 시대에는 추천으로 관리를 선발하는 9품중정제가 실시되었고, 남조와 북조에서 불교가 유행하여 불경이 한자로 번역되었다. 또한 도가 사상과 신선 사상, 민간 신앙이 결합하여 도교로 발전하였으며, 남조에서는 세속을 떠나 자유로운 정신세계를 추구하는 청담 사상이 유행하였다.
| 바로 알기 | ①은 진시황제와 관련된 내용이다.

3 (가) 왕조는 중국 남북조 시대의 남조이다. 남조에서는 화북 지방에서 이주해 온 한족이 앞선 농업 기술을 이용하여 강남 지방을 개발하였다.
| 바로 알기 | ①은 춘추 전국 시대와 관련된 내용이다. ③은 수와 관련된 내용이다. ④는 진과 관련된 내용이다. ⑤는 한과 관련된 내용이다.

4 선비어와 선비복을 금지하는 내용이 담긴 것으로 보아, 해당 조치를 내린 왕조가 북위임을 알 수 있다. 5세기 초에 선비족이 세운 북위는 화북 지역을 통일하였으며, 북위의 효문제는 선비족의 복장과 언어를 금지하고 한족과의 결혼을 장려하는 등 적극적인 한화 정책을 펼쳤다.
| 바로 알기 | ①은 한과 당에 대한 설명이다. ②는 발해와 관련된 설명이다. ④ 법가 이외의 사상을 탄압한 것은 진이다. ⑤는 한에 대한 설명이다.

5 제시된 그림은 고개지의 「여사잠도」이다. 남조에서는 화려한 귀족 문화가 발전하였는데, 시에서는 도연명, 그림에서는 고개지, 글씨에서는 왕희지가 유명하였다.
| 바로 알기 | ①, ②, ③, ④는 당 문화의 특징과 관련된 내용이다.

6 ㉠에 들어갈 왕조는 수이다. 중국을 다시 통일한 수의 문제는 토지 제도와 군사 제도 등 여러 제도를 정비하고, 시험을 통해 관리를 선발하는 과거제를 실시하는 등 중앙 집권적 통치 체제를 강화하였다.
| 바로 알기 | ①은 한대의 사실이다. ③은 위진 남북조 시대의 북위에 대한 설명이다. ④ 윈강 석굴은 북조에서 만들었다. ⑤는 진에 대한 설명이다.

7 제시된 자료의 운하는 수대에 건설된 대운하이다. 수의 양제는 화북 지방과 강남 지방을 연결하는 대운하를 건설하여 물자 유통을 원활하게 하고 남북 간의 교류를 촉진하였다.
| **바로 알기** | ①, ②는 당, ④는 춘추 전국 시대와 관련된 내용이다. ⑤는 진대에 세워진 만리장성에 대한 설명이다.

8 (가)는 당 태종 시기, (나)는 당의 쇠퇴기부터 멸망기까지에 해당한다. 8세기 중반에 일어난 안사의 난 이후 국경을 수비하던 절도사들이 독립적인 세력으로 성장하면서 당은 급격히 쇠락하였다.
| **바로 알기** | ②는 후한대, ③은 5호 16국 시대, ④는 수대, ⑤는 주 왕조 때의 사실이다.

9 안사의 난 이후 당에서는 조용조가 양세법으로, 부병제가 모병제로 전환되었다. 양세법은 일 년에 두 번(여름, 가을) 호구별로 자산에 따라 세금을 내도록 한 제도이다.
| **바로 알기** | ①은 한 고조와 관련된 내용이다. ② 안사의 난 이후의 당에서는 균전제가 붕괴되고 장원이 증가하였다. ③은 진의 시황제 때의 사실이다. ⑤는 한 무제 때의 사실이다.

10 제시된 행정 조직을 갖춘 왕조는 당이다. 당은 통치 제도를 정비하여 중앙에 3성 6부를 운영하고 지방에 주현을 두어 관리를 파견하였으며, 과거제를 정비하였다. 당의 고종은 신라와 연합하여 백제와 고구려를 멸망시켰으나, 8세기 중엽에는 탈라스 전투에서 이슬람의 아바스 왕조에 패배하였다.
| **바로 알기** | ② 한 무제는 장건을 서역에 파견하였고, 이를 계기로 비단길이 개척되었다.

11 밑줄 친 '이 왕조'는 당이다. 당대에는 훈고학을 집대성한 『오경 정의』가 편찬되었다.
| **바로 알기** | ②, ④는 한대, ③은 춘추 전국 시대에 대한 설명이다. ⑤는 사산 왕조 페르시아 때의 사실이다.

12 제시된 유물은 당대에 제작된 대표적인 도자기인 당삼채로, 당 문화의 귀족적이고 국제적인 특징을 보여 준다. 당은 대외적으로 개방 정책을 펼쳐 동아시아 주변국은 물론, 서역의 여러 나라와도 문물을 교류하였다. 또한 현장 등의 승려들이 서역과 인도를 순례하고 불교 경전을 들여왔다.
| **바로 알기** | ①은 북위, ②는 수와 관련이 있다. ④는 위진 남북조 시대, ⑤는 후한대에 볼 수 있던 모습이다.

13 만주와 한반도 최초의 국가인 고조선은 철기를 수용하여 발전하였지만 한의 공격으로 멸망하였다. 이후 고구려·백제·신라의 삼국이 한강 유역의 지배권을 두고 경쟁하였으며, 신라가 삼국을 통일한 이후 남쪽에서는 신라, 북쪽에서는 발해가 성장하며 남북국 시대가 형성되었다.

14 ㉠에 해당하는 시대는 일본의 아스카 시대, ㉡에 해당하는 시대는 헤이안 시대이다.

15 헤이조쿄(나라)를 수도로 한 (가) 시대는 나라 시대(710~794)이다. 나라 시대에는 도다이사와 같은 대규모 사찰이 건립되었고, 『고사기』와 『일본서기』 등의 역사서가 편찬되었다.
| **바로 알기** | ①은 7세기 중반에 해당하는 설명이다. ②, ③은 헤이안 시대에 대한 설명이다. ⑤는 4세기경에 해당하는 설명이다.

16 헤이안 시대에는 대륙의 문화를 일본인의 기호와 감각에 맞게 소비하려는 국풍 문화가 귀족층을 중심으로 발달하였다.
| **바로 알기** | ①, ⑤는 중국의 당, ③은 중국의 북조에 대한 설명이다. ④는 야마토 정권 시기에 해당한다.

17 지도의 교류가 일어난 문화권은 당대에 형성된 동아시아 문화권이다. 동아시아 문화권의 나라들은 한자를 공용 문자로 사용하고, 유교를 정치 이념으로 삼았다.
| **바로 알기** | ㄱ은 마우리아 왕조에 대한 설명으로, 동아시아에서는 대승 불교가 발전하였다. ㄴ은 헬레니즘 문화에 대한 설명이다.

서술형 문제

18 | **예시 답안** | 9품중정제. 9품중정제가 실시된 결과 지방의 호족이 중앙의 관리로 진출하였고, 대대로 관직을 독차지하면서 문벌 귀족으로 성장하였다.

구분	채점 기준
상	9품중정제를 쓰고, 9품중정제의 시행 결과로 호족의 중앙 관리 진출, 문벌 귀족의 성장을 모두 서술한 경우
중	9품중정제를 쓰고, 9품중정제의 시행 결과를 한 가지만 서술한 경우
하	9품중정제만 쓴 경우

19 (1) ㉠ 모병제, ㉡ 양세법
(2) | **예시 답안** | 7세기 말 이후 균전제가 붕괴되고 장원이 증가하면서 몰락하는 농민이 늘어나 당의 통치 제도가 제대로 운영되지 못하였기 때문이다.

구분	채점 기준
상	조용조와 부병제의 변화 이유로 균전제의 붕괴와 장원의 증가를 모두 서술한 경우
하	조용조와 부병제의 변화 이유를 서술하였으나 미흡한 경우

20 | **예시 답안** | 당은 대외적으로 개방 정책을 펼쳐 동아시아 주변국은 물론, 서역의 여러 나라와도 문물을 교류하였다. 이에 당에서는 국제적인 문화가 발달하였다.

구분	채점 기준
상	당의 문화적 특성과 그 원인을 모두 서술한 경우
하	당의 문화적 특성이나 원인 중 한 가지만 서술한 경우

03 이슬람 문화의 형성과 확산

개념 확인하기   p. 37

1 (1) 쿠란 (2) 이슬람교 (3) 헤지라   **2** (1) - ㉡ (2) - ㉢ (3) - ㉠

3 (1) × (2) × (3) ○ (4) ○ (5) ○   **4** (1) ㄴ (2) ㄱ (3) ㄷ (4) ㄹ

족집게 문제   p. 38 ~ 39

1 ⑤   **2** ①   **3** ④   **4** ⑤   **5** ③   **6** ②   **7** ②   **8** ④   **9** ①

10 ⑤   [서술형 문제 11~12] 해설 참조

1 지도는 6~7세기 무렵의 아라비아반도의 국제 정세와 교역로의 변화를 나타내고 있다. 6세기경 사산 왕조 페르시아와 비잔티움 제국의 대립으로 기존의 동서 무역로가 막히게 되면서, 상인들이 아라비아반도를 지나는 교역로를 이용하게 되었다. 이로 인해 메카, 메디나 등 해안 도시들이 번영하였다.
| 바로 알기 | ①은 중국 한대의 사실로 비단길 개척과 관련이 있다. ②는 기원전 7세기경의 사실이다. ③은 아케메네스 왕조 페르시아와 관련된 내용이다. ④는 중국의 진·한대와 관련된 내용이다.

2 이슬람교는 무함마드가 받은 계시를 정리한 『쿠란』을 경전으로 삼았고, 우상 숭배를 금지하였으며, 유일신 알라에 대한 절대 복종을 가르쳤다.
| 바로 알기 | ㄷ은 조로아스터교에 대한 설명이다. ㄹ은 불교에 대한 설명이다.

3 메카 귀족들의 탄압을 받은 무함마드는 신자들과 함께 메카에서 메디나로 근거지를 옮겼다. 이후 무함마드는 메디나에서 세력을 키워 이슬람 공동체를 만들었고, 메카를 정복한 뒤 아라비아반도의 대부분을 통일하였다.

4 칼리프가 4대에 걸쳐 선출되었다는 점을 통해 제시된 자료에 해당하는 시기가 정통 칼리프 시대임을 알 수 있다. 당시 이슬람 세력은 시리아와 이집트를 점령하고, 사산 왕조 페르시아를 정복하였으며, 비잔티움 제국으로부터 아프리카 북부를 빼앗아 영토를 확장하였다.
| 바로 알기 | ①은 인도 문명에 대한 내용이다. ②는 인도 굽타 왕조와 관련된 내용이다. ③은 아바스 왕조와 관련된 내용이다. ④는 무함마드 시기와 관련된 내용이다.

5 (가) 왕조는 우마이야 왕조이다. 제4대 칼리프인 알리가 암살당하고 우마이야 가문이 칼리프 자리를 차지하자, 이슬람교도들은 우마이야 왕조의 정통성을 두고 시아파와 수니파로 나뉘어 대립하였다.
| 바로 알기 | ①은 무함마드 시기, ②, ⑤는 아바스 왕조 시기의 사실이다. ④는 인도의 굽타 왕조와 관련된 내용이다.

6 밑줄 친 '이슬람 왕조'는 당과 탈라스 전투를 벌인 아바스 왕조이다. 바그다드를 수도로 삼았던 아바스 왕조는 탈라스 전투에서 승리하여 중앙아시아의 동서 교역로를 장악하였고, 바그다드는 국제도시로 성장하였다.
| 바로 알기 | ①은 중국 북위에 대한 설명이다. ③은 중국의 한에 대한 설명이다. ④, ⑤는 우마이야 왕조에 대한 설명이다.

7 일생에 한 번은 성지인 메카로 순례를 떠나야 한다는 내용이나 일정 시간마다 메카를 향해 예배를 드린다는 내용으로 보아, 해당 사회가 이슬람 사회라는 것을 알 수 있다. 이슬람교도들은 『쿠란』에 적힌 5행을 의무로 삼아 실천하였다.
| 바로 알기 | ①, ③은 인도 문명, ④는 중국의 진, ⑤는 중국 문명과 관련된 내용이다.

8 돔과 아치, 뾰족한 탑을 특징으로 하는 모스크가 세워진 문화권은 이슬람 문화권이다. 이슬람 문화권에서는 인도에서 숫자 '0(영)'이 들어와 아라비아 숫자가 만들어졌고, 『쿠란』이 종교뿐만 아니라 일상생활의 기본 규범이 되었다.
| 바로 알기 | ㄱ. 당삼채는 중국의 당에서 유행하였다. ㄷ. 숫자 '0(영)'을 처음 사용한 것은 인도의 굽타 왕조이다.

9 이슬람 문화권에서는 여러 지역의 설화를 모은 『아라비안나이트』가 널리 읽혔고, 아리스토텔레스의 저술이 아랍어로 번역되었다. 의학에서는 이븐 시나가 『의학전범』을 저술하여 이슬람 의학을 집대성하였고, 연금술을 연구하는 과정에서 화학이 발달하는 등 자연 과학도 발전하였다.
| 바로 알기 | ① 산스크리트 문학이 발달한 것은 인도의 굽타 왕조 시기이다.

10 유럽, 아프리카, 아시아를 잇는 통로에 자리한 이슬람 제국의 상인들은 주요 교역로를 장악하면서 동서 무역을 주도하고, 동서 문화의 교류를 촉진하였다.
| 바로 알기 | ①은 중국 수대의 사실이다. ②는 인도의 쿠샨 왕조와 관련된 내용이다. ③은 고대 그리스 세계와 관련된 내용이다. ④는 알렉산드로스 제국과 관련된 내용이다.

서술형 문제

11 | 예시 답안 | 시아파는 우마이야 왕조와 새 칼리프를 인정하지 않고 무함마드의 혈통을 계승한 후손만이 칼리프가 될 수 있다고 주장하였다. 반면, 수니파는 무함마드의 혈통이 아니어도 능력과 자질을 갖춘 사람이라면 누구나 칼리프가 될 수 있다고 주장하였다.

구분	채점 기준
상	시아파와 수니파의 주장을 비교하여 모두 서술한 경우
하	시아파와 수니파의 주장 중 한 가지만 서술한 경우

12 (1) 아라베스크

(2) | 예시 답안 | 이슬람교에서는 우상 숭배를 금지하기 때문에 모스크 내부를 조각 대신에 덩굴무늬나 기하학적 무늬인 아라베스크로 장식하였다.

구분	채점 기준
상	이슬람교에서 아라베스크 무늬를 사용한 이유로 우상 숭배 금지를 서술한 경우
하	이슬람교에서 아라베스크 무늬를 사용한 이유를 서술하였으나 미흡한 경우

04 크리스트교 문화의 형성과 확산(1)

개념 확인하기
p. 42

1 (1) 카롤루스 대제 (2) 게르만족　　**2** (1) × (2) ○ (3) ○
3 카노사의 굴욕　**4** (1) 유스티니아누스 황제 (2) 스콜라 철학
(3) 크리스트교 (4) 고딕 양식 (5) 그리스 정교　**5** 유스티니아누스
법전　**6** (1) – ⓒ (2) – ① (3) – ⓒ

족집게 문제
p. 42~45

1 ②　**2** ③　**3** ⑤　**4** ②　**5** ④　**6** ①　**7** ②　**8** ④　**9** ⑤
10 ②　**11** ④　**12** ⑤　**13** ③　**14** 콘스탄티노폴리스　**15** ①
16 ④　**17** ②　　[서술형 문제 18~20] 해설 참조

1 지도는 훈족의 압박을 받아 게르만족이 로마 영토로 대규모 이동한 것을 나타내고 있다. 로마 영토로 이동한 게르만족은 서로마 제국 곳곳에 나라를 세웠고, 이 과정에서 서로마 제국은 게르만족 출신 용병 대장에 의해 멸망하였다.
| 바로 알기 | ①은 게르만족이 이동하게 된 원인에 해당한다. ③, ⑤는 동유럽에서 있었던 사실로, 게르만족의 이동과는 관련이 없다. ④는 중국의 위진 남북조 시대의 사실이다.

2 프랑크 왕국은 5세기 말에 크리스트교를 받아들여 로마 교회의 지지를 얻었다. 8세기에 카롤루스 마르텔은 이슬람 세력의 침입을 격퇴하였으며, 그 아들인 피핀은 교황을 군사적으로 보호하고 이탈리아 중부 지역을 교황에게 넘겨주었다. 뒤를 이은 카롤루스 대제는 프랑크 왕국의 전성기를 이끌면서, 궁정과 수도원에 학교를 세워 학문과 문예를 부흥하였다.

3 ㉠에 들어갈 인물은 프랑크 왕국의 전성기를 이끈 카롤루스 대제이다. 카롤루스 대제는 옛 서로마 제국 영토의 대부분을 정복하였으며, 정복지에 교회를 세워 크리스트교를 전파하였다.
| 바로 알기 | ①은 카롤루스 대제 사후의 일이다. ②는 5세기 클로비스 때의 사실이다. ③ 비잔티움 제국의 황제인 레오 3세가 성상 숭배 금지령을 발표하였다. ④는 카롤루스 마르텔과 관련된 내용이다.

4 카롤루스 대제 사후에 프랑크 왕국은 서프랑크, 중프랑크, 동프랑크로 분열하였고, 이민족의 침입으로 혼란하였다. 이러한 상황에서 힘을 가진 사람들이 성을 쌓고 무력을 갖추어 기사 계급으로 성장하면서 중세 봉건제가 성립하게 되었다.
| 바로 알기 | ㄴ은 4세기 말의 사실이다. ㄹ은 비잔티움 제국에 관련된 내용이다.

5 (가)는 제후(주군), (나)는 기사(봉신)이다. 기사들은 자신보다 세력이 강한 기사를 주군으로 삼았고, 주군은 충성과 봉사를 서약한 기사에게 토지(봉토)를 주어 봉신으로 삼았다. 이러한 주종 관계는 어느 한쪽이 의무를 다하지 않으면 언제든지 파기될 수 있는 쌍무적 계약 관계였다.
| 바로 알기 | ① 세금을 납부한 계층은 농노였다. ②, ③은 농노에 대한 설명이다. ⑤는 영주와 농노의 관계에 대한 설명이다.

6 장원의 노동을 담당하고, 영주 시설물에 대한 사용료와 세금 납부의 의무 등이 있다는 내용으로 보아 중세 봉건 사회의 농노에 대한 보고서임을 알 수 있다.
| 바로 알기 | ② 봉신은 장원의 영주가 되어 장원을 다스렸다. ③은 고대 그리스에 해당하는 내용이다. ④ 호민관은 고대 로마의 평민 대표이다. ⑤는 로마 공화정 시기에 대한 내용이다.

7 장원의 대부분을 구성한 농노는 영주의 토지를 경작하고 영주에게 노동과 세금을 바쳤으며, 영주에게 예속되어 마음대로 이사할 수 없었다. 다만 농노는 결혼하여 가정을 꾸릴 수 있었다.
| 바로 알기 | ② 장원의 농노는 집과 토지 등 약간의 재산을 소유할 수 있었다.

8 제시된 자료는 중세 교회의 세속화 과정을 보여 준다. 10세기 초 중세 유럽에서는 교회의 세속화와 부패를 해결하기 위해 클뤼니 수도원을 중심으로 교회를 개혁하려는 운동이 펼쳐졌다.
| 바로 알기 | ①은 비잔티움 제국과 관련된 내용이다. ②는 로마 공화정 때의 사실이다. ③은 봉건제의 성립 등, ⑤는 카노사의 굴욕과 관련된 내용이다.

9 제시된 그림은 카노사의 굴욕 사건 당시에 황제 하인리히 4세가 카노사의 성주인 백작 부인과 클뤼니 수도원장에게 교황과의 만남을 주선해 달라고 부탁하는 모습을 그린 것이다.

10 제시된 건축물은 프랑스의 샤르트르 대성당으로, 여기에 적용된 건축 양식은 고딕 양식이다. 고딕 양식은 뾰족한 탑과 화려한 색유리인 스테인드글라스를 특징으로 한다.
| 바로 알기 | ①, ④는 이슬람 건축 양식에 대한 설명이다. ③은 로마네스크 양식에 대한 설명이다. ⑤는 동유럽 문화에 대한 설명이다.

11 중세 서유럽에서는 기사들의 영웅담이나 사랑을 소재로 한 『아서왕 이야기』와 같은 기사도 문학이 유행하였고, 토마스 아퀴나스가 신앙과 이성의 조화를 강조하는 스콜라 철학을 집대성하여 『신학대전』을 저술하였다.
| 바로 알기 | ㄱ, ㄷ은 비잔티움 문화의 영향을 받은 키예프 공국에 대한 설명이다.

12 그림은 유스티니아누스 황제와 수행원들을 그린 것이다. 중앙에 서 있는 유스티니아누스 황제의 머리 주위의 후광은 영적인 권위를 표현한 것이다. 비잔티움 제국에서는 황제가 정치적·군사적 통치권과 함께 종교적 권한도 가지고 있었다.

13 밑줄 친 '황제'는 유스티니아누스 황제이다. 비잔티움 제국의 전성기를 이끈 유스티니아누스 황제는 서로마 제국 영토의 상당 부분을 회복하였고, 성 소피아 대성당을 건립하였다.
| 바로 알기 | ①, ②는 로마 제국 시기의 사실이다. ④ 성상 숭배 금지령은 726년 비잔티움 제국의 황제 레오 3세가 발표하였다. ⑤는 로마 제국의 디오클레티아누스 때의 사실이다.

14 ㉠에 들어갈 도시는 콘스탄티노폴리스이다. 콘스탄티노폴리스는 비잔티움 제국의 수도로, 유럽과 아시아를 잇는 곳에 위치하여 동서 무역의 중심지로 성장하였다.

15 제시된 내용은 성상 숭배 문제를 둘러싼 동서 교회의 대립에 대한 것이다. 이러한 대립의 결과 크리스트교 세계는 로마 가톨릭 교회와 그리스 정교로 분리되었다.

| 바로 알기 | ②는 카노사의 굴욕과 관련된 설명이다. ③은 서유럽의 문화에 대한 내용으로, 제시된 사건과 관련이 없다. ④는 로마 가톨릭교회의 성장과 관련된 내용이다. ⑤는 11세기 이후의 비잔티움 제국에 대한 설명이다.

16 비잔티움 제국에서는 벽 위에 거대한 돔을 올리고 내부를 모자이크 벽화로 장식하는 비잔티움 양식이 유행하였다. 또한 고대 그리스·로마 문화와 헬레니즘 문화가 융합하여 독자적인 문화로 발전하였다.
| 바로 알기 | ㄱ은 서유럽의 건축 양식에 대한 설명이다. ㄷ은 이슬람 문화에 대한 설명이다.

17 밑줄 친 '이 국가'는 키예프 공국이다. 키예프 공국은 비잔티움 제국과 교역하면서 그리스 정교를 국교로 수용하였다.
| 바로 알기 | ①은 인도의 쿠샨 왕조와 관련된 내용이다. ③은 이슬람 문화에 대한 설명이다. ④ 세계 시민주의는 헬레니즘 시대에 등장하였다. ⑤ 페니키아의 표음 문자는 그리스에 전해져 알파벳의 기원이 되었다.

서술형 문제

18 | 예시 답안 | 카롤루스 대제. 카롤루스 대제는 궁정과 수도원 등에 학교를 세워 학문과 문예를 부흥하였고, 이로써 게르만 문화와 로마 문화, 크리스트교가 융합된 서유럽 문화의 기틀이 마련되었다.

구분	채점 기준
상	카롤루스 대제를 쓰고, 그의 문화적 측면에서의 업적으로 학문과 문예 부흥, 서유럽 문화의 기틀 마련을 모두 서술한 경우
중	카롤루스 대제를 쓰고, 그의 문화적 측면에서의 업적을 한 가지만 서술한 경우
하	카롤루스 대제만을 쓴 경우

19 | 예시 답안 | 중세 서유럽에서는 사람들이 태어나서 죽을 때까지 삶의 주요 과정을 교회와 함께하는 등 크리스트교가 유럽 사람들의 신앙생활과 일상생활에 많은 영향을 주었다.

구분	채점 기준
상	크리스트교가 중세 서유럽 사람들의 신앙생활과 일상생활에 많은 영향을 끼쳤다고 서술한 경우
하	크리스트교가 중세 서유럽 사람들에게 영향을 끼쳤다고만 서술한 경우

20 (1) 성 소피아 대성당
(2) | 예시 답안 | 비잔티움 양식으로 지어진 성 소피아 대성당은 벽 위에 거대한 돔을 올리고 내부를 화려한 모자이크 벽화로 장식하였다.

구분	채점 기준
상	비잔티움 양식으로 만들어진 성 소피아 대성당의 특징을 두 가지 서술한 경우
하	비잔티움 양식으로 만들어진 성 소피아 대성당의 특징을 한 가지만 서술한 경우

05 크리스트교 문화의 형성과 확산(2)

개념 확인하기
p. 47

1 (1) ㄴ (2) ㄱ (3) ㄷ　　　　**2** (1) 아비뇽 유수 (2) 르네상스
3 (1) – ㉡ (2) – ㉠ (3) – ㉣ (4) – ㉤ (5) – ㉢　　**4** (1) 갈릴레이
(2) 루터 (3) 베스트팔렌 조약　　**5** 30년 전쟁

족집게 문제
p. 48 ~ 49

1 ②　**2** ㉠ 길드 ㉡ 자치권　**3** ⑤　**4** ④　**5** ①　**6** ②　**7** ③
8 ③　**9** ⑤　[서술형 문제 10~11] 해설 참조

1 제시된 전쟁은 십자군 전쟁(1096~1270)이다. 십자군 전쟁은 여러 차례에 걸쳐 추진되었지만, 한때 예루살렘을 되찾았을 뿐 시간이 지날수록 성지 회복보다 상업적 이익을 중시하는 모습을 보였다. 결국 십자군 전쟁은 실패로 끝났다.
| 바로 알기 | ① 십자군 전쟁은 지중해를 무대로 전개되었다. ③ 십자군 전쟁은 셀주크 튀르크를 상대로 추진되었다. ④ 기사의 세력은 십자군 전쟁 후 약화되었다. ⑤ 십자군 전쟁 후 교황의 권위는 하락하였다.

2 십자군 전쟁 이후로 이탈리아의 항구 도시가 크게 성장하였고, 상인과 수공업자는 동업 조합인 길드를 만들어 자신들의 이익을 추구하며 도시를 운영하였다. 또한 경제력을 키운 도시민들은 영주로부터 자치권을 얻었다.

3 14세기 유럽에서는 흑사병이 크게 유행하여 많은 사람들이 목숨을 잃었다. 이에 노동력이 부족해지자 영주들은 농노의 처우를 개선해 주었고, 농민의 지위는 더욱 향상되었다.
| 바로 알기 | ①은 4세기경의 사실이다. ②는 로마 공화정 시기의 사실이다. ③은 9세기의 사실로, 봉건제가 등장하는 배경이 되었다. ④ 서로마 제국은 5세기에 게르만족에 의해 멸망하였다.

4 14세기 중엽 플랑드르 지방의 지배권을 둘러싸고 영국과 프랑스가 백년 전쟁을 벌였다. 이 전쟁에서 승리한 프랑스는 중앙 집권 국가로 발전하는 기틀을 마련하였다. 이후 영국에서는 장미 전쟁이 일어났고 이 과정에서 왕권이 강화되어 영국이 중앙 집권 국가로 성장할 수 있었다.

5 밑줄 친 '이것'은 르네상스이다. 르네상스 시기에는 그리스·로마의 문화를 본받아 인간의 개성과 능력을 중시하는 인문주의가 발달하였고, 이탈리아에서는 레오나르도 다빈치의 「모나리자」와 미켈란젤로의 「다비드상」 등이 만들어졌다.
| 바로 알기 | ㄷ은 헬레니즘 문화를 대표하는 「라오콘 군상(라오콘상)」이다. ㄹ은 중국 당 시기에 유행한 당삼채이다.

6 에라스뮈스의 『우신예찬』은 알프스 이북의 르네상스를 대표하는 작품이다. 이탈리아의 르네상스가 16세기 이후 알프스 이북으로 확산되면서, 이 지역의 인문주의자들은 현실 사회와 교회의 부패, 성직자의 타락 등을 비판하였다.
| 바로 알기 | ①은 비잔티움 문화, ③은 헬레니즘 문화, ④, ⑤는 르네상스 이전의 서유럽 문화에 대한 설명이다.

7 제시된 자료는 루터의 「95개조 반박문」의 내용이다. 교황 레오 10세가 성 베드로 대성당을 증축할 비용을 마련하려고 면벌부를 판매하자, 루터가 「95개조 반박문」을 발표하여 교황을 비판하였다. 루터는 진실로 회개한 크리스트교도는 면벌부가 없어도 벌을 면할 수 있다고 주장하였다.
| 바로 알기 | ① 아비뇽 유수는 14세기의 일로 교황권의 하락과 관련이 있다. ②는 칼뱅의 주장과 관련된 내용이다. ④는 영국 국교회의 성립과 관련된 내용이다. ⑤는 비잔티움 제국과 관련된 내용이다.

8 제시된 주장을 한 인물은 칼뱅이다. 칼뱅은 인간의 구원이 신에 의해 예정되어 있다는 예정설을 주장하였다. 그는 근면하고 절제 있는 직업 윤리를 강조하며 경제적 성공을 신의 은총이라고 주장하여 상공업자들에게 큰 호응을 얻었다.
| 바로 알기 | ①은 영국의 토마스 모어, ③은 구텐베르크, ④는 루터에 대한 설명이다. ⑤는 아비뇽 유수와 관련된 내용이다.

9 밑줄 친 '이 전쟁'은 30년 전쟁이다. 독일에서 일어난 종교 전쟁인 30년 전쟁은 유럽의 여러 나라가 참가한 국제 전쟁으로 확대되었다. 전쟁은 베스트팔렌 조약이 체결되면서 끝이 났고, 이를 통해 칼뱅파도 공식적으로 인정받게 되었다.
| 바로 알기 | ①은 상업과 도시의 발달, 흑사병의 유행 등과 관련이 있다. ②는 9세기 프랑크 왕국의 분열, 이민족의 침입 등과 관련이 있다. ③은 십자군 전쟁의 결과 등과 관련이 있다. ④ 비잔티움 제국은 15세기 오스만 제국에 의해 멸망하였다.

서술형 문제

10 | 예시 답안 | 십자군 전쟁으로 교황의 권위가 추락하고 제후와 기사들이 몰락한 반면, 국왕의 권한은 강화되었다. 한편, 전쟁 과정에서 동방과의 교역이 활발해져 지중해 무역이 발달하기도 하였다.

구분	채점 기준
상	십자군 전쟁이 끼친 영향을 정치적·경제적 측면에서 모두 서술한 경우
하	십자군 전쟁이 끼친 영향을 정치적·경제적 측면 중에서 한 가지만 서술한 경우

11 | 예시 답안 | 이탈리아에는 고대 로마의 문화유산이 많이 남아 있었고, 비잔티움 제국의 멸망 후 많은 학자가 이주해 오면서 고전 문화 연구가 활발하였다. 또한 지중해 무역으로 이룬 경제적 번영도 르네상스가 일어날 수 있는 배경이 되었다.

구분	채점 기준
상	이탈리아에서 르네상스가 일어나게 된 배경 세 가지를 서술한 경우
중	이탈리아에서 르네상스가 일어나게 된 배경을 두 가지 서술한 경우
하	이탈리아에서 르네상스가 일어나게 된 배경을 한 가지만 서술한 경우

Ⅲ 지역 세계의 교류와 변화

01 몽골 제국과 문화 교류

개념 확인하기 p. 51

1 (1) 사대부 (2) 문치주의 (3) 왕안석 **2** (1) 활판 인쇄술
(2) 성리학 (3) 교자 **3** (1) ㄱ (2) ㄷ (3) ㄴ **4** (1) × (2) ○
(3) ○ (4) × **5** ㄱ, ㄴ

족집게 문제 p. 52~53

1 ② **2** ② **3** ⑤ **4** ④ **5** ② **6** ① **7** ③ **8** 몽골 제일주의
9 ③ **10** ④ **11** ④ [서술형 문제 12~13] 해설 참조

1 (가)는 문치주의에 해당한다. 문치주의의 실시로 송대에는 유교적 소양을 갖춘 사대부 계층이 형성되었다. 그러나 송은 지나친 문치주의 정책으로 군사력이 약화되었다.
| 바로 알기 | ㄴ. 송은 지나친 문치주의 정책으로 군사력이 약화되어 북방 민족의 침입에 시달렸고, 평화 유지의 대가로 이들에게 많은 양의 비단과 은을 바치면서 재정이 어려워졌다. ㄹ. 송 태조는 문치주의 실시, 과거제 개혁 등을 통해 중앙 집권 체제를 강화하였다.

2 송대에는 창장강 하류 지역을 개간하여 농지가 늘어났고, 모내기법 등 농업 기술이 발달하였으며 재배 기간이 짧은 벼가 도입되었다. 이 시기에 도시의 상인과 수공업자들은 행, 작 등의 동업 조합을 만들어 자신들의 이익을 보호하고자 하였다.
| 바로 알기 | ② 교초는 원대에 사용된 지폐이다. 송대에는 교자, 회자 등의 지폐를 사용하였다.

3 송대에 발명되고 실용화된 화약, 나침반, 활판 인쇄술은 몽골 제국 시기에 이슬람 상인을 통해 유럽에 전해졌다. 한편, 송대에는 상업 발달로 도시가 성장하고 서민들의 생활 수준이 높아지면서 서민 문화가 발달하였다.
| 바로 알기 | ㄱ. 성리학은 송대의 지배층인 사대부를 중심으로 발전하였다. ㄴ. 송대에 발명되고 실용화된 중국의 3대 발명품은 화약, 나침반, 활판 인쇄술이다.

4 (가) 나라는 송에 해당한다. 송은 주로 바다를 통해 여러 나라와 활발히 교류하였다. 큰 배를 만들어 무역에 이용하였으며 항해에는 나침반을 사용하였다. 또한 취안저우, 광저우 등의 항구에 무역 사무를 맡아보던 시박사를 두어 대외 무역을 관리하였다.
| 바로 알기 | ④ 송은 인도, 아라비아 상인들과 교역하였다.

5 (가)는 탕구트가 세운 서하, (나)는 여진족이 세운 금이다. 금은 송과 연합하여 요를 멸망시키고 이후 송을 공격하여 남쪽으로 몰아냈다. 한편, 요, 서하, 금은 자신들만의 문자를 만들어 고유한 문화를 지키고자 하였다.
| 바로 알기 | ②는 요(거란)에 대한 설명이다.

6 13세기 초 테무친은 몽골 부족을 통일한 후 칭기즈 칸으로 추대되어 몽골 제국을 세웠다. 몽골 제국은 활발한 정복 활동을 펼쳐 동아시아에서 유럽에 이르는 영토를 차지하였다.

| 바로 알기 | ② 야율아보기는 거란을 건국하였다. ③, ④ 마르코 폴로와 이븐 바투타는 몽골 제국을 다녀간 후 여행기를 남겼다. ⑤ 쿠빌라이 칸은 몽골 제국의 국호를 '원'으로 바꾸었다.

7 칭기즈 칸의 손자인 쿠빌라이 칸은 수도를 대도(베이징)로 옮긴 후 남송을 멸망시키고 중국을 통일하였다.

8 원은 몽골 제일주의를 내세우며 각 민족을 차별적으로 대우하였다.

9 (가)는 몽골인, (나)는 색목인, (다)는 한인, (라)는 남인에 해당한다. 원은 몽골 제일주의를 통해 몽골인을 가장 우대하였고, 몽골의 침입 때 저항이 컸던 남인을 가장 심하게 차별하였다.
| 바로 알기 | ③은 색목인에 대한 설명이다. 한인은 여진족, 거란족, 금 지배 아래의 한족에 해당한다.

10 원은 원의 중국 지배에 불만이 쌓인 한족들의 반란으로 북쪽으로 쫓겨났다.
| 바로 알기 | ①, ⑤는 송과 관련이 있다. ② 원대에는 서민 문화가 발달하였다. ③ 원대에는 과거제가 약화되어 사대부가 활약할 기회가 적다.

11 지도는 몽골 제국의 최대 영역과 주요 교통로를 보여 준다. 몽골 제국 시기에는 육상과 해상 교통로가 완성되어 동서 문화 교류가 활발하게 이루어졌고, 유라시아 대륙이 하나의 교역권으로 통합되었다. 이에 따라 다양한 외국 문화가 원에 들어왔으며, 곽수경은 이슬람의 역법을 토대로 수시력을 만들었다.
| 바로 알기 | ④ 몽골 제국 시기에는 중국의 화약, 나침반, 인쇄술이 이슬람 세계를 거쳐 유럽에 전해졌다.

서술형 문제

12 | 예시 답안 | 송은 지나친 문치주의 정책으로 군사력이 약화되어 북방 민족에게 많은 양의 비단과 은을 제공하였고, 이로 인해 국가 재정이 악화되었다. 이에 왕안석이 개혁을 추진하였으나 보수파 관료들의 반대로 실패하였다.

구분	채점 기준
상	왕안석이 개혁을 추진한 배경(군사력 약화로 인한 국가 재정 악화)과 결과(보수파의 반대로 실패)를 모두 서술한 경우
하	왕안석이 개혁을 추진한 배경과 결과 중 한 가지만 서술한 경우

13 (1) 역참
(2) | 예시 답안 | 몽골 제국 시기에는 육상과 해상 교통로가 정비되었고, 각 지역을 연결하는 교통로에 역참을 세워 여행객들에게 필요한 물품을 제공하였다.

구분	채점 기준
상	육상과 해상 교통로 정비, 역참에서 물품 제공 등 외국인이 몽골 제국을 편리하게 여행할 수 있었던 이유를 서술한 경우
하	역참만 언급한 경우

02 동아시아 지역 질서의 변화

 개념 확인하기 p. 55

1 (1) ㄹ (2) ㄷ (3) ㄴ (4) ㄱ **2** ㄱ, ㄷ **3** (1) 신사
(2) 양명학 (3) 지정은제 **4** (1) 곤여만국전도 (2) 공행
5 (다) – (라) – (나) – (가) **6** (1) × (2) ○

족집게 문제 p. 56~57

1 ③ **2** ④ **3** ④ **4** ② **5** ② **6** ㉠ 후금 ㉡ 청 **7** ⑤
8 ③ **9** ⑤ **10** ④ **11** ③ [서술형 문제 12~13] 해설 참조

1 밑줄 친 '그'는 명의 홍무제이다. 홍무제는 재상제를 폐지하여 황제 독재권을 강화하였고, 토지 대장과 호적 대장을 만들어 세금을 걷는 데 이용하였다.
| 바로 알기 | ㄱ, ㄹ은 명의 영락제에 대한 설명이다.

2 제시된 내용에 해당하는 제도는 명의 홍무제가 실시한 이갑제이다.
| 바로 알기 | ①, ②는 당, ③은 몽골 및 원, ⑤는 몽골과 관련된 제도이다.

3 명의 영락제는 적극적인 대외 팽창 정책을 실시하였다. 그는 여러 차례에 걸쳐 직접 군대를 이끌고 몽골을 공격하였고, 베트남(대월)을 정복하였다.
| 바로 알기 | ①은 명의 홍무제, ②는 후금의 누르하치, ③은 청의 건륭제, ⑤는 청의 강희제에 대한 발표 내용이다.

4 명은 중기 이후 관료들의 권력 다툼이 일어나고, 무역의 확대를 노린 북쪽의 몽골과 동남 해안의 왜구가 침략(북로남왜)하면서 국력이 약화되었다. 또한 임진왜란 때 조선에 군사를 지원하면서 국가 재정이 어려워졌고, 재정 문제에 대처하기 위해 무리하게 세금을 거두자 각지에서 농민 봉기가 잇따랐다. 결국 명은 이자성이 이끄는 농민군에게 멸망하였다.
| 바로 알기 | ②는 한의 쇠퇴와 관련이 있다.

5 제시된 지도는 명대에 마테오 리치가 제작한 「곤여만국전도」이다. 명대에는 상업이 발달하면서 대상인 집단이 성장하였다. 신사가 사회를 주도하였고 양명학이 등장하였으며, 서민의 지위가 향상되면서 「삼국지연의」 등 소설이 인기를 끌었다.
| 바로 알기 | ② 지정은제는 청대의 조세 제도이다. 명대의 조세 제도는 일조편법에 해당한다.

6 명 말에 만주에서 누르하치가 후금을 세웠고, 그 뒤를 이어 홍타이지가 영토를 넓히며 나라 이름을 '청'으로 바꾸었다.

7 청은 다양한 민족을 아우르기 위한 정책을 펼쳤으며, 소수의 만주족이 다수의 한족을 지배하기 위해 회유책과 강압책을 함께 썼다.
| 바로 알기 | ①, ② 한족에게 만주족의 풍습인 변발과 호복을 강요하고, 한족 중심의 중화사상을 탄압한 것은 강압책에 해당한다. ③, ④ 중요 관직에 만주족과 한족을 함께 등용하고, 한족 지식인들을 대규모 편찬 사업에 참여시킨 것은 회유책에 해당한다.

8 지도는 청의 영역을 나타낸다. 명대에 이어 청대에도 선교사들이 중국에 서양 문물을 전해 주어 아담 샬이 중국에 서양의 천문학과 대포 제작 기술을 전하였다. 한편, 상인과 선교사들을 통해 중국의 문화가 유럽에 알려지기도 하였다. 청대에는 유럽과 이슬람 세계에 중국의 비단과 도자기가 대량으로 수출되었으며, 청 정부로부터 허가를 받은 공행이라는 특허 상인만이 외국 상인과 무역할 수 있었다.

| 바로 알기 | ③ 청대에 서양 상인들이 중국의 물품을 수입하고 그 대금을 은으로 지불하면서 대량의 은이 중국으로 들어왔다.

9 제시된 그림은 일본의 봉건제를 보여 준다. 가마쿠라 막부는 봉건제를 바탕으로 성립한 최초의 무사 정권으로, 이때부터 19세기까지 일본에서는 쇼군(장군)을 수장으로 한 무사 정권인 막부가 실질적인 지배권을 행사하였다.

| 바로 알기 | ① 천황은 형식적인 지위만 유지하였다. ② 토지를 매개로 한 주종 관계를 바탕으로 이루어졌다. ③ 가마쿠라 막부 시기부터 시행되었다. ④ 다이묘(영주)가 쇼군에게 충성을 맹세하였다.

10 임진왜란 이후 도요토미 히데요시 정권이 무너지고 도쿠가와 이에야스의 에도 막부가 성립되었다(1603). 한편, 임진왜란으로 명의 국력이 쇠퇴하였고, 여진족이 성장하여 후금이 건국되었다. 이후에 청(후금)은 조선을 침략하였다(병자호란).

| 바로 알기 | 고려 건국은 918년, 명 건국은 1368년, 조선 건국은 1392년, 임진왜란 발발은 1592년, 병자호란 발발은 1636년, 청의 베이징 입성은 1644년에 해당한다.

11 에도 시대에는 도시의 상공업자들을 중심으로 우키요에, 가부키 등 조닌 문화가 발달하였다. 에도 막부는 통신사를 통해 조선과 교류하였고, 네덜란드 상인에게 나가사키를 개항하여 무역을 허락하였는데 이로 인해 일본에서 서양 학문인 난학이 발달하였다.

| 바로 알기 | ③ 에도 막부는 크리스트교를 금지하였다.

서술형 문제

12 | 예시 답안 | 명의 국력을 해외에 과시하였고, 이후 명에 조공하는 나라가 크게 늘어났다.

구분	채점 기준
상	정화 함대의 항해로 나타난 결과를 두 가지 서술한 경우
하	정화 함대의 항해로 나타난 결과를 한 가지만 서술한 경우

13 (1) 산킨코타이 제도

(2) | 예시 답안 | 지방의 다이묘에 대한 통제력을 강화하여 중앙 집권적인 봉건제를 확립하기 위해 실시하였다. 이 제도는 에도, 오사카를 중심으로 한 상업과 교통의 발달을 촉진하고, 지방 문화의 발달을 자극하였다.

구분	채점 기준
상	산킨코타이 제도의 실시 목적과 영향을 모두 서술한 경우
하	산킨코타이 제도의 실시 목적과 영향 중 한 가지만 서술한 경우

03 서아시아와 북아프리카 지역 질서의 변화

개념 확인하기 p. 59

1 (1) ㄹ (2) ㄴ (3) ㄱ (4) ㄷ 　　**2** (1) – ㉡ (2) – ㉠ (3) – ㉢
3 (1) 술탄 칼리프 (2) 술레이만 1세 　　**4** (1) ○ (2) × (3) ×
(4) ○ 　　**5** (1) 시크교 (2) 인도양 무역 (3) 아크바르 황제

족집게 문제 p. 60~61

1 ① 　**2** ⑤ 　**3** ④ 　**4** ④ 　**5** ① 　**6** 예니체리 　**7** ② 　**8** ③
9 ② 　**10** ③ 　[서술형 문제 11~12] 해설 참조

1 지도는 셀주크 튀르크의 영역이다. 11세기경에 중앙아시아의 튀르크계 유목 민족인 셀주크 튀르크가 성장하였다. 이들은 바그다드를 정복하고 아바스 왕조의 칼리프로부터 '술탄'의 칭호를 얻었다. 셀주크 튀르크가 예루살렘을 정복하고 비잔티움 제국과 대립하면서 십자군 전쟁이 일어났다.

| 바로 알기 | ① 셀주크 튀르크는 몽골의 침입으로 멸망하였다.

2 ㉠은 훌라구 울루스(일한국)이다. 13세기 중엽 칭기즈 칸의 손자 훌라구가 이끄는 몽골군이 서아시아로 진격하여 아바스 왕조를 무너뜨리고 훌라구 울루스를 세웠다.

3 사파비 왕조는 이스마일 1세가 페르시아 제국의 부활을 내세우며 세운 나라로 시아파 이슬람교를 국교로 삼았으며, 수도인 이스파한이 경제의 중심지로 발전하였다. 한편, 티무르 왕조는 수도 사마르칸트가 유럽과 중국을 잇는 동서 교역로에 위치하여 중계 무역으로 번영하였다.

| 바로 알기 | ㄱ. 몽골 제국의 부흥을 내세운 것은 티무르 왕조, ㄷ. 군주에게 '샤'라는 칭호를 사용한 것은 사파비 왕조에 해당한다.

4 (가)는 오스만 제국이다. 오스만 제국은 비잔티움 제국을 멸망시키고, 콘스탄티노폴리스(이스탄불)를 수도로 삼았다. 오스만 제국의 술탄인 셀림 1세는 이집트를 정복하여 이슬람 세계의 종교적 지도자인 칼리프직을 차지하였고, 술레이만 1세는 영토를 확장하여 오스만 제국의 전성기를 이끌었다.

| 바로 알기 | ④는 셀주크 튀르크에 대한 설명이다.

5 제시된 내용은 밀레트 제도에 대한 것으로, 오스만 제국의 관용 정책을 보여 준다. 오스만 제국은 정복지 주민들이 세금을 내면 각자의 종교별로 공동체를 구성하고 그 안에서 자치를 누릴 수 있게 하였다.

| 바로 알기 | ②는 중국의 원, ③은 중국의 명, ④는 무굴 제국의 아우랑제브 황제, ⑤는 사파비 왕조와 관련이 있다.

6 오스만 제국 술탄의 친위 부대인 예니체리는 최정예군으로 오스만 제국의 정복 전쟁에서 크게 활약하였다.

7 세밀화 유행, 아라베스크 무늬 발달, 술탄 아흐메트 사원의 건축, 실용적인 학문의 발전은 오스만 제국의 문화 발달 사례에 해당한다.

| **바로 알기** | ②는 무굴 제국의 문화와 관련이 있다. 오스만 제국은 공식 문서에 튀르크어를 사용하였고, 일상생활에서는 언어를 자유롭게 쓸 수 있도록 하였다.

8 지도는 무굴 제국의 영역을 보여 준다. (가)는 북인도에서 아프가니스탄에 이르는 제국을 건설한 아크바르 황제, (나)는 인도 남부까지 정복하여 무굴 제국의 최대 영토를 차지한 아우랑제브 황제에 해당한다.
| **바로 알기** | 티무르의 후손 바부르는 무굴 제국을 세웠다.

9 무굴 제국의 (나) 아우랑제브 황제는 비이슬람교도에게 다시 세금을 거두었고, 이슬람교가 아닌 다른 종교를 탄압하였다.
| **바로 알기** | ①은 바부르, ③, ④는 아크바르 황제에 대한 설명이다. ⑤는 오스만 제국의 종교 정책과 관련이 있다.

10 제시된 건축물은 무굴 제국의 타지마할이다. 타지마할은 인도(힌두) 양식과 이슬람 양식이 조화를 이룬 대표적인 건축물이다.
| **바로 알기** | ①, ② 타지마할은 무굴 제국의 황제 샤자한이 황후 뭄타즈 마할의 넋을 기리기 위해 만든 궁전 형식의 묘당이다. ④ 연꽃 문양과 벽돌 장식은 인도(힌두) 양식이다. ⑤는 오스만 제국의 건축물인 술탄 아흐메트 사원에 대한 설명이다.

서술형 문제

11 (1) 술레이만 1세
(2) | **예시 답안** | 술레이만 1세는 오스트리아의 수도인 빈을 공격하였고, 헝가리를 정복하였으며, 유럽의 연합 함대를 무찔러 지중해 해상권을 장악하였다.

구분	채점 기준
상	오스트리아의 빈 공격, 헝가리 정복, 유럽의 연합 함대 격파 등 술레이만 1세의 정복 활동을 세 가지 서술한 경우
중	술레이만 1세의 정복 활동을 두 가지 서술한 경우
하	술레이만 1세의 정복 활동을 한 가지만 서술한 경우

12 | **예시 답안** | 종교에서는 힌두교와 이슬람교를 절충한 시크교가 등장하였다. 언어는 힌두어, 페르시아어, 아랍어가 혼합된 우르두어가 널리 사용되었다. 건축에서는 인도(힌두)·이슬람 양식이 발전하였다. 미술에서는 페르시아의 세밀화와 인도 미술이 융합된 무굴 회화가 발달하였다.

구분	채점 기준
상	인도·이슬람 문화의 사례를 종교, 언어, 건축, 미술 측면에서 모두 서술한 경우
중	인도·이슬람 문화의 사례를 세 가지 서술한 경우
하	인도·이슬람 문화의 사례를 두 가지 이하로 서술한 경우

04 신항로 개척과 유럽 지역 질서의 변화

개념 확인하기   p. 63

1 (1) 콜럼버스 (2) 마젤란 (3) 동방견문록   **2** (1) 대서양
(2) 가격 혁명   **3** (1) ○ (2) × (3) ○   **4** 절대 왕정
5 (1) ㄱ (2) ㅁ (3) ㄴ (4) ㄹ (5) ㄷ

족집게 문제   p. 64~66

1 ① **2** ④ **3** ④ **4** ⑤ **5** ③ **6** ⑤ **7** ⑤ **8** (가) 왕권신수설
(나) 중상주의 **9** ④ **10** ⑤ **11** ② **12** ⑤ **13** ⑤ **14** ④
15 ② **16** ② **[서술형 문제 17~19]** 해설 참조

1 (가)는 콜럼버스, (나)는 바스쿠 다 가마, (다)는 마젤란의 함대가 개척한 항로이다. 에스파냐의 후원으로 콜럼버스는 아메리카 서인도 제도에 도착하였고, 마젤란의 함대는 최초로 세계 일주에 성공하였다. 바스쿠 다 가마는 인도로 가는 항로를 개척하였다.
| **바로 알기** | ① (가) 항로를 처음 발견한 인물은 콜럼버스이다. 바르톨로메우 디아스는 희망봉을 발견하였다.

2 지도는 신항로 개척의 전개를 보여 준다. 신항로 개척은 동방에 대한 유럽인들의 호기심 증대, 십자군 전쟁 이후 동방 무역의 활성화, 과학 기술의 발달 등이 배경이 되었다.
| **바로 알기** | ④는 신항로 개척의 영향에 해당한다.

3 대서양 연안에 위치하여 지중해 무역에 불리하였던 포르투갈과 에스파냐가 신항로 개척에 앞장섰다.

4 (가) 무역은 유럽, 아메리카, 아프리카를 잇는 삼각 무역이다. 신항로 개척 이후 대서양이 무역의 중심지로 떠올랐고, 대서양 무역은 삼각 무역의 형태로 발전하였다. 유럽인들은 아프리카에서 노예를 사서 아메리카로 보냈고, 그 뒤에 노예가 생산한 은, 설탕 등을 유럽에 가져와 막대한 이익을 남겼다.
| **바로 알기** | ⑤ 신항로 개척 이후 아메리카의 은광에서 채굴된 은을 매개로 세계적인 교역망이 형성되었다.

5 신항로 개척 이후 유럽에서는 가격 혁명과 상업 혁명이 발생하였고, 아메리카 대륙과 동방으로부터 새로운 산물이 들어왔다.
| **바로 알기** | ③ 신항로 개척 후 무역 중심지가 대서양으로 이동하여 지중해 주변의 이탈리아 도시 국가들, 오스만 제국 등이 쇠퇴하였다.

6 (가)는 아스테카 문명, (나)는 잉카 문명에 해당한다. 아스테카 문명은 에스파냐의 코르테스, 잉카 문명은 에스파냐의 피사로에 의해 파괴되었다.
| **바로 알기** | ①, ②는 잉카 문명, ③, ④는 아스테카 문명에 대한 설명이다.

7 밑줄 친 부분의 내용은 노예 무역에 해당한다. 아메리카 원주민의 수가 감소하자, 유럽인은 노동력을 얻기 위해 아프리카 원주민을 노예로 동원하였다(노예 무역). 이로 인해 아프리카에서는 남녀 성 비율이 불균형해졌고 부족 간의 갈등이 깊어졌다.

| 바로 알기 | ㄱ은 신항로 개척 이후 유럽에서 나타난 변화와 관련이 있다. ㄴ. 잉카 문명은 아메리카의 토착 문명에 해당한다.

8 16~18세기 유럽에서 나타난 절대 왕정은 왕권신수설을 정치이론으로 삼고, 중상주의 경제 정책을 실시하였다.

9 절대 왕정은 16~18세기 유럽에서 중앙 집권적인 통일 국가가 등장하면서 국왕이 강력한 권한을 행사하였던 정치 체제이다. 절대 군주는 왕권신수설을 내세워 왕권을 정당화하였고, 관료제와 상비군을 유지하기 위해 중상주의 정책을 실시하였다.
| 바로 알기 | ④ (나) 중상주의는 국내의 상공업을 보호·육성하기 위해 수출을 장려하고 수입을 억제하는 보호 무역 정책으로, 국가가 경제 활동을 간섭하고 통제하였다.

10 ㉠에 들어갈 말은 상공 시민 계층이다. 절대 왕정 시대에 상공 시민 계층은 절대 군주에게 재정적 지원을 하는 대신에 상공업 활동을 보호받으면서 더욱 성장하였다.

11 제시된 내용은 에스파냐의 펠리페 2세에 대한 설명이다. 펠리페 2세는 무적함대를 만들어 지중해 해상권을 장악하였다.

12 영국의 엘리자베스 1세는 무적함대를 물리치고 해상권을 장악하였다. 동인도 회사를 세워 아시아로 진출하였고, 모직물 공업 등 국내 산업을 발전시켰으며 영국 국교회를 확립하였다.
| 바로 알기 | ⑤는 프랑스의 루이 14세에 대한 설명이다.

13 절대 왕정은 17세기 이후 동유럽으로 확대되었다. 동유럽에서는 상공업 활동이 부진하고 시민 계층의 성장도 늦었다. 이러한 가운데 18세기에는 계몽 군주가 개혁을 주도하며 왕권을 강화하였다.
| 바로 알기 | ⑤는 서유럽의 절대 왕정에 해당하는 설명이다. 동유럽의 절대 군주는 시민 계급보다는 봉건 귀족 세력에 의존하였다.

14 밑줄 친 '그'는 프로이센의 프리드리히 2세이다. 프리드리히 2세는 오스트리아와 전쟁을 벌여 슐레지엔 지방을 차지하였다.
| 바로 알기 | ①은 영국의 엘리자베스 1세, ②, ⑤는 러시아의 표트르 대제, ③은 프랑스의 루이 14세에 대한 설명이다.

15 제시된 역사 탐구 보고서의 주제는 17세기에 유럽에서 일어난 '과학 혁명'에 해당한다. 르네상스 시기 이후 싹트기 시작한 근대 과학은 절대 왕정 시기에 한층 더 발전하여 '과학 혁명'으로 나타났다.

16 17세기에 발달한 근대 철학을 토대로 18세기에 인간의 이성에 의한 진보를 믿는 계몽사상이 등장하였다. 계몽사상들은 불합리한 제도와 전통의 개혁을 주장하였다.
| 바로 알기 | ㄴ. 계몽사상은 미국 혁명과 프랑스 혁명 등 시민 혁명에 영향을 주었다. ㄹ은 중세 서유럽에서 유행한 스콜라 철학과 관련이 있다.

서술형 문제

17 (1) 콜럼버스
(2) **| 예시 답안 |** 아메리카의 토착 문명이 파괴되었고, 아메리카의 원주민들은 유럽으로부터 전파된 각종 전염병으로 인해 죽거나 노동력을 가혹하게 착취당하는 등 고통을 겪었다.

구분	채점 기준
상	아메리카 토착 문명 파괴, 유럽에서 전염병 전파, 아메리카 원주민이 노동력을 착취당한 것 등 아메리카의 변화를 두 가지 서술한 경우
하	아메리카의 변화를 한 가지만 서술한 경우

18 | 예시 답안 | 삼각 무역. 아메리카 원주민의 인구가 감소하면서 노동력이 부족해지자 유럽인들이 아프리카 노예를 아메리카의 대농장에 팔게 되었다.

구분	채점 기준
상	삼각 무역을 쓰고, 아프리카 노예가 아메리카로 이동하게 된 배경을 서술한 경우
중	아프리카 노예가 아메리카로 이동하게 된 배경만 서술한 경우
하	삼각 무역만 쓴 경우

19 | 예시 답안 | 중상주의 정책. 국가가 국내의 산업을 보호·육성하기 위해 수출을 장려하고, 관세를 높여 수입을 줄이고자 하였다. 또한 해외 팽창과 식민지 건설을 지원하였다.

구분	채점 기준
상	중상주의 정책을 쓰고, 그 특징을 세 가지 서술한 경우
중	중상주의 정책을 쓰고, 그 특징을 두 가지 서술한 경우
하	중상주의 정책만 쓰거나 중상주의 정책의 특징을 한 가지만 서술한 경우

대단원별 핵심 문제

I. 문명의 발생과 고대 세계의 형성(1회) p. 68~71

1 ③ 2 ⑤ 3 ④ 4 ③ 5 ④ 6 ① 7 ⑤ 8 ④ 9 ⑤
10 ⑤ 11 ④ 12 ③ 13 ⑤ 14 ③ 15 ⑤ 16 ③ 17 ④
18 ⑤ 19 ⑤ 20 ① 21 ② 22 ④ 23 ② 24 ③

1 자료의 내용은 '기록으로서의 역사'에 해당한다. '기록으로서의 역사'는 역사를 기록하는 과정에서 역사가의 개인적인 사상이나 의견이 반영된 것으로, 주관적 의미가 포함된다.
| 바로 알기 | ③은 '사실로서의 역사'에 대한 것이다.

2 역사가는 사료를 통해 역사를 연구하여 과거의 사실을 밝혀낸다. 이때 역사가는 믿을 만한 사료만을 골라서 사료의 정확한 의미를 해석한 후 자신의 사관과 시대적 상황을 반영하여 역사를 서술한다. 한편, 역사 시대와 달리 문자 기록이 없던 선사 시대에 대해서는 유물과 유적을 활용하여 연구한다.
| 바로 알기 | ⑤ 역사가는 사료를 바탕으로 과학적이고 체계적인 연구 방법과 역사적 상상력을 동원하여 과거 사람들의 삶과 역사적 사건을 밝혀낸다.

3 구석기 시대에는 주먹도끼, 긁개 등의 뗀석기를 사용하였다. 또한 라스코 동굴 벽화를 비롯한 동굴 벽화와 빌렌도르프의 비너스와 같은 여인 조각상을 제작하여 사냥의 성공, 다산과 풍요 등을 기원하였다.
| 바로 알기 | ㄴ, ㄹ은 신석기 시대의 유물에 해당한다.

4 제시된 타실리나제르 벽화 사진과 농경과 목축이 시작되었다는 내용 등을 통해 밑줄 친 '이 시대'가 신석기 시대임을 알 수 있다. 신석기 시대의 사람들은 간석기와 토기를 사용하였고, 가락바퀴와 뼈바늘을 이용하여 옷을 만들었으며 특정 동물이나 영혼을 숭배하기도 하였다.
| 바로 알기 | ③은 구석기 시대 사람들의 생활 모습에 대한 설명이다. 신석기 시대 사람들은 바닷가나 강가에서 움집을 짓고 살았다.

5 제시된 사진과 파라오, 피라미드, 나일강의 주기적인 범람이라는 내용 등을 통해 ⊙이 이집트임을 알 수 있다. 이집트는 사막과 바다로 둘러싸인 폐쇄적인 지형으로 이민족의 침입을 적게 받아 오랫동안 통일 왕국을 유지하였다.
| 바로 알기 | ①은 헤브라이, ②는 메소포타미아 문명, ③은 페니키아, ⑤는 중국 문명인 상에 대한 설명이다.

6 하라파와 모헨조다로 등에서 도시 문명이 발생하였으며 청동기와 그림 문자를 사용하였다는 점, 아리아인의 남하로 브라만교와 카스트제가 성립되었다는 점을 통해 ⊙에 들어갈 문명이 인도 문명임을 알 수 있다.

7 중국에서 일어난 주는 상을 무너뜨리고 황허강 유역을 차지하였으며, 혈연관계에 기초한 봉건제를 실시하였다.
| 바로 알기 | ㄱ은 인도 문명의 아리아인, ㄴ은 메소포타미아 문명의 수메르인에 대한 설명이다.

8 아케메네스 왕조 페르시아의 다리우스 1세는 전국을 20여 개의 주로 나누어 총독을 파견하였으며, '왕의 눈', '왕의 귀'라고 불리는 감찰관을 보내 총독을 감시하였다.
| 바로 알기 | ①, ②는 아케메네스 왕조 페르시아에 대한 설명이다. ③ 아케메네스 왕조 페르시아는 알렉산드로스에게 멸망하였다. ⑤는 아케메네스 왕조 페르시아에만 해당하는 설명이다. 아시리아는 피정복민을 가혹하게 통치하였다.

9 자료는 아케메네스 왕조 페르시아가 펼친 피정복민에 대한 관용 정책을 보여 준다. 페르시아는 피정복민의 협조를 받기 위해 정복한 지역에 세금을 거두는 대신 그들의 고유한 풍습을 존중하는 관용 정책을 펼쳤다.
| 바로 알기 | ①은 로마 제국, ②는 아시리아와 관련된 탐구 주제이다. ③ 헤브라이가 유대교를 창시하였다. ④는 알렉산드로스 제국과 관련된 탐구 주제이다.

10 아시리아는 기원전 7세기 서아시아 세계를 최초로 통일하였으나 가혹한 통치로 인한 피정복민의 반란으로 멸망하였다. 이후 아케메네스 왕조 페르시아가 분열된 서아시아 세계를 다시 통일하였으나, 그리스와의 전쟁(그리스·페르시아 전쟁)에서 패배한 이후 점차 쇠퇴하다가 기원전 4세기 말 알렉산드로스에게 멸망하였다. 기원전 3세기 중엽에는 이란계 유목 민족이 세운 파르티아가 성장하였다. 한편, 사산 왕조 페르시아는 7세기 이슬람 세력에 멸망하였다.

11 날개 달린 사자 장식 뿔잔은 아케메네스 왕조 페르시아의 대표적인 유물로, 화려하고 정교한 조각미를 보여 준다.

12 지도는 춘추 전국 시대의 전개를 보여 준다. 춘추 전국 시대에는 제후국 간의 경쟁으로 정치가 혼란하였다. 그러나 이 시기에는 철기가 보급되어, 철제 농기구와 소를 이용한 농경이 이루어지면서 농업 생산력이 크게 향상되었다. 상공업도 활기를 띠었으며 다양한 청동 화폐가 사용되었다.
| 바로 알기 | ③은 한대에 대한 설명이다.

13 법가를 완성한 한비자는 법과 제도를 엄격히 적용하여 백성을 통제해야 한다고 주장하였다.
| 바로 알기 | ①, ③ 공자와 맹자는 유가, ② 노자는 도가, ④ 묵자는 묵가를 주장하였다.

14 전국 7웅 중 하나였던 진(秦)은 법가 사상을 토대로 부국강병을 이루어 중국을 최초로 통일하였다.

15 진의 시황제와 아케메네스 왕조 페르시아의 다리우스 1세는 중앙 집권 체제를 확립하기 위해 화폐와 도량형을 통일하였다.
| 바로 알기 | ①은 한 고조, ②는 한 무제에 대한 설명이다. ③ 파르티아를 멸망시킨 것은 사산 왕조 페르시아이다. ④는 알렉산드로스에 대한 설명이다.

16 장건을 서역에 파견하는 내용 등을 통해 밑줄 친 '황제'가 한 무제임을 알 수 있다. 한 무제는 동중서의 건의를 받아들여 유교를 통치 이념으로 채택하였고, 잦은 정복 활동 등으로 부족해진 재정을 해결하기 위해 소금과 철의 전매 제도를 실시하였다.
| 바로 알기 | ㄱ은 주와 관련된 설명이다. 한 무제는 군현제를 전국적으로 실시하였다. ㄹ은 진의 시황제에 대한 설명이다.

17 한대에는 호족이 성장하였다. 수도인 장안에는 태학이 설치되었고, 오경박사가 유학을 가르쳤다. 이때의 유학은 경전을 정리하여 그 의미를 밝히는 훈고학적 특징을 지녔다. 한대에 사마천은 『사기』를 편찬하였고, 채륜은 종이 만드는 법을 개량하였다.
| 바로 알기 | ④ 반고는 『한서』를 편찬하였다.

18 기원전 5세기 중엽 페리클레스 시대에 아테네에서는 민회 중심의 직접 민주주의가 정착되었다. 관리를 추첨으로 뽑았고, 이들에게 공무 수당을 지급하여 가난한 시민의 정치 참여를 보장하였다. 그러나 여성, 노예, 외국인은 정치에 참여할 수 없었다.
| 바로 알기 | ⑤ 아테네의 민주 정치는 대표자에게 권한을 위임하지 않고 시민이 국가의 주요 정책을 결정하는 직접 민주 정치였다.

19 마라톤 전투에서의 승리, 살라미스에서 페르시아 해군 격파 등의 내용을 통해 밑줄 친 '전쟁'이 그리스·페르시아 전쟁(페르시아 전쟁)임을 알 수 있다. 그리스·페르시아 전쟁 이후 그리스인들은 페르시아의 침입에 대비하기 위해 아테네를 중심으로 델로스 동맹을 맺었다.
| 바로 알기 | ①, ②는 알렉산드로스의 동방 원정이 가져온 결과에 해당한다. ③, ④는 펠로폰네소스 전쟁의 결과에 해당한다.

20 (가)는 헬레니즘 문화에 해당한다. 「라오콘 군상(라오콘상)」은 헬레니즘 문화를 대표하는 조각으로, 고통을 받고 있는 인간을 사실적으로 표현하였다.
| 바로 알기 | ② 아테나 여신상, ⑤ 파르테논 신전은 그리스 문화를 대표하는 문화유산이다. ③ 콜로세움은 로마 문화를 대표하는 문화유산이다. ④ 지구라트는 메소포타미아 지방에서 수메르인이 건설한 신전이다.

21 제시된 자료는 포에니 전쟁 이후 자영 농민의 몰락을 막기 위해 개혁을 시도하였던 티베리우스 그라쿠스의 연설 내용이다.

22 ① 로마가 세워진 후 기원전 5세기 초에 평민회가 만들어졌다. ② 기원전 1세기에 카이사르가 정권을 장악하였고, 이후 그의 뒤를 이은 옥타비아누스가 제정 시대를 열었다. ③ 제정이 시작된 이후 로마 제국은 200여 년 동안 '로마의 평화'라 불리는 번영을 누렸다. ⑤ 서로마 제국은 476년에 게르만족의 침략으로 멸망하였다.
| 바로 알기 | ④는 (다) 시기에 해당하는 설명이다. 로마 제국은 제정 시대인 3세기 말에 제국을 네 부분으로 나눈 뒤 네 명의 통치자가 공동으로 다스리게 하였다.

23 수도교와 아피아 가도는 실용적인 로마 문화를 보여 주는 대표적인 문화유산이다.

24 콘스탄티누스 대제는 크리스트교를 공인하고, 수도를 콘스탄티노폴리스(비잔티움)로 옮기는 등 로마 제국을 다시 일으켜 세우고자 노력하였다.
| 바로 알기 | ①은 테오도시우스 황제, ②는 비잔티움 제국(동로마 제국)의 유스티니아누스 황제, ④는 디오클레티아누스 황제, ⑤는 그라쿠스 형제에 대한 설명이다.

Ⅰ. 문명의 발생과 고대 세계의 형성(2회)   p. 72~75

1 ②   **2** ⑤   **3** ③   **4** ②   **5** ①   **6** (나)   **7** ②   **8** ③   **9** ②
10 ⑤   **11** ③   **12** ⑤   **13** ④   **14** ①   **15** ④   **16** ⑤   **17** ④
18 ⑤   **19** ④   **20** ⑤   **21** ②   **22** ②   **23** ③   **24** ④

1 (가)는 '사실로서의 역사'에 해당한다. '사실로서의 역사'는 과거에 일어난 사실 그 자체로 객관적이다. ㄱ, ㄷ은 역사가의 관점과 해석이 담기지 않은 객관적인 역사 서술에 해당한다.
| 바로 알기 | ㄴ, ㄹ은 역사가의 관점과 해석이 담겨 주관적인 '기록으로서의 역사'에 해당하는 역사 서술이다.

2 역사를 배우면서 우리는 현재를 올바르게 이해하고 삶의 지혜와 교훈을 얻을 수 있다. 또한 역사 자료를 탐구하는 과정에서 역사적 사고력과 비판력을 기를 수 있다. 한편, 세계사 학습을 통해 한국사가 세계사와 긴밀한 연관성 속에 전개되었음을 파악할 수 있다.
| 바로 알기 | ⑤ 세계 여러 나라의 고유한 역사와 다양한 문화를 이해하고 존중하는 자세를 기르는 것은 역사 학습의 목적 중 하나이다.

3 약 40만 년 전에 등장한 호모 네안데르탈렌시스는 사람이 죽으면 시신을 땅에 묻어 주었다.
| 바로 알기 | ①은 오스트랄로피테쿠스 아파렌시스, ②는 호모 사피엔스, ④는 호모 에렉투스에 대한 설명이다. ⑤ 인류는 (라) – (나) – (다) – (가)의 순서로 진화하였다.

4 (가)는 주먹도끼로 구석기 시대, (나)는 토기로 신석기 시대의 유물에 해당한다. 구석기 시대에는 주로 사냥과 채집을 통해 식량을 마련하였고, 신석기 시대에 농경과 목축이 시작되었다.
| 바로 알기 | 구석기 시대 사람들은 뗀석기를 사용하였고, 먹을 것을 찾아 자주 이동하였기 때문에 일정한 거주지 없이 동굴이나 막집에서 생활하였다. 신석기 시대 사람들은 간석기를 사용하였고, 주로 바닷가나 강가에서 움집을 짓고 정착 생활을 하였다. 구석기 시대와 신석기 시대는 평등한 사회였다.

5 (가)는 이집트 문명, (나)는 메소포타미아 문명, (다)는 인도 문명, (라)는 중국 문명이 발생한 지역이다. 이집트의 왕인 파라오는 살아 있는 신으로 여겨졌으며 종교와 정치를 결합한 신권 정치로 절대적인 왕권을 누렸다.
| 바로 알기 | ②는 인도 문명. ③은 중국에서 일어난 주에 대한 설명이다. ④는 인도 문명과 관련이 있다. ⑤ 고대 문명은 모두 청동기 문화를 바탕으로 형성되었다.

6 제시된 내용은 (나) 지역에서 발생한 메소포타미아 문명에 대한 설명이다. 메소포타미아 지방에 정착한 수메르인은 기원전 3500년경에 인류 최초로 문명을 일으켰다.

7 밑줄 친 '이 나라'는 중국 문명인 상이다. 상은 국가의 중요한 일을 왕이 점을 쳐서 결정하였는데, 점을 친 결과를 갑골 문자로 기록하였다.
| 바로 알기 | ①은 메소포타미아 문명의 신전이었던 지구라트, ③은 이집트 문명의 스핑크스와 피라미드, ④는 인도 문명의 그림 문자가 새겨진 인장, ⑤는 메소포타미아 문명의 쐐기 문자가 새겨진 점토판이다.

8 아케메네스 왕조 페르시아에 앞서 서아시아를 통일한 (가) 국가는 아시리아이다. 아시리아는 가혹한 통치로 피정복민이 반란을 일으켜 서아시아 세계를 통일한 지 60여 년 만에 멸망하였다.
| 바로 알기 | ① 브라만교는 아리아인이 인도로 이동하면서 성립한 종교이다. ②는 중국 문명인 상, ④는 사산 왕조 페르시아, ⑤는 아케메네스 왕조 페르시아에 대한 설명이다.

9 밑줄 친 '왕'은 아케메네스 왕조 페르시아의 다리우스 1세이다. 활발한 정복 활동으로 대제국을 건설한 다리우스 1세는 '왕의 길'이라는 도로를 건설하였고 화폐, 도량형 등을 통일하였다.
| 바로 알기 | ㄴ은 바빌로니아 왕국의 함무라비왕, ㄹ은 로마 제국의 옥타비아누스에 대한 설명이다.

10 페르시아의 계승을 내세우고 파르티아를 멸망시켰다는 점, 샤푸르 1세 등의 내용을 통해 ㉠에 들어갈 국가가 사산 왕조 페르시아임을 알 수 있다. 사산 왕조 페르시아는 동서 교통의 요충지를 차지하여 중계 무역으로 번성하였으나 이슬람 세력의 공격으로 멸망하였다.
| 바로 알기 | ①은 알렉산드로스 제국에 대한 설명이다. ②는 로마 제국에 대한 설명이다. 사산 왕조 페르시아는 조로아스터교를 국교로 삼았다. ③, ④는 아케메네스 왕조 페르시아에 대한 설명이다.

11 페르시아의 문화는 국제적인 성격을 띠었으며, 특히 페르시아의 수도인 페르세폴리스의 유적에는 여러 나라 문화의 영향을 받은 조각이나 건축물이 남아 있다. 페르시아에서는 사자, 새 등의 동물 모양을 새겨 넣은 금속·유리 공예품이 많이 만들어졌다. 페르시아의 공예 기술은 유럽, 이슬람과 동아시아의 신라에까지 전해졌다.
| 바로 알기 | ③ 아케메네스 왕조 페르시아의 다리우스 1세는 조로아스터교를 후원하여 확산시켰으나 국교로 삼지는 않았다. 조로아스터교는 사산 왕조 페르시아가 국교로 삼았다.

12 주가 수도를 동쪽으로 옮긴 이후 주 왕실의 권위가 약해졌고, 제후국들이 세력을 다투는 춘추 전국 시대가 전개되었다. 제후국들은 경쟁에서 살아남기 위해 유능한 인재를 등용하여 부국 강병을 추진하였다. 춘추 전국 시대에 정치는 혼란스러웠지만 철기가 보급되고, 도시와 시장이 성장하는 등 사회와 경제가 발전하였다.
| 바로 알기 | ⑤ 화폐, 도량형, 문자의 통일은 진시황제가 중국을 통일한 이후에 실시한 것이다.

13 (가)는 유가, (나)는 도가, (다)는 법가, (라)는 묵가에 해당한다. 춘추 전국 시대에는 제자백가가 등장하여 정치 질서, 사회 규범과 같은 현실 문제에 관심을 기울이며 혼란스러운 사회를 바로잡으려고 하였다.

14 분서갱유를 일으켰다는 내용을 통해 밑줄 친 '그'가 진의 시황제임을 알 수 있다. 중국을 최초로 통일한 진시황제는 왕의 칭호를 황제로 바꾸고, 군현제를 실시하였으며 오늘날의 베트남 북부 지역까지 영토를 넓혔다.
| 바로 알기 | ① 고조선을 멸망시킨 것은 한 무제이다.

15 ㉠에 들어갈 내용은 흉노이다. 진시황제는 흉노의 침입을 막기 위해 만리장성을 쌓았고, 한 무제는 대월지와 군사 동맹을 체결하여 흉노를 정벌하기 위해 장건을 서역에 파견하였다.

16 한 무제 때 장건의 서역 파견을 계기로 서역에 대한 정보가 한에 전해졌고, 이후 서역의 국가들과 한 사이에 교류가 활발하게 이루어졌다. 이때 이용된 무역로를 '비단길'이라고 한다.
| 바로 알기 | ① 주는 봉건제를 시행하였다. ②, ③은 한대, ④는 춘추 전국 시대에 해당하는 설명이다.

17 한대에는 무제가 유교를 통치 이념으로 채택한 이후 유학이 크게 발전하였다. 유교 경전을 정리하고 연구하는 훈고학이 발달하였고, 사마천은 『사기』를 저술하였다. 과학 기술도 발달하여 해시계와 지진계가 발명되었으며, 채륜은 종이 제작법을 개량하였다.
| 바로 알기 | ④ 중국 문화의 기틀이 마련된 한대에는 무제 이후 유교가 국가 운영의 기본 지침으로 자리 잡았다.

18 아테네가 이끄는 델로스 동맹과 스파르타가 이끄는 펠로폰네소스 동맹은 펠로폰네소스 전쟁으로 충돌하였다.
| 바로 알기 | ① 아테네와 스파르타는 그리스에서 형성된 폴리스이다. ②는 스파르타, ③, ④는 아테네에 대한 설명이다.

19 ㉠은 솔론, ㉡은 클레이스테네스, ㉢은 페리클레스에 해당한다. 페리클레스는 민회에 실질적인 입법권을 부여하여 민회 중심의 직접 민주주의를 정착시켰다.
| 바로 알기 | ①은 클레이스테네스, ②는 페리클레스에 대한 설명이다. ③ 클레이스테네스는 평민의 정치 참여 기회를 더욱 확대하였다. ⑤ 아테네에서 여성, 노예, 외국인은 정치에 참여할 수 없었다.

20 알렉산드로스는 동방 원정에 나서 유럽과 아시아, 아프리카에 걸친 대제국을 건설하였다. 알렉산드로스는 각지에 알렉산드리아라는 도시를 세웠고, 그리스어를 공용어로 삼았으며 정복지의 사람을 관리로 등용하는 등 동서 융합도 꾀하였다.
| 바로 알기 | ⑤ 알렉산드로스는 동서 융합 정책의 하나로 그리스인과 페르시아인 간의 결혼을 장려하였다.

21 ㉠에는 로마 공화정 초기에 행정과 군사를 담당하는 관리였던 집정관, ㉡에는 귀족들로 구성된 최고 의결 기관이었던 원로원이 들어가야 한다.
| 바로 알기 | 호민관은 로마 공화정 시대에 평민의 대표를 가리킨다.

22 포에니 전쟁 이후 소수의 귀족들이 노예를 이용한 대농장(라티푼디움)을 경영하면서 자영농이 몰락하였다.
| 바로 알기 | ㄴ. 포에니 전쟁 이후 귀족과 평민의 갈등이 깊어졌다. ㄹ. 그라쿠스 형제가 자영농의 몰락을 막기 위한 개혁을 추진하였으나 귀족들의 반대로 실패하였다.

23 ㄴ. 로마에서는 넓은 제국을 다스리는 데 도움이 되는 실용적인 문화가 발달하였다. ㄷ. 그리스인들은 조화와 균형을 강조한 그리스 양식으로 파르테논 신전을 세웠다. ㅂ. 알렉산드로스 제국에서는 그리스 문화와 동방의 문화가 융합된 헬레니즘 문화가 발달하였다.
| 바로 알기 | ㄱ은 그리스 문화, ㄹ은 헬레니즘 문화, ㅁ은 로마 문화에 대한 설명이다.

24 (다) 포에니 전쟁 - (나) 그라쿠스 형제의 개혁 - (라) 옥타비아누스의 제정 성립 - (가) 군인 황제 시대 - (마) 크리스트교 공인의 순으로 일어났다.

II. 세계 종교의 확산과 지역 문화의 형성(1회) p. 76~79

1 ① **2** ④ **3** ④ **4** ① **5** ① **6** ③ **7** ② **8** ④ **9** ⑤
10 ⑤ **11** ③ **12** ① **13** ⑤ **14** ③ **15** ② **16** ⑤ **17** ②
18 ① **19** ① **20** ④ **21** ②

1 기원전 7세기경 인도의 한 작은 왕국의 왕자였던 고타마 싯다르타(석가모니)는 출가하여 깨달음을 얻은 후 불교를 창시하였다.

2 불교를 창시한 석가모니는 누구나 수행을 통해 해탈에 이를 수 있다고 하였다. 또한 브라만교의 엄격한 권위주의와 카스트에 따른 신분 차별에 반대하고 평등과 자비를 강조하였다. 이러한 불교의 가르침은 브라만 중심의 카스트 사회에 불만을 품고 있던 크샤트리아와 바이샤 세력에게 환영받았다.
│ 바로 알기 │ ④ 『쿠란』을 일상생활의 기본 규범으로 삼은 것은 이슬람교이다.

3 (가)는 대승 불교, (나)는 상좌부 불교이다. 대승 불교는 개인의 해탈보다는 중생의 구제를 강조하였고, 부처를 초월적인 존재로 신격화하여 신앙의 대상으로 삼았다. 이러한 대승 불교는 간다라 양식과 함께 동아시아에 전파되었다. 개인의 해탈을 강조한 상좌부 불교는 마우리아 왕조의 아소카왕 시기에 발전하여 실론과 동남아 등지로 전파되었다.
│ 바로 알기 │ ㄱ은 상좌부 불교에 대한 설명이다. ㄷ은 대승 불교에 대한 설명이다.

4 밑줄 친 '이 양식'은 굽타 왕조 시기에 나타난 굽타 양식이다. 굽타 왕조에서는 산스크리트어가 공용어로 사용되면서 산스크리트 문학이 발달하였다.
│ 바로 알기 │ ②, ④는 간다라 양식이 등장하기 이전의 인도에 대한 설명이다. ③은 아리아인이 이동해 온 이후의 인도 문명에 대한 설명이다. ⑤는 인도 문명에 대한 설명이다.

5 힌두교는 특정한 창시자나 체계적인 교리가 없으며, 브라만교와 불교, 인도의 민간 신앙이 융합하면서 발전하였다. 힌두교는 요가나 고행, 선행 등을 통해 해탈할 수 있다고 하여 대중화되었다. 또한 비슈누가 왕의 모습으로 세상에 나타났다고 주장하여 왕의 권위를 높이는 등 왕실의 보호를 받아 성장하였다. 한편, 힌두교는 카스트의 신분 차별을 인정하였다.
│ 바로 알기 │ ① 힌두교는 다신교로 발전하였다.

6 자료에서 흉노, 선비, 갈, 저, 강의 다섯 민족이 화북 지역을 공략하였다는 내용을 통해 해당 시기는 5호가 화북 지역에 들어와 여러 나라를 세우기 직전의 상황임을 알 수 있다. 화북 지방에서는 이들 5호가 세운 열세 나라와 한족이 세운 세 나라가 흥망을 거듭하는 등 5호 16국 시대가 전개되었다.
│ 바로 알기 │ ①은 진, ②는 한과 관련된 내용이다. ④, ⑤는 춘추 전국 시대에 해당하는 내용이다.

7 밑줄 친 '이 나라'는 수이다. 수는 대규모 토목 공사와 빈번한 대외 원정으로 백성들의 반발을 샀다. 특히 여러 차례에 걸쳐 시도된 고구려 원정이 실패하면서 수는 점차 쇠퇴하였고, 각 지역에서 반란이 일어나 건국된 지 37년 만에 멸망하였다.

│ 바로 알기 │ ①은 남북조 시대, ③은 후한 말기, ④는 로마 공화정 시기, ⑤는 상대에 볼 수 있는 모습이다.

8 (가)에 들어갈 내용은 양세법의 실시이다. 당에서는 7세기 말 이후 균전제가 붕괴되고 장원이 증가함에 따라 몰락하는 농민이 늘어났다. 이런 가운데 새로운 지배 체제가 모색되어 8세기 중후반에 이르러 부병제는 군인을 모집하는 모병제로, 조용조는 양세법으로 전환되었다.
│ 바로 알기 │ ① 당은 수의 과거제를 계승하였는데, 이는 장원의 확대와 안사의 난 발생과는 관련이 없다. ②는 한 고조, ③은 주 등, ⑤는 위진 남북조 시대와 관련된 내용이다.

9 (가)는 야마토 정권이 중국과 한반도의 선진 문화를 받아들여 아스카 문화를 발전시킨 아스카 시대에 대한 설명이다. (나)는 8세기 중반 왕실과 귀족의 대립을 해결하기 위해 8세기 말에 수도를 헤이안쿄(교토)로 옮긴 헤이안 시대에 대한 설명이다. 두 시기 사이에 일본은 당의 율령 체제를 모방한 개혁인 다이카 개신을 추진하였다.
│ 바로 알기 │ ①, ②는 (나) 이후의 사실이다. ③, ④는 (가) 이전의 사실이다.

10 동아시아에 유교가 전파되면서 공자를 기리는 사당이 세워졌다는 사례를 통해 (가)에 들어갈 탐구 주제가 동아시아의 공통 문화 요소임을 알 수 있다.

11 알라의 계시를 받아 무함마드가 창시하였다는 점에서 ⊙ 종교가 이슬람교임을 알 수 있다. 이슬람교가 성립하던 당시에는 아라비아반도 서부에 있는 메카와 메디나가 무역의 중심지로 떠올랐다. 그러나 상업의 발달로 소수의 귀족이 부를 독점하면서 빈부의 격차가 심해졌고, 여러 부족이 교역로를 차지하려고 전쟁을 자주 벌이면서 아라비아반도에 사회적 갈등이 심해졌다.
│ 바로 알기 │ ㄱ은 불교의 등장 배경에 해당한다. ㄹ은 위진 남북조 시대의 청담 사상과 관련된 내용이다.

12 제시된 내용은 우마이야 왕조 때 칼리프의 자격을 놓고 벌인 논쟁으로, 첫 번째 글은 시아파, 두 번째 글은 수니파의 주장에 해당한다. 우마이야 왕조에서는 아랍인 우대 정책을 펼쳤으며, 아랍인이 아닌 이슬람교도는 지배층이 되기 어려웠다. 또한 이슬람교로 개종한 사람들에게도 인두세를 거두어 정복지 주민이 반발하였다.
│ 바로 알기 │ ③, ④는 아바스 왕조, ②는 인도의 마우리아 왕조 시기의 사실이다. ⑤는 인도의 굽타 왕조와 관련된 내용이다.

13 『쿠란』을 일상생활의 기본 규범으로 삼은 문화권은 이슬람 문화권이다. 이슬람 문화권에서는 이슬람교 신자들이 지켜야 할 의무로 5행을 제시하였다.
│ 바로 알기 │ ①은 사산 왕조 페르시아와 관련된 내용이다. ②는 인도 문화권에 관련된 내용이다. ③은 힌두교와 관련된 내용이다. ④는 당의 수도 장안과 관련된 내용이다.

14 유럽 북부 지역에서 목축과 수렵을 하던 게르만족은 기름진 땅을 찾아 남쪽으로 이동하였다. 그리고 4세기 말에 훈족의 압박을 받은 게르만족은 로마 영토로 대규모 이동을 하여 서로마 제국 곳곳에 나라를 세웠다.

| 바로 알기 | ①은 9세기 카롤루스 대제 사후, ②는 11세기, ④는 로마 공화정 시기, ⑤는 헬레니즘 시대의 사실이다.

15 제시된 사회 구조는 중세 유럽의 봉건제이다. 9세기 프랑크 왕국의 분열 후에 서유럽은 바이킹 등 여러 이민족의 침입으로 혼란에 빠졌다. 이러한 가운데 힘 있는 사람들은 생명과 재산을 지키기 위해 성을 쌓고 무력을 갖추어 기사 계급으로 성장하였다. 이 과정에서 세력이 강한 기사는 주군이 되고, 약한 기사는 봉신이 되는 주종 관계가 형성되었다.
| 바로 알기 | ㄴ은 15세기 비잔티움 제국과 관련된 내용이다. ㄹ은 중국의 위진 남북조 시대와 관련된 내용이다.

16 그림은 카노사의 굴욕을 나타낸 것이다. 11세기 후반 교황 그레고리우스 7세와 신성 로마 제국의 황제 하인리히 4세가 성직자 임명권을 둘러싸고 대립하였다. 교황은 군주가 가지고 있던 성직자 임명권을 교회가 가져야 한다고 주장하였고, 황제는 이에 반발하였다. 결국 교황은 황제를 파문하였고 곤경에 처한 황제는 카노사에서 교황에게 용서를 구하였다.
| 바로 알기 | ① 30년 전쟁은 17세기에 일어난 종교 전쟁이다. ②는 십자군 전쟁과 관련된 설명이다. ③은 아비뇽 유수에 대한 설명이다. ④는 로마 가톨릭교회와 그리스 정교가 분리된 계기로, 카노사의 굴욕과는 관련이 없다.

17 밑줄 친 '이 성당'은 비잔티움 양식으로 지어진 성 소피아 대성당이다. 비잔티움 양식은 거대한 돔과 내부의 화려한 모자이크 벽화를 특징으로 한다.
| 바로 알기 | ①은 중세 서유럽의 고딕 양식에 대한 설명이다. ③은 인도의 간다라 양식에 대한 설명이다. ④, ⑤는 이슬람 문화권의 모스크와 관련된 내용이다.

18 성지를 회복해야 한다는 교황의 호소를 통해 해당 주장으로 전개된 전쟁이 십자군 전쟁임을 알 수 있다. 십자군 전쟁은 시간이 갈수록 성지 회복이라는 본래 목적에서 벗어나 상업적 이익을 중시하는 모습을 보였다. 이후 이를 계기로 지중해 중심의 원거리 무역이 활발해지면서 이탈리아의 항구 도시가 크게 성장하였다.
| 바로 알기 | ②는 8세기 아바스 왕조와 관련된 내용이다. ③은 로마 공화정 시기 포에니 전쟁의 결과와 관련된 내용이다. ④는 당과 아바스 왕조가 벌인 탈라스 전투의 결과에 해당한다. ⑤는 인도의 쿠샨 왕조와 관련된 내용이다.

19 상업과 도시의 발달로 화폐가 널리 사용되면서 장원에 변화가 일어났다. 영주는 농노에게 노동력이나 현물 대신 화폐로 세금을 받았으며, 돈을 받고 농노를 해방하기도 하였다. 한편, 14세기에 흑사병이 크게 유행하여 유럽 인구가 3분의 1로 줄어들었고, 일부 영주들이 농민들을 억압하여 농민 봉기가 일어나기도 하였다. 이러한 상황 속에 장원이 해체되었다.
| 바로 알기 | ①은 중세 유럽의 봉건제가 형성된 배경에 해당한다.

20 ㉠에 들어갈 말은 르네상스이다. 14~16세기 유럽에서 발생한 르네상스 시대에는 고전 문화에 대한 연구가 활발하였고, 과학에서는 코페르니쿠스와 갈릴레이가 지동설을 주장하여, 중세 교회의 천동설을 믿었던 당시 사람들의 우주관에 큰 변화를 주었다.

| 바로 알기 | ①은 헬레니즘 시대에 대한 설명이다. ② 르네상스 이전인 12세기부터 유럽 각지에 대학이 설립되었다. ③은 6세기 유스티니아누스 황제 시기에 대한 설명이다. ⑤는 중세 스콜라 철학과 관련된 내용으로, 르네상스 이전 시기에 대한 설명이다.

21 (가)는 루터, (나)는 칼뱅이다. 교황 레오 10세가 성 베드로 성당의 보수 비용을 마련하기 위해 면벌부를 판매하자, 루터는 「95개조 반박문」을 발표하여 이를 비판하였다. 스위스에서는 칼뱅이 인간의 구원은 이미 정해져 있다는 예정설을 주장하며 종교 개혁을 일으켰다.
| 바로 알기 | ①은 에라스뮈스에 대한 설명이다. ③ 유토피아는 토마스 모어가 저술하였다. ④ 영국의 헨리 8세가 국왕이 영국 교회의 수장임을 선언하면서 영국 국교회가 성립하였다. ⑤는 칼뱅에게만 해당하는 설명이다.

II. 세계 종교의 확산과 지역 문화의 형성(2회) p. 80~83

1 ④	2 ⑤	3 ③	4 ①	5 ③	6 3성 6부	7 ⑤	8 ⑤
9 ④	10 ①	11 ①	12 ④	13 ③	14 ⑤	15 ⑤	16 ③
17 ④	18 ②	19 ⑤	20 ②	21 ①	22 ②		

1 석가모니에 의해 성립한 종교라는 점에서 해당 종교가 불교임을 알 수 있다. 불교는 브라만교의 엄격한 권위주의와 카스트에 따른 신분 차별에 반대하여, 브라만 중심의 카스트 사회에 불만을 품고 있던 크샤트리아와 바이샤 세력에게 환영을 받았다.
| **바로 알기** | ① 마우리아 왕조 이전에 불교가 성립하였다. ② 불교는 카스트에 따른 신분 차별에 반대하였다. ③은 브라만교, ⑤는 힌두교에 해당하는 내용이다.

2 밑줄 친 '나' 왕은 마우리아 왕조의 아소카왕이다. 아소카왕은 정복 전쟁 과정에서 전쟁의 참혹함을 깨닫고, 힘 대신 불교의 가르침에 따라 나라를 다스리려 하였다. 그리하여 자신의 통치 방침과 불교의 가르침을 새긴 돌기둥을 전국 각지에 세우고, 불경을 정리하는 등 불교를 장려하였다.
| **바로 알기** | ①은 굽타 왕조, ②는 쿠샨 왕조에 대한 설명이다. ③은 중국의 진에 대한 설명이다. ④는 중국 문명과 관련된 내용이다.

3 쿠샨 왕조의 간다라 지방에서는 인도 문화와 헬레니즘 문화가 융합된 간다라 양식이 발달하였다. 간다라 양식은 대승 불교와 함께 동아시아에 전파되어 불상 제작에 영향을 주었다.
| **바로 알기** | ㄱ. 간다라 양식은 굽타 왕조 이전인 쿠샨 왕조 시기에 발전하였다. ㄹ은 간다라 양식이 발달하기 이전에 초기의 불교도가 부처를 표현한 방식에 대한 설명이다.

4 제시된 문화유산은 힌두교의 영향을 받은 캄보디아 지역의 앙코르 와트와 인도네시아의 프람바난 사원이다. 인도의 힌두교 문화는 해상 무역의 발달로 동남아시아에 전파되었다.
| **바로 알기** | ② 대승 불교의 영향을 받은 동남아시아 문화유산에는 보로부두르 사원 등이 있다. ③은 문묘에 대한 설명이다. ④ 제시된 문화유산은 힌두교의 영향을 받은 것으로 마우리아 왕조와는 관련이 없다. ⑤ 알렉산드로스의 원정을 계기로 인도에서 간다라 양식이 발달하였다.

5 (가) 시기는 남북조 시대이다. 남북조 시대의 지배층은 후한 이후에 강력해진 호족 세력을 견제하고자 하였다. 이에 지방에서는 각 지방의 중정관이 자기 지역의 인물을 재능과 인품 등에 따라 등급을 매겨 중앙 정부에 추천하는 9품중정제를 시행하였다.
| **바로 알기** | ①은 수와 당 등에 해당하는 내용이다. ②는 수대의 사실이다. ④는 진의 시황제 시기의 일이다. ⑤는 한과 관련된 내용이다.

6 당은 율령에 기초하여 통치 제도를 정비하였다. 중앙은 3성 6부를 중심으로 행정 조직을 갖추었으며, 지방에는 주현을 두어 관리를 파견하였다.

7 지도의 영역을 확보하고, 장안을 수도로 한 왕조는 당이다. 당은 8세기 중엽에 절도사인 안녹산과 그의 부하인 사사명이 일으킨 난(안사의 난)으로 큰 위기를 맞아 쇠퇴하였다. 이후 국경을 수비하던 절도사들은 독립적인 세력으로 성장하였다.

| **바로 알기** | ①은 수에 대한 설명이다. ②는 북위 효문제에 대한 설명이다. ③은 일본 헤이안 시대에 대한 설명이다. ④는 진(秦)에 대한 설명이다.

8 밑줄 친 '이 왕조'는 당이다. 당대에는 수도 장안을 중심으로 국제적인 교류가 활발하였고, 다양한 종교가 유입되었다. 또한 한대 이래의 훈고학을 집대성한 『오경정의』가 편찬되었고, 이백과 두보 등이 시로 명성을 얻었다.
| **바로 알기** | ㄱ은 위진 남북조 시대에 대한 설명이다. ㄴ은 한대에 대한 설명이다.

9 밑줄 친 상황은 헤지라로 근거지를 옮겼던 무함마드가 메디나에서 세력을 키워 이슬람 공동체를 만든 후 메카를 정복한 일을 가리킨다. 무함마드는 메카를 정복한 뒤 아라비아반도의 대부분을 통일하였다.
| **바로 알기** | ①은 인도 문명에 대한 내용이다. ②는 쿠샨 왕조와 관련된 내용이다. ③은 우마이야 왕조의 멸망 이후의 사실이다. ⑤는 북아프리카의 파티마 왕조와 관련된 내용이다.

10 (가)에 해당하는 시기는 정통 칼리프 시대이다. 무함마드 사후에 이슬람 공동체는 이슬람 세계의 새로운 지도자로 칼리프를 선출하였다. 이후 네 명의 칼리프가 차례로 선출되어 이슬람 공동체를 이끌었는데, 이 시기를 정통 칼리프 시대라고 한다.
| **바로 알기** | ②는 우마이야 왕조에 대한 설명이다. ③은 셀주크 튀르크에 대한 설명이다. ④는 인도 굽타 왕조에 대한 설명이다. ⑤는 이슬람 제국이 형성되기 이전인 6세기 후반에 대한 설명이다.

11 아바스 왕조는 우마이야 왕조에서 시행하였던 아랍인 중심의 민족 차별 정책을 폐지하였고, 당과의 탈라스 전투에서 승리하여 동서 교역로를 장악하였다. 이후 아바스 왕조는 동서양을 잇는 국제 무역으로 번영하기도 하였으나, 13세기 몽골의 침입으로 멸망하였다.
| **바로 알기** | ① 탈라스 전투에서 패배한 나라는 당이다.

12 밑줄 친 '이 문화권'은 이슬람 문화권이다. 이슬람 문화권에서는 산문과 설화 문학이 발달하였는데, 아라비아의 민담을 중심으로 페르시아, 인도, 이집트 등지의 설화를 모은 『아라비안 나이트』가 널리 읽혔다.
| **바로 알기** | ① 수도교는 로마에서 건립되었다. ② 고딕 양식은 중세 서유럽의 건축 양식이다. ③은 힌두 문화권과 관련된 내용이다. ⑤는 헬레니즘 세계와 관련된 내용이다.

13 제시된 지도는 카롤루스 대제가 죽은 뒤 프랑크 왕국이 내부 분열을 겪다가 서프랑크, 중프랑크, 동프랑크로 분열된 상황을 나타낸다.
| **바로 알기** | ① 8세기에 들어 크리스트교 세력은 성상 숭배 문제를 둘러싸고 동서로 대립하였다. ②는 로마 공화정 시기에 벌어진 포에니 전쟁에 대한 내용이다. ④는 펠로폰네소스 전쟁의 배경에 해당한다. ⑤는 카롤루스 대제 시기인 800년의 일이다.

14 ㉠에 들어갈 세력은 중세 봉건 사회의 기사이다. 기사들은 자기보다 강한 기사를 주군으로 섬기고 충성과 봉사를 맹세하였으며, 주군은 그 기사에게 땅을 주어 봉신으로 삼았다. 이러한 주군과 봉신의 주종 관계는 서로의 의무를 성실히 지킬 것을 약속한 쌍무적 계약 관계였다.

| 바로 알기 | ①, ②, ③, ④는 모두 중세 봉건 사회의 농노에 대한 설명이다.

15 서로마 제국이 붕괴될 무렵 로마 교회의 대주교는 스스로를 교황이라 자처하며 점차 최고 권위자가 되었고, 이에 유럽 사회에서 크리스트교의 영향력이 점점 커졌다. 10세기 초에는 교회의 세속화를 비판하며 일부 수도원을 중심으로 교회를 개혁하려는 운동이 일어났다. 11세기 후반에는 교황 그레고리우스 7세와 신성 로마 제국의 황제 하인리히 4세가 성직자 임명권을 두고 대립하였다. 결국 교황은 황제를 파문하였고 곤경에 처한 황제는 카노사에서 교황에게 용서를 구하였다.

16 샤르트르 대성당은 중세 서유럽에서 유행한 고딕 양식으로 지어진 건축물이다. 크리스트교 중심이었던 중세 서유럽에서는 신앙과 이성의 조화를 강조하는 스콜라 철학이 유행하였다. 대표적으로 토마스 아퀴나스는 『신학대전』을 편찬하여 스콜라 철학을 집대성하였다.
| 바로 알기 | ①은 로마 공화정 시기, ②는 인도의 마우리아 왕조 시기, ④는 고대 그리스 시기, ⑤는 이탈리아 르네상스 시기에 해당한다.

17 밑줄 친 '이 제국'은 비잔티움 제국이다. 비잔티움 제국은 황제 중심의 중앙 집권 체제를 갖추었다. 황제는 관리들을 거느리고 전국을 다스렸으며, 교회의 우두머리 역할도 담당하였다. 비잔티움 제국의 전성기를 이끈 유스티니아누스 황제 시기에는 로마법을 집대성한 『유스티니아누스 법전』이 편찬되었고, 성 소피아 대성당이 건립되었다.
| 바로 알기 | ①은 이슬람 왕조와 관련된 내용이다. ②는 로마 제국과 관련된 내용이다. ③은 중세 서유럽과 관련된 내용이다. ⑤는 프랑크 왕국의 카롤루스 대제와 관련된 내용이다.

18 14세기 중엽에 흑사병이 유행하여 인구가 크게 줄었다. 이에 노동력이 부족해지자 영주들은 농민의 처우를 개선해 주었고, 농민의 지위는 더욱 향상되었다. 이러한 변화 속에서 자영 농민이 늘어나 장원은 점차 해체되었다.
| 바로 알기 | ① 장원이 형성된 것은 중세 봉건제가 형성되던 9세기경이다. ③은 9세기경 카롤루스 대제 사후의 상황이다. ④는 5세기 전후 서유럽에 대한 내용이다. ⑤는 13세기경에 해당하며 흑사병이 유행하기 이전 시기의 내용이다.

19 이탈리아의 르네상스는 16세기 이후 알프스 이북으로 확산되었다. 이 지역의 인문주의자들은 현실 사회와 교회의 부패를 날카롭게 비판하였다. 대표적으로 에라스뮈스는 『우신예찬』에서 교회과 성직자의 부패를 지적하였다.
| 바로 알기 | ㄱ, ㄴ은 이탈리아 르네상스에 대한 설명이다.

20 14세기 초에 영국과 프랑스 사이에서 백년 전쟁이 일어났다. 프랑스는 이 전쟁에서 승리하여 중앙 집권 국가로 발전하는 기틀을 마련하였다. 백년 전쟁이 끝난 뒤 영국에서는 장미 전쟁이 일어났다. 이 과정에서 봉건 귀족이 몰락하고 왕권이 강화되어 영국은 중앙 집권 국가로 성장할 수 있었다.
| 바로 알기 | ① 카노사의 굴욕은 11세기에 발생하였다. ③은 로마 공화정 시기에 해당한다. ④는 교황권과 관련된 내용으로, 제시된 전쟁들과는 관련이 없다. ⑤는 6세기 유스티니아누스 황제와 관련된 내용이다.

21 교황 레오 10세가 성 베드로 성당의 증축에 필요한 비용을 마련하려고 면벌부를 판매하자 독일의 루터가 「95개조 반박문」을 발표하여 교황과 교회를 비판하였다.
| 바로 알기 | ②는 영국 국교회의 성립 과정에 대한 설명이다. ③은 성상 숭배 문제를 둘러싸고 서유럽의 가톨릭교회와 비잔티움 제국 사이에 발생한 갈등의 결과이다. ④는 십자군 전쟁의 배경에 대한 설명이다. ⑤는 스위스에서 발생한 칼뱅의 종교 개혁에 대한 설명이다.

22 지도는 루터파와 칼뱅파 등 신교의 확산 과정을 보여 준다. 종교 개혁으로 크리스트교 세계는 로마 가톨릭교회(구교)와 신교로 분열되었고, 곳곳에서 종교 전쟁이 일어났다. 그중 독일에서 일어난 30년 전쟁(1618~1648)은 유럽 여러 나라가 참가한 국제 전쟁으로 확대되었다.
| 바로 알기 | ① 백년 전쟁은 14~15세기에 플랑드르 지방의 지배권을 둘러싸고 영국과 프랑스가 벌인 전쟁이다. ③ 아비뇽 유수는 14세기 초 로마 교황이 성직자 과세 문제를 두고 프랑스 국왕과 대립하다가 굴복하여 교황청이 아비뇽으로 옮겨진 사건이다. ④ 비잔티움 제국은 1453년 오스만 제국에 의해 멸망하였다. ⑤ 카롤루스 대제는 800년 로마 교황으로부터 서로마 황제의 관을 받았다.

III. 지역 세계의 교류와 변화(1회)　　　　p. 84~86

1 ②　2 ⑤　3 ②　4 ③　5 ③　6 ④　7 ⑤　8 ④　9 ⑤
10 ④　11 ⑤　12 ②　13 ①　14 ⑤　15 ②　16 ④　17 ⑤
18 ②

1 제시된 내용은 송대에 왕안석이 추진한 개혁(신법)에 해당한다. 왕안석은 민생 안정과 부국강병을 목표로 개혁을 시도하였다.
| **바로 알기** | ㄴ. 왕안석의 개혁은 보수파 관료들의 반대로 실패하였다. ㄹ. 왕안석의 개혁은 지나친 문치주의 정책으로 군사력이 약화되고, 북방 민족에게 비단과 은을 바치면서 재정이 어려워진 것을 배경으로 하여 추진되었다.

2 ⊙은 송에 해당한다. 송대에는 서민 문화가 발달하였다. 카이펑과 항저우 등의 대도시에는 전문 공연장이 발달하여 만담, 곡예, 인형극 등 다양한 공연이 이루어졌다.
| **바로 알기** | ① 훈고학은 한대에 발달하였다. ② 신사는 명·청대의 지배층이다. ③ 송대에는 화약, 나침반, 활판 인쇄술이 발명되고 실용화되었다. 한대에 채륜이 종이 만드는 법을 개량하였다. ④ 송대에는 아라비아와 인도에서 오는 상인들이 향료, 상아, 진주 등을 송에서 팔았고, 중국의 차, 비단, 도자기 등을 구입하여 돌아갔다.

3 요와 금은 고유한 문화를 지키기 위해 자신들만의 문자를 만들어 사용하였다. 또한 이중적인 통치 방식을 사용하여 자신의 부족은 고유의 부족제로, 한족은 군현제로 다스렸다.
| **바로 알기** | ㄴ. 몽골 제일주의를 내세운 것은 원이다. ㄹ. 요와 금은 송으로부터 비단과 은을 제공받았다.

4 지도의 (가)는 원에 해당한다. 원은 몽골 제일주의를 내세워 몽골인을 최고 신분으로 하고 색목인은 우대하는 반면, 한인과 남인은 차별하였다.
| **바로 알기** | ③은 청의 중국 지배와 관련된 설명이다.

5 제시된 사진은 원대에 역참을 이용할 수 있는 일종의 통행증이었던 패자이다.
| **바로 알기** | ①은 청, ②는 명과 청, ④는 송, ⑤는 에도 막부와 관련된 탐구 활동 주제이다.

6 자료는 황제의 여섯 가지 유교 가르침인 육유이다. 홍무제는 한족의 전통인 유교적 통치 질서를 회복하고자 육유를 반포하였다.

7 제시된 내용에서 설명하는 문화유산은 「곤여만국전도」이다. 「곤여만국전도」는 중국에서 만들어진 최초의 세계 지도이다.
| **바로 알기** | ①은 불화살의 복원 모형, ②는 원대에 곽수경이 건설한 천문대인 관성대, ③은 명대의 토지 대장인 어린도책, ④는 송대에 발명된 나침반의 복원 모형이다.

8 명대에는 여러 세금을 토지세와 인두세로 단순화하여 은으로 내게 하는 일조편법을 시행하였고, 청대에는 인두세를 토지세에 포함하여 은으로 한꺼번에 내게 하는 지정은제를 시행하였다.
| **바로 알기** | ① 명은 주원장(홍무제), 청은 누르하치가 건국하였다. ② 명은 한족, 청은 여진족(만주족)이 세웠다. ③ 명·청 시대의 사회 지배층은 신사이다. ⑤ 명대에는 양명학이, 청대에는 고증학이 발달하였다.

9 (가)는 가마쿠라 막부, (나)는 무로마치 막부, (다)는 에도 막부이다. 에도 막부 시대에는 '조닌'이라고 불리는 도시의 상공업자들을 중심으로 가부키, 우키요에 등 조닌 문화가 발달하였다.
| **바로 알기** | ①은 무로마치 막부, ②는 에도 막부, ③, ④는 가마쿠라 막부에 해당한다.

10 셀주크 튀르크는 아바스 왕조의 칼리프로부터 '술탄' 칭호를 얻었다. 티무르 왕조에서는 이슬람·페르시아·튀르크 문화가 융합하여 발달하였다. 사파비 왕조는 페르시아 제국의 부활을 내세우며 세워졌다. 제시된 국가들은 (다) 셀주크 튀르크(11세기경) ― (라) 훌라구 울루스(13세기 중반) ― (나) 티무르 왕조(14세기 후반) ― (가) 사파비 왕조(16세기 초)의 순으로 건국되었다.
| **바로 알기** | ④ 훌라구 울루스는 이슬람교를 국교로 정하였다.

11 술레이만 1세는 오스트리아의 빈을 공격하고 헝가리를 정복하였으며, 유럽의 연합 함대를 무찔러 지중해 해상권을 장악하면서 오스만 제국의 전성기를 이끌었다.
| **바로 알기** | ㄱ, ㄴ은 오스만 제국의 메흐메트 2세(메메트 2세)에 대한 설명이다.

12 ⊙은 종교 공동체인 밀레트, ⓒ은 술탄의 친위 부대인 예니체리에 해당한다. 오스만 제국은 다양한 민족의 문화와 종교를 포용하는 관용 정책을 펼쳤다.
| **바로 알기** | 데브시르메는 능력에 따라 인재를 뽑는 제도로 오스만 제국의 관용 정책에 해당하나 ⊙에 들어갈 내용으로 적절하지 않다. 칼리프는 이슬람 세계의 종교적 지배자, 바자르는 오스만 제국의 수도인 이스탄불의 실내 시장을 가리키는 말이다.

13 지도는 무굴 제국의 영역을 보여 준다. 무굴 제국은 16세기 초 티무르의 후손인 바부르가 건국하였다. 무굴 제국에서는 이슬람교가 전파되면서 인도 고유의 문화와 이슬람 문화가 융합된 인도(힌두)·이슬람 문화가 발전하였다.
| **바로 알기** | ㄷ, ㄹ. 무굴 제국의 최대 영토를 차지한 것은 아우랑제브 황제, 힌두교도에게 거두던 인두세(지즈야)를 없앤 것은 아크바르 황제이다.

14 무굴 제국은 수도인 델리가 번성하였고, 면직물 수출 등으로 대외 교역이 활발히 이루어져 인도양 무역을 주도하였다. 그러나 17세기 이후 인도에 서양 세력이 침투하면서 무굴 제국의 경제가 크게 약화되었다.
| **바로 알기** | ⑤는 오스만 제국의 경제 발달에 대한 설명이다.

15 ⊙은 마젤란에 해당한다. 마젤란의 함대는 태평양을 가로질러 최초로 세계 일주에 성공하였다.
| **바로 알기** | ① 정화는 중국 명대의 인물이다. ③ 콜럼버스는 오늘날의 서인도 제도에 도착하였다. ④ 바스쿠 다 가마는 인도로 가는 항로를 개척하였다. ⑤ 바르톨로메우 디아스는 희망봉을 발견하였다.

16 ⊙은 신항로 개척 이후 유럽에서 나타난 상업 혁명에 해당한다. 상업 혁명은 근대 자본주의의 발달에 영향을 주었다.
| **바로 알기** | ①은 신항로 개척 이후 유럽에 많은 양의 금과 은이 들어와 물가가 크게 올랐던 현상을 가리킨다. ②는 17세기 유럽에서 일어난 자연 과학 분야의 획기적인 변혁을 말한다. ③은 18세기 후반에 영국에서 시작된 생산 기술 및 그에 따른 사회 조직의 큰 변화를 가리킨다. ⑤는 컴퓨터의 발달로 일어난 혁명적인 사회 변혁을 말한다.

17 루이 14세와 엘리자베스 1세는 서유럽 절대 왕정의 대표적인 절대 군주들이다. 절대 왕정은 국왕의 권리는 신에게서 받은 것이라는 왕권신수설을 정치 이론으로 삼았고 국가가 경제 활동을 보호·육성하는 중상주의 경제 정책을 실시하였으며, 관료제와 상비군을 운영하였다.
| 바로 알기 | ⑤ 서유럽의 절대 왕정 시대에는 상공 시민 계층이 국왕의 보호를 받으면서 성장하였다.

18 17~18세기에는 뉴턴이 만유인력의 법칙을 발견하는 등 '과학 혁명'이 일어나 과학적 사고방식이 확립되는 데 기여하였다. 이 시기에 데카르트는 근대 철학의 기초를 마련하였고, 로크는 사회 계약설을 주장하였다. 이러한 근대 철학을 토대로 인간의 이성에 의한 진보를 믿는 계몽사상이 등장하였다.
| 바로 알기 | ② 고딕 양식은 12세기에 서유럽에서 유행한 건축 양식으로, 뾰족한 탑과 화려한 색유리를 특징으로 하였다.

Ⅲ. 지역 세계의 교류와 변화(2회)　　　　p.87~89

1 ⑤　2 ⑤　3 ②　4 ②　5 ③　6 ③　7 ②　8 ①　9 ⑤
10 ⑤　11 ③　12 ⑤　13 ⑤　14 ④　15 ④　16 ③　17 ②
18 ⑤　19 ①　20 ①

1 밑줄 친 '그'는 송의 태조에 해당한다. 송 태조 시기에는 과거제를 개혁하여 황제가 직접 과거 시험을 주관하였고, 군대를 황제 직속으로 두는 등 황제권을 강화하였다.
| 바로 알기 | ①, ②는 명대 홍무제의 정책이다. ③은 원에 대한 설명이다. ④는 명대 영락제의 정책이다.

2 송대에는 유교적 소양을 갖춘 사대부 계층이 형성되었고 이들을 중심으로 성리학 등 학문과 사상이 발전하였다.
| 바로 알기 | 신사는 명·청대, 호족은 한대와 관련이 있다. 양명학은 명대에 등장하였고, 고증학은 청대에 발달하였다.

3 당이 멸망하고 중국이 5대 10국으로 분열하자 주변의 유목 민족들이 부족을 통합하여 요, 서하, 금 등을 세웠다. 북방에서 성장한 몽골족은 부족을 통일한 후 정복 활동을 통해 대제국을 건설하였다.
| 바로 알기 | ② 여진족이 세운 금은 송과 연합하여 요를 멸망시켰다.

4 원대에는 농업 기술이 보급되었고, 목화 재배가 확대되었다. 또한 서민 문화가 발달하여 구어체로 쓴 소설과 희곡이 인기를 얻었고, 잡극이 크게 유행하였다.
| 바로 알기 | 을. 교자는 송대에 사용된 지폐이다. 원대에 사용된 지폐는 교초이다. 정. 당삼채는 당대에 유행하였다.

5 원대에는 동서 교역망이 통합되어 동서 문화의 교류가 활발하게 이루어졌다. 이에 따라 다양한 외국 문화가 원에 들어왔고, 외국인들은 편리하게 중국을 방문할 수 있었다.
| 바로 알기 | ③은 명대와 관련된 내용이다. 명은 정화의 함대를 해외로 파견하여 여러 나라와 조공 관계를 맺었다.

6 지도의 항해로는 명의 영락제가 해외에 파견한 정화의 원정 항로이다.

7 탐구 보고서의 탐구 내용에서 강경책, 한족에게 변발과 호복 강요, 회유책, 만한 병용제 등을 통해 탐구 주제가 청의 한족 지배임을 알 수 있다. 청은 소수의 만주족으로 다수의 한족을 다스리기 위해 강압책과 회유책을 함께 실시하였다.
| 바로 알기 | ① 명은 관료들의 권력 다툼, 외적의 침입 등으로 쇠퇴하였다. ③ 청은 건륭제 때에 활발한 정복 활동으로 최대 영토를 확보하였다. ④ 명의 홍무제는 한족의 전통을 회복하고자 과거제를 중시하고 육유를 반포하였다. ⑤ 명은 정화의 함대 파견으로 여러 나라와 조공 관계를 맺게 되었다.

8 제시된 내용을 통해 명·청대에는 서민 문화가 발달하였음을 알 수 있다. 명·청대에는 경제가 발전함에 따라 서민들의 지위가 향상되어 서민 문화가 발달하였다.
| 바로 알기 | ②는 명대와 관련이 있다. ③은 명·청대에 대한 설명에 해당하나 제시된 내용과는 관련이 없다. ④는 에도 막부 시기, ⑤는 청대에 대한 설명이다.

9 임진왜란 이후 일본에서는 에도 막부가 성립하였다. 전쟁 기간 중 조선에 지원군을 보냈던 명은 국력이 쇠약해졌으며, 이를 틈타 여진족이 성장하여 후금을 세웠다. 이후 세력을 확대한 후금은 국호를 청으로 바꾼 뒤, 조선을 침략하였다(병자호란).
| **바로 알기** | ⑤ 임진왜란 이후 명 대신에 청이 중국을 지배하게 되면서 중국 중심의 세계관에 변화가 생겼다.

10 도쿠가와 이에야스가 세운 에도 막부는 산킨코타이 제도 등을 통해 중앙 집권적인 봉건 체제를 확립하였다. 이 시기에는 농업과 상업이 발달하였고, '조닌'이라고 불리는 도시의 상공업자들을 중심으로 조닌 문화가 유행하였다.
| **바로 알기** | ⑤ 에도 막부는 17세기에 무역을 통제하는 해금 정책을 실시하였다.

11 사마르칸트는 티무르 왕조의 수도로, 밑줄 친 '이 나라'는 티무르 왕조이다. 사마르칸트는 동양과 서양을 연결하는 비단길에 있어서 교역의 중심지로 발전하였다.

12 (가)는 17세기 이후, (나)는 셀림 1세 때, (다)는 술레이만 1세 때, (라)는 메흐메트 2세(메메트 2세) 때에 해당한다. 따라서 (라) - (나) - (다) - (가)의 순으로 전개되었다.

13 ㉠은 술탄 칼리프에 해당한다. 술탄은 이슬람 세계의 정치적 지배자, 칼리프는 이슬람 세계의 종교적 지배자를 가리킨다. 오스만 제국의 술탄은 셀림 1세 때 칼리프의 지위까지 가지게 되어 이슬람 세계의 정치와 종교를 아우르는 지배자가 되었다.
| **바로 알기** | ① 교황은 가톨릭교의 최고위 성직자, ② 황제는 나라를 통치하는 임금, ③ 밀레트는 오스만 제국의 자치적인 종교 공동체, ④ 예니체리는 오스만 제국 술탄의 친위 부대를 가리키는 말이다.

14 제시된 내용은 무굴 제국의 아크바르 황제에 대한 설명이다. 아크바르 황제는 활발한 정복 활동으로 북인도에서 아프가니스탄에 이르는 대제국을 건설하였고, 관용 정책을 펼쳤다.

15 제시된 내용에 대한 탐구 활동 주제로 적절한 것은 무굴 제국의 인도(힌두)·이슬람 문화의 발달이다.
| **바로 알기** | ①은 무굴 제국의 아우랑제브 황제, ②, ③, ⑤는 오스만 제국과 관련된 탐구 활동 주제이다.

16 (가)는 콜럼버스, (나)는 바스쿠 다 가마, (다)는 마젤란이 개척한 항로이다. 콜럼버스는 서쪽으로 대서양을 건너 아메리카의 서인도 제도에 도착하였고, 바스쿠 다 가마는 희망봉을 돌아 인도에 도착하였다. 또한 마젤란 일행은 아메리카를 돌아 태평양을 가로질러 최초로 세계 일주에 성공하였다.

17 신항로 개척 이후 유럽, 아프리카, 아메리카를 잇는 삼각 무역이 전개되었다. 유럽인은 직물, 총기 등을 싣고 아프리카로 가 흑인 노예와 교환하였고 흑인 노예를 아메리카의 농장에 팔았다(노예 무역). 그리고 유럽인들은 아메리카 농장에서 재배된 사탕수수 등을 유럽에 가져가 큰 이익을 남겼다.
| **바로 알기** | ① 신항로 개척 이후 아메리카 원주민의 수가 감소하였다. ③ 신항로 개척 이후 무역의 중심지가 지중해에서 대서양으로 옮겨졌다. ④ 신항로 개척 이후 금, 은의 유입으로 물가가 오른 것은 유럽에 해당한다. ⑤ 감자, 코코아, 옥수수 등의 작물은 아메리카로부터 유럽에 전래되었다.

18 중상주의 정책은 국가가 수출을 장려하고, 해외 팽창과 식민지 건설을 지원하는 경제 정책이다. 16~18세기에 유럽 절대 왕정의 절대 군주는 관료제와 상비군을 유지하기 위해 중상주의 정책을 실시하였다.
| **바로 알기** | ㄱ, ㄴ. 중상주의 정책은 관세를 높여 수입을 줄이고자 한 경제 정책이다.

19 (가)는 프랑스의 절대 군주인 루이 14세, (나)는 러시아의 절대 군주인 표트르 대제에 대한 설명이다.
| **바로 알기** | 프리드리히 2세는 프로이센, 펠리페 2세는 에스파냐, 엘리자베스 1세는 영국, 마리아 테레지아는 오스트리아의 절대 군주에 해당한다.

20 몽테스키외와 루소는 대표적인 계몽사상가에 해당한다. 계몽사상은 인간의 이성에 의한 진보를 믿는 사상으로 미국 혁명과 프랑스 혁명 등 시민 혁명의 사상적 기반이 되었다.
| **바로 알기** | ② 중상주의는 절대 왕정 시대에 절대 군주들이 실시한 경제 정책이다. ③ 청담 사상은 위진 남북조 시대에 남조에서 유행한 사상으로, 개인의 자유로운 삶을 추구하였다. ④ 왕권신수설은 절대 왕정 시대에 절대 군주들이 내세운 정치 이론이다. ⑤ 세계 시민주의는 개인이 국가와 민족을 초월하여 자신을 세계 사회의 일원으로 파악하는 것으로, 헬레니즘 문화의 특징 중 하나이다.

대단원별 서술형 문제

I 문명의 발생과 고대 세계의 형성　　　　　p. 90~91

1 | 예시 답안 | 문자 기록이 있는지 없는지를 기준으로 하여 문자를 사용하기 이전의 시대를 선사 시대, 그 이후를 역사 시대로 구분할 수 있다.

구분	채점 기준
상	문자 사용을 기준으로 구분한다는 것을 언급하여 선사 시대와 역사 시대에 대해 서술한 경우
하	문자 사용을 기준으로 구분한다는 것만 서술한 경우

2 | 예시 답안 | 역사를 배우면 현재를 올바르게 이해하고, 삶의 지혜와 교훈을 얻을 수 있다. 또한 역사 자료를 탐구하는 과정에서 역사적 사고력과 비판력을 기를 수 있으며, 세계사 학습을 통해 세계 여러 나라의 역사와 문화를 이해하고 존중하는 자세를 키울 수 있다.

구분	채점 기준
상	역사를 배우는 목적을 세 가지 서술한 경우
중	역사를 배우는 목적을 두 가지 서술한 경우
하	역사를 배우는 목적을 한 가지만 서술한 경우

3 | 예시 답안 | 신석기 시대. (가)는 옷을 만드는 데 사용되었고, (나)는 음식을 조리하거나 저장하는 데 사용되었다.

구분	채점 기준
상	신석기 시대를 쓰고, (가), (나)의 용도를 모두 서술한 경우
중	신석기 시대를 쓰고, (가), (나)의 용도 중 한 가지만 서술한 경우
하	신석기 시대만 쓰거나 (가), (나)의 용도 중 한 가지만 서술한 경우

4 | 예시 답안 | 함무라비 법전. 바빌로니아에는 귀족, 평민, 노예의 신분이 있었다. 바빌로니아는 은화를 화폐로 사용하였고 개인의 사유 재산이 인정되었다.

구분	채점 기준
상	함무라비 법전을 쓰고, 바빌로니아 사회의 모습을 두 가지 서술한 경우
중	함무라비 법전을 쓰고, 바빌로니아 사회의 모습을 한 가지만 서술한 경우
하	함무라비 법전만 쓰거나 바빌로니아 사회의 모습을 한 가지만 서술한 경우

5 | 예시 답안 | 이집트는 사막과 바다로 둘러싸인 폐쇄적인 지형으로 이민족의 침입을 적게 받아 오랫동안 통일 왕국을 유지할 수 있었다. 이로 인해 이집트인들은 사후 세계에 관심을 가지게 되었다.

구분	채점 기준
상	이집트인들의 내세적 종교관을 이집트의 폐쇄적인 지형과 연관 지어 서술한 경우
하	이집트인들이 사후 세계에 관심을 가지게 된 이유를 서술하였으나 미흡한 경우

6 (1) 갑골 문자(갑골문)

(2) **| 예시 답안 |** 상은 왕이 정치와 제사를 함께 주관하는 제정일치 사회로, 국가의 중요한 일을 왕이 점을 쳐서 결정하는 신권 정치를 실시하였다.

구분	채점 기준
상	제정일치 사회, 신권 정치 실시를 모두 서술한 경우
하	제정일치 사회, 신권 정치 실시 중 한 가지만 서술한 경우

7 | 예시 답안 | 다리우스 1세는 전국을 20여 개의 주로 나누어 총독을 파견하였으며, '왕의 눈', '왕의 귀'라고 불리는 감찰관을 보내 총독을 감시하였다. 또한 '왕의 길'이라 불리는 도로망과 함께 역참을 정비하였고, 화폐와 도량형도 통일하였다.

구분	채점 기준
상	지방에 총독 및 감찰관 파견, '왕의 길' 건설, 화폐와 도량형 통일 등 다리우스 1세의 중앙 집권 정책을 세 가지 서술한 경우
중	다리우스 1세의 중앙 집권 정책을 두 가지 서술한 경우
하	다리우스 1세의 중앙 집권 정책을 한 가지만 서술한 경우

8 (1) **| 예시 답안 |** 시황제는 군현제를 실시하였고 도로망을 정비하였으며, 지역마다 달랐던 화폐, 도량형, 문자, 수레바퀴 폭 등을 통일하였다. 또한 법가 사상을 채택하여 자신의 정책에 반대하는 사상이나 학자를 탄압하였다.

구분	채점 기준
상	군현제 실시, 도로망 정비, 화폐·도량형·문자 등 통일, 분서갱유 단행 등 시황제의 중앙 집권 정책을 세 가지 서술한 경우
중	시황제의 중앙 집권 정책을 두 가지 서술한 경우
하	시황제의 중앙 집권 정책을 한 가지만 서술한 경우

(2) **| 예시 답안 |** 흉노의 침입을 막기 위해 북쪽 국경에 만리장성을 쌓았다.

구분	채점 기준
상	북쪽 국경에 만리장성을 쌓았다는 내용을 서술한 경우
하	흉노의 침입을 막기 위한 노력을 서술하였으나 미흡한 경우

9 (1) 장건

(2) **| 예시 답안 |** 한 무제는 대월지와 군사 동맹을 맺어 흉노를 정벌할 목적으로 장건을 서역에 파견하였다. 이를 계기로 비단길이 개척되었다.

구분	채점 기준
상	장건의 서역 파견 배경(대월지와 군사 동맹을 맺어 흉노를 정벌하고자 함)과 영향(비단길 개척)을 모두 서술한 경우
하	장건의 서역 파견 배경과 영향 중 한 가지만 서술한 경우

10 | 예시 답안 | 그리스·페르시아 전쟁(페르시아 전쟁) 이후 델로스 동맹의 대표였던 아테네는 지중해 무역을 독점하고 직접 민주 정치를 발전시키는 등 전성기를 누렸다.

구분	채점 기준
상	아테네가 무역의 중심지로 성장하였고, 직접 민주 정치를 발전시켰음을 서술한 경우
중	아테네의 경제와 정치 발전 중 한 가지만 서술한 경우
하	전쟁의 명칭만 언급한 경우

11 (1) 헬레니즘 문화

(2) **| 예시 답안 |** 헬레니즘 문화는 개인의 행복을 추구하는 개인주의와 제국 아래 모두 같은 시민이라는 세계 시민주의를 강조하였다.

구분	채점 기준
상	헬레니즘 문화의 특징인 개인주의와 세계 시민주의를 모두 서술한 경우
하	개인주의와 세계 시민주의 중 한 가지만 서술한 경우

12 (1) 그라쿠스 형제

(2) **| 예시 답안 |** 그라쿠스 형제는 농민들에게 토지를 나누어 주고 값싼 곡물을 공급하려 하였으며, 원로원의 세력을 약화시키려고 하였다. 그러나 이러한 개혁은 귀족들의 반대로 실패하였다.

구분	채점 기준
상	그라쿠스 형제의 개혁 내용(농민들에게 토지 분배, 값싼 곡물 공급)과 결과(귀족들의 반대로 실패)를 모두 서술한 경우
하	그라쿠스 형제의 개혁 내용과 결과 중 한 가지만 서술한 경우

II 세계 종교의 확산과 지역 문화의 형성 p. 92~93

1 (1) (가) 대승 불교, (나) 상좌부 불교

(2) **| 예시 답안 |** 개인의 해탈보다는 많은 사람(중생)의 구제를 강조하는 대승 불교는 쿠샨 왕조 시기에 발전하여 동아시아 일대로 전파되었다. 개인의 해탈을 강조하는 상좌부 불교는 마우리아 왕조 시기에 발전하여 실론과 동남아시아 등지로 전파되었다.

구분	채점 기준
상	대승 불교와 상좌부 불교의 특징과 전파 지역을 모두 서술한 경우
하	대승 불교와 상좌부 불교의 특징과 전파 지역 중 한 가지만 서술한 경우

2 **| 예시 답안 |** 밑줄 친 '이 종교'는 굽타 왕조 시기에 발전한 힌두교이다. 힌두교는 브라만교처럼 복잡한 제사 의식이나 값비싼 제물을 요구하지 않고 요가, 고행, 선행 등을 통해 해탈할 수 있다고 하여 대중화되었다. 또한 비슈누가 왕의 모습으로 세상에 나타났다고 주장하여 왕의 권위를 높였고, 왕실의 보호를 받아 성장하였다.

구분	채점 기준
상	힌두교를 쓰고, 힌두교의 특징을 두 가지 서술한 경우
중	힌두교를 쓰고, 힌두교의 특징을 한 가지만 서술한 경우
하	힌두교만을 쓴 경우

3 **| 예시 답안 |** 북위의 효문제는 적극적인 한화 정책을 펼쳐 북방 민족과 한족의 갈등을 해소하려고 하였다. 그는 선비족에게 한족의 언어와 의복을 사용하게 하고, 선비족의 성씨를 한족의 성씨로 바꾸도록 하였으며, 한족과의 결혼을 적극 장려하였다.

구분	채점 기준
상	효문제가 실시한 한화 정책의 내용을 두 가지 서술한 경우
하	효문제가 실시한 한화 정책의 내용을 한 가지만 서술한 경우

4 **| 예시 답안 |** 제시된 중앙 행정 조직은 3성 6부로, 이러한 중앙 행정 조직을 갖춘 중국의 왕조는 당이다. 당에서는 균전제를 실시하여 농민에게 일정한 토지를 나누어 주었고, 그 대가로 조용조의 세금을 거두었다. 또한 농민을 병사로 복무시키는 부병제를 실시하였다.

구분	채점 기준
상	당의 토지, 조세, 군사 제도를 모두 서술한 경우
중	당의 토지, 조세, 군사 제도 중 두 가지를 서술한 경우
하	당의 토지, 조세, 군사 제도 중 한 가지만 서술한 경우

5 **| 예시 답안 |** 한자, 율령, 유교, 불교. 한반도·일본·베트남 등이 당에 사신과 유학생을 파견하여 당의 선진 문화를 수용함으로써 동아시아 문화권이 형성되었다.

구분	채점 기준
상	동아시아 문화권의 공통 문화 요소를 쓰고, 그 형성 과정을 서술한 경우
하	동아시아 문화권의 공통 문화 요소만 쓴 경우

6 (1) 아바스 왕조

(2) **| 예시 답안 |** 아바스 왕조는 아랍인이 아닌 이슬람교도에게 부과하던 세금을 면제하였고, 유능한 사람은 관리나 군인으로 임명하는 등 아랍인 중심의 민족 차별 정책을 폐지하였다.

구분	채점 기준
상	아바스 왕조의 민족 차별 정책 폐지와 그 내용을 명확하게 서술한 경우
하	아바스 왕조가 민족 차별 정책을 폐지하였다고만 서술한 경우

7 **| 예시 답안 |** 이슬람교와 아랍어를 공통 요소로 하는 이슬람 문화권이 형성되었다.

구분	채점 기준
상	이슬람교와 아랍어를 공통 요소로 하는 이슬람 문화권이 형성되었음을 서술한 경우
하	이슬람 문화권이 형성되었다고만 서술한 경우

8 **| 예시 답안 |** 카노사의 굴욕은 교황과 황제가 성직자 임명권을 두고 대립함으로써 발생하였다. 교황은 군주가 가지고 있던 성직자 임명권을 교회가 가져야 한다고 주장하였고, 황제는 이에 반발하였다.

구분	채점 기준
상	카노사의 굴욕이 발생하게 된 원인과 그 내용을 명확하게 서술한 경우
하	성직자 임명권을 두고 대립하였다고만 서술한 경우

9 (1) 비잔티움 제국

(2) **| 예시 답안 |** 유스티니아누스 황제. 비잔티움 제국의 전성기를 이끈 유스티니아누스 황제는 활발한 정복 활동을 벌여 옛 로마 제국의 영토를 상당 부분 회복하였고, 로마법을 집대성한 『유스티니아누스 법전』을 편찬하였으며, 성 소피아 대성당을 세웠다.

구분	채점 기준
상	유스티니아누스 황제를 쓰고, 유스티니아누스 황제의 업적을 두 가지 서술한 경우
중	유스티니아누스 황제를 쓰고, 유스티니아누스 황제의 업적을 한 가지만 서술한 경우
하	유스티니아누스 황제만 쓴 경우

10 **| 예시 답안 |** 당시 서유럽의 가톨릭교회는 게르만족에게 쉽게 크리스트교를 포교하기 위해 성상을 사용하고 있었다. 그러나 비잔티움 제국의 황제 레오 3세가 이러한 성상 숭배를 금지하였다. 결국 동서 교회는 성상 숭배 문제를 두고 오랫동안 논쟁을 벌이다가 로마 가톨릭교회와 그리스 정교로 분리되었다.

구분	채점 기준
상	동서 교회가 분열된 원인과 결과를 모두 서술한 경우
하	동서 교회가 분열된 원인과 결과 중 한 가지만 서술한 경우

11 **| 예시 답안 |** 십자군 전쟁이 실패하면서 이를 주도한 교황의 권위는 크게 떨어졌고, 전쟁에 참여한 제후와 기사 세력도 약화되었다. 반면 왕권은 상대적으로 강화되었다.

구분	채점 기준
상	교황의 권위 하락, 제후와 기사의 세력 약화, 왕권의 상대적 강화를 모두 서술한 경우
중	교황의 권위 하락, 제후와 기사의 세력 약화, 왕권의 상대적 강화 중 두 가지를 서술한 경우
하	교황의 권위 하락, 제후와 기사의 세력 약화, 왕권의 상대적 강화 중 한 가지만 서술한 경우

12 (1) 95개조 반박문

(2) **| 예시 답안 |** 루터는 진실로 회개하는 크리스트교도는 면벌부가 없어도 벌을 면할 수 있다고 주장하였고, 인간의 구원은 오직 믿음과 신의 은총에 의해서만 이루어지며, 신앙의 근거는 성서라고 주장하였다.

구분	채점 기준
상	교황의 면벌부 판매를 비판하기 위해 루터가 제시한 반박 내용을 두 가지 서술한 경우
하	교황의 면벌부 판매를 비판하기 위해 루터가 제시한 반박 내용을 한 가지만 서술한 경우

1 (1) 문치주의

(2) **| 예시 답안 |** 문치주의의 실시로 사대부 계층이 형성되었다. 그러나 송은 지나친 문치주의 정책으로 인해 군사력이 약화되어 북방 민족의 공격을 자주 받았다.

구분	채점 기준
상	사대부 계층 형성과 군사력 약화를 모두 서술한 경우
하	문치주의의 실시 결과를 한 가지만 서술한 경우

2 **| 예시 답안 |** 화약, 나침반, 활판 인쇄술. 화약은 중세 유럽 기사 계급의 몰락을 촉진하였다. 나침반은 원거리 무역의 발달과 신항로 개척에 영향을 주었다. 인쇄술은 지식의 보급과 문화의 발전에 기여하였다.

구분	채점 기준
상	3대 발명품을 쓰고, 세계사에 끼친 영향을 모두 서술한 경우
중	3대 발명품을 쓰고, 세계사에 끼친 영향을 두 가지 서술한 경우
하	3대 발명품만 쓰거나 세계사에 끼친 영향을 한 가지만 서술한 경우

3 **| 예시 답안 |** (가) 요와 금은 한족을 효율적으로 다스리기 위해 이중적인 통치 방식을 사용하였다. (나) 요, 금, 서하는 자신들만의 고유한 문화를 지키기 위해 문자를 만들어 사용하였다.

구분	채점 기준
상	(가), (나)를 시행한 민족과 그 이유를 모두 서술한 경우
하	(가), (나) 중 한 가지만 서술한 경우

4 **| 예시 답안 |** 남인. 원은 남송의 한족인 남인을 가장 심하게 차별하였는데, 이는 원의 대외 정복 전쟁 때 남인이 끝까지 원에 저항하였기 때문이다.

구분	채점 기준
상	남인을 쓰고, 남인에 대한 통치 방식과 이유를 서술한 경우
중	남인을 쓰고, 남인에 대한 통치 방식과 이유 중 한 가지만 서술한 경우
하	남인만 쓴 경우

5 (1) **| 예시 답안 |** 16세기 이후 유럽 상인들이 중국의 물품을 수입하고 그 대금을 은으로 지불하면서 대량의 은이 중국으로 들어왔다.

구분	채점 기준
상	유럽 상인들이 물품의 대금을 은으로 지불하였다는 내용을 서술한 경우
하	은이 중국으로 들어온 이유를 서술하였으나 미흡한 경우

(2) **| 예시 답안 |** 명대에는 여러 세금을 토지세와 인두세로 단순화하여 은으로 내게 하는 일조편법이 시행되었다.

구분	채점 기준
상	명의 조세 제도에 대해 은으로 세금 납부(조세 은납화), 일조편법 등을 언급하여 서술한 경우
하	명의 조세 제도에 대해 서술하였으나 미흡한 경우

6 **| 예시 답안 |** 청은 한족에 대한 회유책으로, 고위 관직에 만주족과 한족을 함께 등용하였고(만한 병용제), 한족 지식인들을 대규모 편찬 사업에 동원하였다. 강압책으로는 한족의 중화사상과 청 왕조에 대한 비판을 탄압하였고, 만주족의 풍습인 변발과 호복을 강요하였다.

구분	채점 기준
상	회유책과 강압책을 두 가지씩 서술한 경우
중	회유책과 강압책을 한 가지씩 서술한 경우
하	회유책과 강압책 중 한 가지만 서술한 경우

7 (1) 조닌 문화

(2) **| 예시 답안 |** 에도 시대에는 상공업이 발달하면서 도시가 발달하였고, 도시의 상공업자인 조닌이 경제력을 바탕으로 가부키, 우키요에 등의 조닌 문화를 발전시켰다.

구분	채점 기준
상	상공업 발달로 도시의 조닌 계층이 성장하여 조닌 문화가 발전하였다고 서술한 경우
하	조닌 문화의 발전 배경을 서술하였으나 미흡한 경우

8 **| 예시 답안 |** 셀주크 튀르크. 셀주크 튀르크가 예루살렘을 장악하고 비잔티움 제국과 대립하면서 십자군 전쟁이 일어났다.

구분	채점 기준
상	셀주크 튀르크를 쓰고, 이들의 성장이 십자군 전쟁 발발에 끼친 영향을 서술한 경우
하	셀주크 튀르크만 쓴 경우

9 **| 예시 답안 |** 오스만 제국은 넓은 영토를 효율적으로 다스리기 위해 관용 정책을 실시하였다. 비이슬람교도도 세금 납부 시 자치 공동체(밀레트)를 이루어 자신들의 종교, 언어, 풍습을 유지할 수 있도록 하였다. 또한 능력에 따라 인재를 뽑았고, 예니체리를 육성하였다.

구분	채점 기준
상	관용 정책의 실시 배경을 쓰고, 그 내용을 두 가지 서술한 경우
중	관용 정책의 실시 배경을 쓰고, 그 내용을 한 가지만 서술한 경우
하	관용 정책의 실시 배경이나 관용 정책의 내용 중 한 가지만 서술한 경우

10 **| 예시 답안 |** 오스만 제국. 넓은 영토 안에 여러 민족과 종교가 공존하여 이슬람 문화를 바탕으로 페르시아, 비잔티움, 튀르크 문화가 융합된 문화가 발달하였다.

구분	채점 기준
상	오스만 제국을 쓰고, 오스만 제국의 문화적 특징을 서술한 경우
하	오스만 제국만 쓴 경우

11 **| 예시 답안 |** 아크바르 황제는 이슬람교 이외의 다른 종교도 존중하는 관용 정책을 펼쳐 힌두교도에게 거두던 인두세(지즈야)를 없앴다. 반면, 아우랑제브 황제는 비이슬람교도에 대한 인두세(지즈야)를 부활시키고 이슬람교가 아닌 다른 종교를 탄압하였다.

구분	채점 기준
상	아크바르 황제와 아우랑제브 황제의 종교 정책을 비교하여 서술한 경우
하	아크바르 황제와 아우랑제브 황제의 종교 정책 중 한 가지만 서술한 경우

12 | 예시 답안 | 동방에 대한 유럽인들의 호기심이 커졌고, 십자군 전쟁 이후 동방 무역이 활발해져 동양의 산물이 유럽에서 인기를 끌자 유럽인들은 직접 동방과 교역하기 위한 새로운 항로를 모색하였다. 지리학, 천문학, 선박 제작 기술 및 나침반을 이용한 항해술 발달도 신항로 개척의 배경이 되었다.

구분	채점 기준
상	동방에 대한 호기심 증대, 동방 산물에 대한 관심 증가로 새로운 항로 모색, 과학 기술 발달 등 신항로 개척의 배경을 세 가지 서술한 경우
중	신항로 개척의 배경을 두 가지 서술한 경우
하	신항로 개척의 배경을 한 가지만 서술한 경우

13 | 예시 답안 | 절대 군주는 왕권을 뒷받침하기 위해 왕권신수설을 정치 이론으로 삼았고, 관료제와 상비군을 두었다. 관료제와 상비군을 유지하기 위해 중상주의 경제 정책을 실시하였고, 상공 시민 계층으로부터 재정을 지원받았다.

구분	채점 기준
상	왕권신수설, 관료제와 상비군, 중상주의 정책 등을 언급하여 절대 왕정의 기반에 대해 서술한 경우
하	절대 왕정의 기반에 대해 서술하였으나 미흡한 경우

14 | 예시 답안 | 계몽사상은 인간의 이성에 의한 진보를 믿는 사상으로, 이들의 주장은 미국 혁명과 프랑스 혁명 등 시민 혁명의 사상적 기반이 되었다.

구분	채점 기준
상	계몽사상을 언급하고 그 영향을 서술한 경우
하	계몽사상만 언급한 경우

주소 서울특별시 구로구 디지털로33길 48 대륭포스트타워 7차 20층

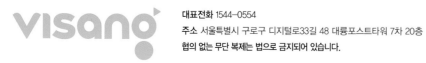

내·공·의·힘·시·리·즈   단기간에 핵심만 빠르게, 내신 만점을 위한 공부법을 제시합니다.

대표전화 1544-0554
주소 서울특별시 구로구 디지털로33길 48 대륭포스트타워 7차 20층